# 供电企业
# 档案收集与整理实务

广东电网有限责任公司　组编

中国电力出版社
CHINA ELECTRIC POWER PRESS

## 内 容 提 要

档案工作是企业的基础性管理工作，档案的收集和整理则是档案工作的基础业务和必要前提。本书系统地总结了供电企业档案收集和整理工作经验，为今后企业档案管理实务提供标准化、可操作的工作指引。

本书的编写遵从了电力行业、档案行业有关标准规范，在内容上体现出较强的供电企业特色和专业特点。全书分两篇，共六章。第一篇为综合类档案管理，包括综合类档案管理概述、作用和管理职责要求、综合类档案的收集与整理、综合类档案常见问题与解决方法，第二篇为科技档案管理，包括科技档案管理概述、管理要求和职责、科技档案收集与整理、科技档案常见问题与解决方法。

本书可供供电企业各层级档案从业人员、各专业技术人员以及项目管理、建设人员参考使用。

**图书在版编目（CIP）数据**

供电企业档案收集与整理实务/广东电网有限责任公司组编．—北京：中国电力出版社，2019.8

ISBN 978-7-5198-3359-6

Ⅰ．①供…　Ⅱ．①广…　Ⅲ．①供电－工业企业－企业档案－档案管理　Ⅳ．①G275.9

中国版本图书馆 CIP 数据核字（2019）第 170521 号

---

出版发行：中国电力出版社
地　　址：北京市东城区北京站西街 19 号（邮政编码 100005）
网　　址：http://www.cepp.sgcc.com.cn
责任编辑：岳　璐（010-63412339）
责任校对：黄　蓓　常燕昆
装帧设计：赵丽媛
责任印制：石　雷

---

印　　刷：北京天宇星印刷厂
版　　次：2019 年 10 月第一版
印　　次：2019 年 10 月北京第一次印刷
开　　本：889 毫米×1194 毫米　16 开本
印　　张：16
字　　数：390 千字
印　　数：0001—1500 册
定　　价：65.00 元

---

# 编　委　会

# 前　言

供电企业是关系国计民生和社会稳定的关键行业。档案对于供电企业经营管理和生产建设而言，既是核心的历史记录，也是重要的信息支撑。档案管理是否规范，关系着供电企业经营管理基础是否稳固、发展是否可持续，从而一定程度上关系着供电安全和社会稳定。随着电力体制改革的持续推进和电力市场发展的日新月异，以及新技术、新方法的更新换代，供电企业档案的内容、形式、类型和特点也在日益变化和丰富。新时代供电企业档案工作者如何打破传统观念桎梏，与时俱进，如何根据变化了的企业档案工作实际分析档案工作面临的新环境、新要求，探索企业档案管理的新方法，成为供电企业档案工作者面临的重要课题。

档案工作是企业的基础性管理工作，档案的收集和整理则是档案工作的基础业务和必要前提。为了系统地总结供电企业档案收集和整理工作经验，为今后企业档案管理实务提供标准化、可操作的工作指引，本书编委会组织了一批长期从事供电企业档案管理、具有丰富实践经验的档案工作者，编纂完成了本书。本书的编写遵从了电力行业、档案行业有关标准规范，在内容上体现出较强的供电企业特色和专业特点。全书共分六章。第一章是综合类档案管理，第二章是综合类档案的收集与整理，第三章是综合类档案常见问题与解决办法，第四章是科技档案管理，第五章是科技档案收集与整理，第六章是科技档案常见问题与解决办法。

本书第一章～第三章由杨开岳、许秀霓、冷裕波、李健玲、赵岚、刘亚红负责编写，第四章～第六章由钱永兵、李颖、黄柳聪、卢丽云、林桂梅负责编写，附录由林龙凤、雷俊方负责整理，全书由林龙凤、雷俊方统稿，吴卫萍、周聪华、吴少颜、肖雪丽、刘丽珊负责审稿。

通过学习本书，学习者能够明确供电企业档案收集与整理的相关事宜及其处理办法，更好地进行供电企业档案管理工作。

在策划编写本书的过程中，我们得到了相关单位、专家学者的支持和帮助，在此向他们表示诚挚的谢意。书中疏漏之处，恳请各位读者批评指正。

编　者

2019 年 5 月

# 目　录

# 第一章 综合类档案管理

**章首语**

供电企业的档案来源广泛、类型多样，除了建设项目、生产项目等大量科技档案外，供电企业在企业管理事务中还会产生大量综合类档案。本书将供电企业在行政管理、生产管理、经营管理、党群工作、招标采购、财务审计、法律诉讼、纪检监察等方面工作中形成的文件材料，以及各种形式的特殊载体档案统称为综合类档案，一是便于统一表述，二是因为这类档案在来源、内容特点、收集方式、整理方式上与科技档案有显著区别。本章将介绍综合类档案的定义、类型、主要特点、作用和企业各部门的管理职责。

## 第一节 综合类档案概述

### 一、综合类档案的定义

由于不同企业在类型、规模、业务范围等方面的差异，企业档案的内容构成也多有不同，管理对象各有侧重。在一个企业范围内，特别是技术型、生产型企业，其档案构成多以科技档案为主，其次是文书档案、专业档案和特殊载体档案。文书档案是企业在公务活动中产生的文件材料，主要是指经过正式公文处理程序产生的往来文书（红头文件）、会议材料和统计报表（白头文件）等。专业档案是企业在各项专业管理活动中形成的、有保存价值的专业性文件材料，如会计档案、审计档案、案件档案等。特殊载体档案是区别于纸质载体档案，以照片、光盘、实物等各种形式存在的应归档保存的文件材料。文书档案、各类专业档案和特殊载体档案的管理也是本章将要讨论的内容。

根据《企业档案工作规范》（DA/T 42—2009），企业档案是指企业在研发、生产、经营和管理活动中形成的有保存价值的各种形式的文件。根据《科学技术档案工作条例》，科技档案是指在自然科学研究、生产技术、基本建设（简称科研、生产、基建）等活动中形成的应当归档保存的图纸、图表、文字材料、计算材料、照片、影片、录像、录音带等科技文件材料。国家档案局金科在《加强基础建设，促进企业自律——解析国家档案局10号令发布》一文中提出用“管理类档案”囊括企业行政管理、生产管理、经营管理、党群工作四类档案，以代替文书档案。

由此可见，“企业档案”的概念外延过大，而“管理类档案”的内涵偏小，无论使用哪一种表述，均无法准确概括本章将要讨论的内容。因此，为了统一表述，同时与本书第二篇的科技档案进行区分，我们将供电企业文书档案、部分专业档案和特殊载体档案统称为“综合类档案”。

本书所称综合类档案是指供电企业在行政管理、生产管理、经营管理、党群工作、招标采购、财务审计、法律诉讼、纪检监察等方面工作中形成的文件材料，主要包括文书档案、合同档案、采购档案、会计档案、审计档案、法律案件档案、纪检监察案件档案、巡视（巡察）档案，以及以照片、光盘、实物等形式存在的特殊载体档案。

## 二、综合类档案的类型

基于供电企业档案管理实践经验，企业综合类档案分为文书档案、合同档案、采购档案、会计档案、审计档案、法律案件档案、纪检监察案件档案、巡视（巡察）档案、特殊载体档案等几大类型。

### （一）文书档案

《档案工作基本术语》将文书档案定义为“反映党务、行政管理等活动的档案”。但该定义通常指代党政机关的文书档案。《加强基础建设，促进企业自律——解析国家档案局 10 号令发布》中指出，由于企业档案与机关档案分类方法不同，根据文书档案的定义，机关的“文书档案”范围无法包括企业“文书档案”的范围，因此，《企业文件材料归档范围和档案保管期限规定》用“管理类档案”来代替“文书档案”。本书所指的文书档案，沿用《企业文件材料归档范围和档案保管期限规定》的解释，即指企业在行政管理、生产管理、经营管理、党群工作中产生的具有保存价值的文件材料。通俗来讲，文书档案即企业经过正式公文处理程序产生的往来文书，即通常所说的红头文件，以及企业各类会议材料、统计报表等白头文件。

### （二）合同档案

合同档案指企业在各类活动中与自然人、法人或其他组织就设立、变更、终止民事权利义务关系而形成的合同、协议、意向书及其过程记录。

### （三）采购档案

采购档案指企业在采购活动中形成的具有保存价值的各种文字、图表、声像等不同形式和载体的历史记录。

### （四）会计档案

会计档案指会计凭证、会计账簿、会计报表和财务报告等会计核算专业材料，是记录和反映企业经济业务的重要史料和证据。

### （五）审计档案

审计档案指企业在审计活动中形成的具有保存价值的各种文字、图表、声像等不同形式的历史记录。

### （六）法律案件档案

法律案件档案指以企业或所属单位作为当事人一方，由人民法院、仲裁机构或行政机关通过法定程序处理的各种争议形成的历史记录。

### （七）纪检监察案件档案

纪检监察案件档案指企业在纪律检查和监察活动中形成的具有保存价值的文字、图表、声像等不同形式的历史记录。

### （八）巡视（巡察）档案

巡视（巡察）档案指企业巡视（巡察）机构在履行职责，开展巡视（巡察）工作中形成并处理完毕的、具有保存价值的各种形式的文件材料。

### （九）特殊载体档案

特殊载体档案指企业在公务过程中直接形成的对本企业具有保存价值并以非纸质载体形式存在的记录形式，如照片档案、荣誉实物档案、光盘等。

## 三、综合类档案的主要特点

### （一）形式多样

一方面，传统纸质载体形式的文件仍大量存在；另一方面，随着企业信息化建设的快速发展，企业越来越多地通过各类信息系统来处理业务。就供电企业而言，部分专业领域已实现全流程电子化，不再形成纸质文件，从而产生大量以结构化、半结构化或非结构化形式存在的数据信息，包括电子文本、邮件、多媒体文件、数据库文件等。而不同类型的电子文件又有各自不同的文本格式和读取方式。这些形式多样、完全区别于纸质载体形式的电子文件也为归档整理工作带来了新的挑战。

### （二）内容丰富

综合类档案来源于企业行政管理、经营管理、生产管理、党群工团、招标采购、财务审计、法律诉讼、纪检监察等各项综合性和专业性业务活动中。既有来自企业内部各专业管理部门的，也有来自外部党政机关、企事业单位的；既有上级单位来文，也有平级和下级单位来文。因此，内容丰富，覆盖企业管理活动的方方面面，成为综合类档案的显著特点。

### （三）专业性强

除文书档案外，合同档案、采购档案、会计档案、审计档案、法律案件档案、纪检监察案件档案都具有较强的专业属性。各专业类档案在形成规律、分类方式等方面均有其鲜明的专业特点。这就要求档案管理人员对企业各专业活动的流程、主要内容有基本了解，并与文件形成部门共同制定相应专业门类档案的归档范围，明确归档时间、整理方法等要求，如此才能实现对专业类档案的有效管理。

### （四）管理标准多

综合类档案因各自形成规律、管理特点等的差异，其归档范围、归档时间、整理方式、保管要求等均有所不同。例如，文书档案、合同档案采用按“件”整理方式，会计档案、审计档案等采用按“卷”整理方式。文书档案要求逐年归档，次年归档上一年度档案，会计档案则由会计部门保管一年后向本企业档案管理部门移交。综合起来，各门类档案的归档和整理所需执行和参考的标准规范包括《企业文件材料归档范围和档案保管期限规定》《归档文件整理规则》（DA/T 22—2015）、《文书档案案卷格式》（GB/T 9705—2008）、《会计档案案卷格式》（DA/T 39—2008）、《会计档案管理办法》《审计机关审计档案管理规定》《纪检监察机关案件档案管理办法》《照片档案管理规范》（GB/T 11821—2002）、《数码照片归档与管理规范》（DA/T 50—2014）、《磁性载体档案管理与保护规范》（DA/T 15—1995）、《电子文件归档光盘技术要求和应用规范》（DA/T 38—2008）等。

# 第二节 综合类档案的作用

明朝内阁大学士邱浚认为档案的意义在于“今世赖之以知古，后世赖之以知今”。2003 年 5 月，时任浙江省省委书记习近平同志在考察浙江省档案局（馆）时指出：“档案工作是一项非常重要的工作，经验得以总结，规律得以认识，历史得以延续，各项事业的发展，都离不开档案。在全面建设小康社会的进程中，档案工作显得越来越重要。”通常我们认为档案具有存史、资政、育人的重要作用。

## 一、维系企业历史

综合类档案是供电企业发展历史最真实、最重要的原始记录。世界各国的百年老店无不保存有历史久远、丰富完整的企业历史档案，以企业历史博物馆、档案馆等形式传承着企业的光辉历史。德国西门子公司档案馆的馆藏包括近 40 万张历史图片和日益增长的企业重要人物的演讲记录；近 3000 部产业、经济和广告影片阐明了电子工程和电子工业从 20 世纪 30 年代到现在的历史。美国电话电报公司（American Telephone & Telegraph，AT&T）档案馆与历史中心收藏的档案记录了 AT&T 从 19 世纪至今的企业历史。作为“百年老店”，这些企业都十分重视档案管理，重视对企业历史的研究。它们通过保存企业档案、挖掘企业历史，弘扬公司的优秀传统、增加公司的历史积淀，从而提升了企业的竞争力，促进了企业的可持续发展。

## 二、辅助管理决策

档案作为重要的管理依据和信息凭证，其在企业经营管理中辅助决策的案例屡见不鲜，发挥着重要的参考价值。无论是管理创新还是工程建设，无论是制订计划还是总结部署工作，都需利用档案查找关键数据、剖析历史事件、总结管理经验，如此才能确保工作有理有据，提高决策的科学性。企业文书档案中保存了历年管理层召开决策会议、公司年度工作会等重大会议的文件材料，这些文件材料记载了企业各年度工作总结和发展计划，为今后的管理决策提供了重要参考。2017 年，某供电企业在进行职工持股改革过程中，查阅参考了企业职工持股情况、企业资产和产权管理、财务报表、国家有关政策文件等综合档案，在随后召开的企业董事会议上，改革牵头部门又提供了往年职工持股改革的相关会议材料，为最终制定并顺利出台职工持股改革方案奠定了基础。在此过程中，企业档案为辅助企业管理决策提供了重要依据和参考。

## 三、宣传企业文化

一个没有档案的企业，意味着缺少历史和文化；而一个没有文化的企业，也必定缺乏凝聚力和影响力，使得企业员工缺少荣誉感和归属感，长远来看必将导致企业发展失去精神动力。通过开发企业档案资源、进行文艺创作、举办展览等活动，多角度、全方位展现企业历史文化、典型人物事迹、重大工程项目等，对内能发挥宣传教育作用，增强企业员工荣誉感和自豪感，激发员工工作激情，对外能彰显企业社会责任，传播企业形象，提升企业品牌价值。例如，某电网公司通过对公司发展重大历史事件的深度挖掘（如2008年抗冰救灾、2010年亚运保供电等重大事件），出版了《亚运之光》《决战南岭》等书籍，大力弘扬抗冰精神和亚运保供电精神。此外，该电网公司还通过广泛收集历史档案文献、照片图册，采访离退休老员工，编辑出版了《老电力人口述史》《文化印记》《风雨彩虹——公司抗风保电工作纪实与精神传承》等作品，深受广大员工喜爱。这些文化成果是企业精神文明的传承，彰显着企业的价值观和优良传统，从而实现对企业员工的宣传教育和价值引领，对于凝聚人心、激发员工斗志具有重要作用。

## 第三节 职 责 要 求

供电企业应建立完善的档案管理网络，明确管理职责，形成系统有人抓、层层有人管的档案工作管理体制。供电企业档案管理职责包括企业部门职责和档案管理部门职责。

### 一、企业部门职责

企业应建立以档案管理部门为核心、各业务部门和专兼职档案人员为基础的档案管理网络，企业部门职责主要包括：

（1）企业各职能或承办部门及项目负责人，应对本部门或项目归档文件的完整和系统负责；

（2）企业各职能或承办部门及项目文件形成者，应负责积累文件，并对归档文件的齐全、准确和形成质量负责；

（3）专兼职档案人员，应负责收集、整理应归档的文件，对归档文件的整理质量负责；

（4）各单位（部门）应将上述工作内容落实到文件材料形成人、承办人和档案人员的工作职责中并纳入考核。

### 二、档案管理部门职责

企业档案管理部门是企业档案工作业务部门，一般设在企业综合行政管理部门（如办公室或综合部）。企业档案管理部门的主要职责如下：

（1）统筹规划企业档案工作，制定企业文件归档和档案鉴定、整理、保管、统计、利用、移交等有关规章制度；

（2）负责企业档案的收集、整理、保管、鉴定、统计和提供利用工作；

（3）参与起草相关档案管理办法及规章制度；

（4）指导企业各部门、项目及专项工作文件的形成、积累、整理及归档工作，监督、指导、检查企业所属单位（包括派出机构和投资的全资、控股企业）的档案工作。

## 本章小结

本章介绍了企业综合类档案的定义、类型、主要特点和作用。供电企业综合类档案是指供电企业在行政管理、生产管理、经营管理、党群工作、招标采购、财务审计、法律诉讼、纪检监察等方面工作中形成的文件材料，主要包括文书档案、合同档案、采购档案、会计档案、审计档案、法律案件档案、纪检监察案件档案、巡视（巡察）档案，以及以照片、光盘、实物等形式存在的特殊载体档案。其特点是形式多样、内容丰富、专业性强和管理标准多。其作用主要有维系企业历史、辅助管理决策和宣传企业文化等。本章还简述了综合类档案管理的相关职责要求、档案工作机构和部门的职责。通过学习以上内容，我们能够掌握供电企业综合类档案的基本概念和内涵，确保企业档案工作的顺利开展。

# 第二章　综合类档案的收集与整理

## 章首语

档案业务工作包括档案的收集、整理、保管、鉴定、检索、编研、统计和利用，即通常所说的档案工作“八大环节”，是档案管理常规性的工作内容。其中，收集和整理工作是档案业务工作的基础，是做好后续各项工作的先决条件。本章将重点介绍综合类档案收集与整理两大业务环节。

## 第一节　综合类档案收集

档案收集工作，就是按照国家的有关规定、制度、方法和企业自身的收集归档工作制度，通过例行的接收制度和专门的征集办法，把分散在企业各职能部门及个人手中或散失在其他地方的档案，有计划地分别集中到企业综合档案室，实行集中统一管理。这是企业档案管理部门取得和积累并丰富室藏档案的主要手段。档案收集工作是整个档案工作中极为重要的一个环节，是档案工作的起点。

### 一、收集范围

凡企业在各项工作活动（包括筹备、成立、建设、经营、管理及产权变动等）中形成的具有保存价值的文字、图表、声像等各种形式和载体的文件材料都应列入归档范围，包括但不限于以下内容（各门类文件归档范围及保管期限表见附录）：

#### （一）文书档案收集范围

（1）上级单位形成的文件材料：上级单位颁发的文件材料、上级单位视察、检查、调研本公司工作时形成的文件材料。

（2）同级及下级单位制发的有关文件材料：同级单位来函、请示与本公司的复函、批复等文件材料、下级单位报送的请示、总结、报告、统计报表与本公司的复函、批复等文件材料。

（3）企业职能工作中形成的文件材料：供电企业电网规划、建设、生产、科技、市场营销、客户服务、人力资源管理、财务、资本运营、资产管理、党团、工会、安全管理、纪检监察、审计管理、行政管理、企业管理、法律事务、物资管理、质量管理、信息化管理、计量、文化建设、统计、环境保护等工作形成的文件材料。

（4）会议材料：党员代表大会、职工代表大会、共青团代表大会、党委会、党委常委会、工会委员会、工会会员代表大会、共青团常委（扩大）会、党群机关办公会、董事会、监事会、股东大会、办公会、党政联席会、公司召开的工作会议、专题会议、专业会议、与外单位联合召开的专业会议、本公司承办的大型展览会、博览会、论坛、学术会议、国际性会议等形成的文件材料。

（5）活动材料：公司举办的重要庆典、仪式、纪念活动，具有影响的重大事件、重大活动的活动方案、邀请函、参加人员名单、嘉宾名册、领导讲话、贺信（电）、新闻通稿等材料。

（6）其他有保存价值的文件材料。

### （二）合同档案收集范围

合同档案收集范围主要包括合同协议、合同审批（会签）表、授权委托书、履行情况记载、纠纷或争议的处理情况记载及有关材料。

### （三）采购档案收集范围

采购档案收集范围主要包括招标采购活动中形成的整套文件材料，如招标过程文件、评标过程文件、定标及中标过程文件、投标文件，非招标采购活动中形成的整套文件材料，包括采购启动过程文件、评审过程文件、成交过程文件、响应性文件、供应商管理文件等。

### （四）会计档案收集范围

会计档案收集范围包括会计凭证，如原始凭证和记账凭证；会计账簿，如日记账、总账、明细账、其他辅助性账簿；财务会计报告，如年度、季度、月度财务报告；其他会计资料，如会计档案保管清册、销毁清册、会计档案鉴定意见书、会计档案移交清册、银行余额调节表等。

### （五）审计档案收集范围

审计档案收集范围包括企业在经济责任审计、财务收支审计、工程审计、项目竣工审计、专项审计和其他审计工作中形成的整套文件材料。例如，审计通知书、审计意见书、审计决定等审计公文；审计证据、被审计单位对审计报告的书面意见，以及审计组的书面说明；审计调查材料、审计整改报告及其证明性材料；审计方案、被审计单位的审计承诺书；有关审计项目的请示、报告、批复、批示、复函等文件材料，与具体审计项目有关的群众来信、来访记录等举报材料。

### （六）法律案件档案收集范围

法律案件档案收集范围包括在法律案件办理工作中形成的整套文件材料，如起诉状、仲裁申请书、答辩状、证据材料、判决书、仲裁决定书、调解书、和解协议、代理意见、应诉方案、结案报告等。

### （七）纪检监察案件档案收集范围

纪检监察案件档案收集范围包括重要信访拟办单，检举、揭发、控告、申诉材料；办案依据材料、立案材料、审查材料、违纪事实见面材料、移送审理的案件材料、审理期间补充调查的有关证据材料、审理报告、集体审议或决定的领导批示、对违纪者的处分决定、申诉材料、复审材料、证据材料；谈话函询及其他材料。

### （八）巡视（巡察）档案收集范围

巡视（巡察）档案收集范围主要包括巡视（巡察）工作方案、巡视（巡察）谈话记录、问卷调查结果分析材料、信访记录、来信来访登记办理单、巡视（巡察）工作报告、巡视（巡察）专题报告、反馈意见、整改情况报告、巡视（巡察）工作总结、巡视（巡察）过程中形成的录音、录像、照片等声像资料。

### （九）特殊载体档案收集范围

特殊载体档案收集范围包括上级视察、对外交流、工作组调研、党政工团等各项业务管理与活动中产生的录音、录像、照片、光盘等特殊载体文件等；上级或其他单位颁发、赠予的奖状、奖杯、奖牌、证书、锦旗，以及上级领导或名人的题词、书画、签名留念册等。

## 二、收集方式

档案收集可采取按年度集中收集、随时收集等方式。一般情况下，会采用几种收集方式相结合。

### （一）按年度集中收集

按年度收集方式适用于具有较强的按年度形成特征的文件材料，如文书档案、合同档案、照片档案等。一般由企业档案管理部门在年初发出归档通知，由各业务部门按归档范围和要求，在特定时间内整理移交本部门上一年度应归档的文件材料。

### （二）随时收集

除按年度集中移交外，企业日常业务活动中还会随时产生很多重要文件，这部分重要文件应及时归档，避免散存在个人手中造成保管不善甚至丢失等情况。例如，外出参加公务活动形成的文件材料，变更、修改、补充的文件材料，本企业内部机构变动和职工调动、离岗时留在部门或个人手中的文件材料，产权变动过程中形成的文件材料，其他临时活动中形成的文件材料等。再如，重要的实物档案一般体积较大，业务部门没有专门的保管场所，在取得实物后应及时移交档案管理部门保存。

## 三、收集时间

根据不同门类档案的形成规律、专业特点和整理方式的不同，收集和归档时间也会有所差异。总体来讲，档案管理部门一般应在每年一季度之前完成上一年度各类应归档文件材料的收集工作，并于上半年完成整理和归档工作。

### （一）文书档案

每年 3 月底前，本企业各部门负责将本部门收集、整理好的上一年度归档文件材料移交档案管理部门。

### （二）合同档案

合同文件材料由承办部门在合同签订完毕后及时归档，次年 3 月底前向本企业档案管理部门移交，或合同承办人在合同用印后即时移交一份给档案管理部门登记归档。

### （三）采购档案

每年 6 月底前，本企业采购承办部门将收集、整理完成的采购档案向档案管理部门移交。

### （四）会计档案

每年 3 月底前，本企业会计部门负责将年度收集、整理好的会计档案，向档案管理部门移交。当年形成的会计档案，在会计年度终了后，可暂由财务部门保管 1 年，期满后向档案管理部门移交。因工作需要确需推迟移交的，应当经本企业档案管理机构同意。会计管理机构临时保管会计档案最长不超过 3 年。

### （五）审计档案

每年 3 月底前（因审计整改未完成的项目可于每年 6 月底前），本企业审计部门负责将本部门上一年收集、整理好的审计档案，移交档案管理部门。

### （六）法律案件档案

法律案件结案 30 日内，本企业法律部门将整理好的法律案件档案，移交档案管理部门归档。

### （七）纪检监察案件档案

每年 3 月底前，本企业纪检部门负责将收集、整理好的结案达 5 年的纪检监察案件档案向档案管理部门移交。

### （八）巡视（巡察）档案

巡视（巡察）组归档材料应在每轮巡视（巡察）反馈后 15 日内移交部门存档，一般应于次年 3 月底前移交本企业档案管理部门。

### （九）特殊载体档案

特殊载体档案，反映的内容与各门类档案相关的，与相应门类档案的移交时间要求相同，其他的在工作完成后 30 日内，由承办部门负责收集、整理，移交本企业档案管理部门。

照片档案、录音、录像档案应于每年 3 月底前，由照片、录音、录像形成部门收集、整理后移交本企业档案管理部门。数码照片、数字音频、视频应同步上传至档案管理系统。

证照、荣誉、纪念品等实物档案的获得部门及人员，应在获得实物 15 天之内，向本企业档案管理部门移交。

### （十）其他要求

（1）电子文件逻辑归档实时进行，物理归档与纸质文件归档时间一致。

（2）外出参加公务活动形成的文件材料应在活动结束后及时归档。

（3）下列文件材料应随时移交归档：变更、修改、补充的文件材料；各单位内部机构变动和职工调动、离岗时留在部门或个人手中的文件材料；产权变动过程中形成的文件材料；其他临时活动中形成的文件材料。

## 四、归档要求

（1）归档的文件材料应为原件，因故无原件的可归具有凭证作用的复制件，文件材料归档后不得更改。

（2）非纸质文件材料应与其文字说明一并归档。外文或少数民族文字材料若有汉译文的应与汉译文一并归档，无译文的要译出标题后归档。

（3）归档的文件应完整、准确、系统，归档文件材料的载体和字迹应符合耐久性要求。

（4）归档文件材料一般一式一份。重要的、利用频繁的和有专门需要的可适当增加份数。反映同一内容而形式不同的文件材料应保持其一致性。

（5）与其他单位合作完成的项目，各单位作为主办单位时应保存全套文件材料，作为协办单位时应保存与承担任务相关的正本文件。有合同、协议规定的，按其要求执行。

（6）各部门归档人员应检查本部门归档文件材料的齐全、完整与准确情况，整理完毕并编制移交清册，由部门或项目负责人审核签字后向综合档案室移交。重要项目的文件材料移交时应编写归档说明。

（7）综合档案室接收时应全面检查归档文件材料的数量和质量。核对纸质档案与电子档案是否齐全和一一对应。

（8）交接双方应认真核对移交清册，并履行签字手续，移交清册各留一份以备查考。档案移交单及移交目录格式见图 2-1 和图 2-2。

| 档案移交单 | | | |
|---|---|---|---|
| 移交内容： | | | |
| 移交部门： | | 接收部门： | |
| 移 交 人： | | 接 收 人： | |
| 移交时间： | | 接收时间： | |
| 说明： | | | |

图 2-1　档案移交单

| 序号 | 文号 | 文件题名 | 文件日期 | 页数 | 备注 |
|---|---|---|---|---|---|
| | | | | | |
| | | | | | |
| | | | | | |

图 2-2　档案移交目录

# 第二节　按“件”整理

目前，综合类文件的整理方法有两种：一种是按“件”整理归档，一种是按“卷”整理归档。按“件”整理适用于文书档案、合同档案。

按“件”整理的步骤共有 7 步，包括鉴定文件是否需要归档，对归档文件进行分类及确定保管期限，电力文件与纸质文件对应归档，纸质文件装订、编页、加盖并填写档号章信息，纸质文件装盒，编制档案目录，纸质档案上架入库。

## 一、鉴定文件是否需要归档

（1）结合《企业文件材料归档范围和档案保管期限规定》，根据《文书档案归档范围及保管期限参考表》（保管期限表详见附录 A），判断文件是否属于归档范围。

不归档范围：上级机关任免、奖惩非本局工作人员的文件，普发供参阅，不发的文件；上级机关发来仅供工作参考的抄件和征求意见未定稿的文件；重份文件；无查考利用价值的事务性、临时性文件；本局各单位之间互相抄送的文件材料；本局与有关单位一般性来往文件；一般性文电；无特殊保存价值的信封、一般性表态、询问一般性问题、提出一般性建议或意见的人民来信；一般性文件历次修改稿；为参考目的从各方面收集的文件材料；下属单位送来的一般性工作材料和不必备案的文件材料；只反映部门活动、工作的照片、声像和实物等。

（2）作为资料保存的文件装盒保存 5 年。

## 二、对归档文件进行分类及确定保管期限

### （一）文书档案

#### 1. 文书档案的分类方法

常见的分类方法有 3 种：年度—机构—保管期限；年度—问题—保管期限；年度—保管期限，见表 2-1。

**表 2-1　　文书档案的分类方法**

| 分类方法 | 举　　例 | 备　　注 |
|---|---|---|
| 年度—机构—保管期限 | 先将归档文件按年度分类，在每个年度下分机构，再在组织机构下按保管期限分类。例如，2018—安监部—永久—30 年—1；2018—办公室—永久—10 年—1 | 1. 在分年度时，按照文件形成的年度进行分类，对于计划、规划、总结、预决算、统计报表及法规性文件等内容涉及不同年度的文件，按文件签发日期的年度分类。跨年度的会议形成的文件材料归在会议闭幕年。跨年度处理的非诉讼案件形成的文件材料归在结案年；<br>2. 报纸、杂志等传媒档案按文书档案进行整理；<br>3. 能源部《电力工业企业档案分类规则》文书档案的分类规则是 0～5 类 |
| 年度—问题—保管期限 | 先将归档文件按年度分类，在每个年度下分问题，再在问题下按保管期限分类。例如，2018—10—永久—1；2018—11—30 年—1 | |
| 年度—保管期限 | 适用于文件数量较少的单位，可将选择项“机构（问题）”省略，按“年度—保管期限”分类整理，然后直接按永久、30 年、10 年装盒。例如，2018—永久—1；2018—30 年—1；2018—10 年—1 | |

#### 2. 确定保管期限

根据《企业文件材料归档范围和档案保管期限规定》，结合《企业管理类档案保管期限表》，将所有文件分成永久保存和定期保存（30 年、10 年）。凡是反映本企业主要职能活动和基本历史面貌的，对本企业电力建设和历史研究有长远利用价值的档案，定为永久保管；凡是反映本单位一般工作活动，在较长时间内对本企业工作有查考利用价值的文件材料定为 30 年期保管；凡是在较短时间内对本企业有参考利用价值的文件材料，定为 10 年期保管。

### （二）合同档案

合同档案的分类方法是：一般按照“年度—机构—保管期限”分类。分类的规则参照《合同编号规则》，根据规则就能确定合同档案的年度和机构。

例如，年度的确定按合同编号第二部分的签订年份为准；机构为承办部门，承办部门的确定按合同编号第四部分的代码为准；保管期限为永久，合同档案归档范围及保管期限详见附录 B。

## 三、电子文件与纸质文件对应归档

### （一）文书档案

（1）需归档的文件。在档案管理系统中，将整理完毕的数据进行信息归档，电子文件要与纸质档案一一对应进行分类、排列、编号，逐件生成件号。

（2）不需归档的文件。在档案管理系统中，将作为资料保存的电子文件移入资料库保存。

### （二）合同档案

（1）档案管理部门根据年度合同清单，发出催收合同纸质文本或电子文本归档通知，合同的电子文本和签字盖章的合同纸质文本需保持一致。

（2）合同承办部门在合同履行完毕之日起一个月内，将合同管理信息系统中的合同电子文档、合同审批表、相关履行信息等电子档案归档。

## 四、纸质文件装订、编页、加盖并填写档号章信息

### （一）纸质档案装订

（1）装订单位：归档文件应以“件”为单位进行装订。

（2）装订材料：可选用不锈钢钉书钉、棉线进行装订。永久保存的归档宜用棉线装订；定期30年保存的归档文件，可选用不锈钢钉装订；定期10年保存的文件及已装订成册的刊物、书籍等可保持原装订方式。较厚的文件、材料宜采取适合保管、利用的方式进行装订，如用棉线“三孔一线”的方法装订。

（3）装订序列。

1）文书档案：正文在前，附件在后。正文在前，定稿在后。有文件处理单或发文稿纸的，文件处理单在前，收文在后；正文在前，发文稿纸和定稿在后。文件排序见图2-3。

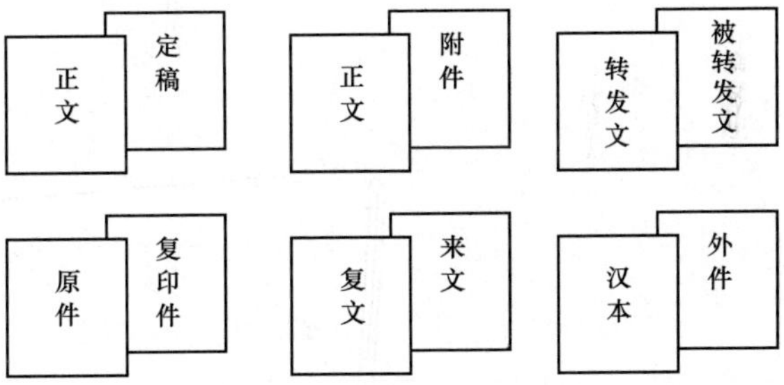

2）合同档案：合同审批表、合同文本正文及附件、合同变更、转让、解除所形成的通知、答复、新的协议等资料、合同纠纷或争议的处理情况记载及有关资料。

正文 定稿　正文 附件　转发文 被转发文

原件 复印件　复文 来文　汉本 外件

图2-3　文件排序

（4）采用左侧装订的，应将左、下侧对齐；采用左上角装订的，应将左上侧对齐。

（5）归档文件装订前，不符合装订要求的，还需对文件材料进行修整。文件材料修整方法包括折叠、修补和托裱、复制、去除不符合要求的装订用品。修整方法及需修整的情况见表2-2。

表2-2　修整方法及需修整的情况

| 修整方法 | | 需修整的情况 |
|---|---|---|
| 折叠 | 折叠为A4幅面 | 幅面过大的文件，如幅面超A4的文件、报表、图纸等 |
| | 尽量减少折叠的次数，同时折痕处应尽量位于文件、图表字迹之外 | |
| | 文件页数较多时，宜单张折叠，以方便归档后的查询利用。注意取齐右边和下沿 | |
| | A3纸张的统计报表等，可以不折叠，装订后直接装盒 | |
| 修补和托裱 | 托裱要使用宣纸或A4白纸，不能用废纸 | 1. 破损的文件（主要针对一些有孔洞、线缺或折叠处已被磨损的文件）；<br>2. 小于16K的文件，如介绍信等，但已装订成册的除外 |
| | 要托为平面单页，不能有重叠 | |
| 复制 | A4白纸单面复印 | 字迹模糊或易褪色的文件，如传真件 |
| | 复印时，墨粉浓度不宜太大，颜色不宜太深 | |
| 去除不符合要求的装订用品 | | 文件使用了易锈蚀、易氧化的金属或塑料装订用品，如订书钉、别针等 |

（6）装订方法见图 2-4。

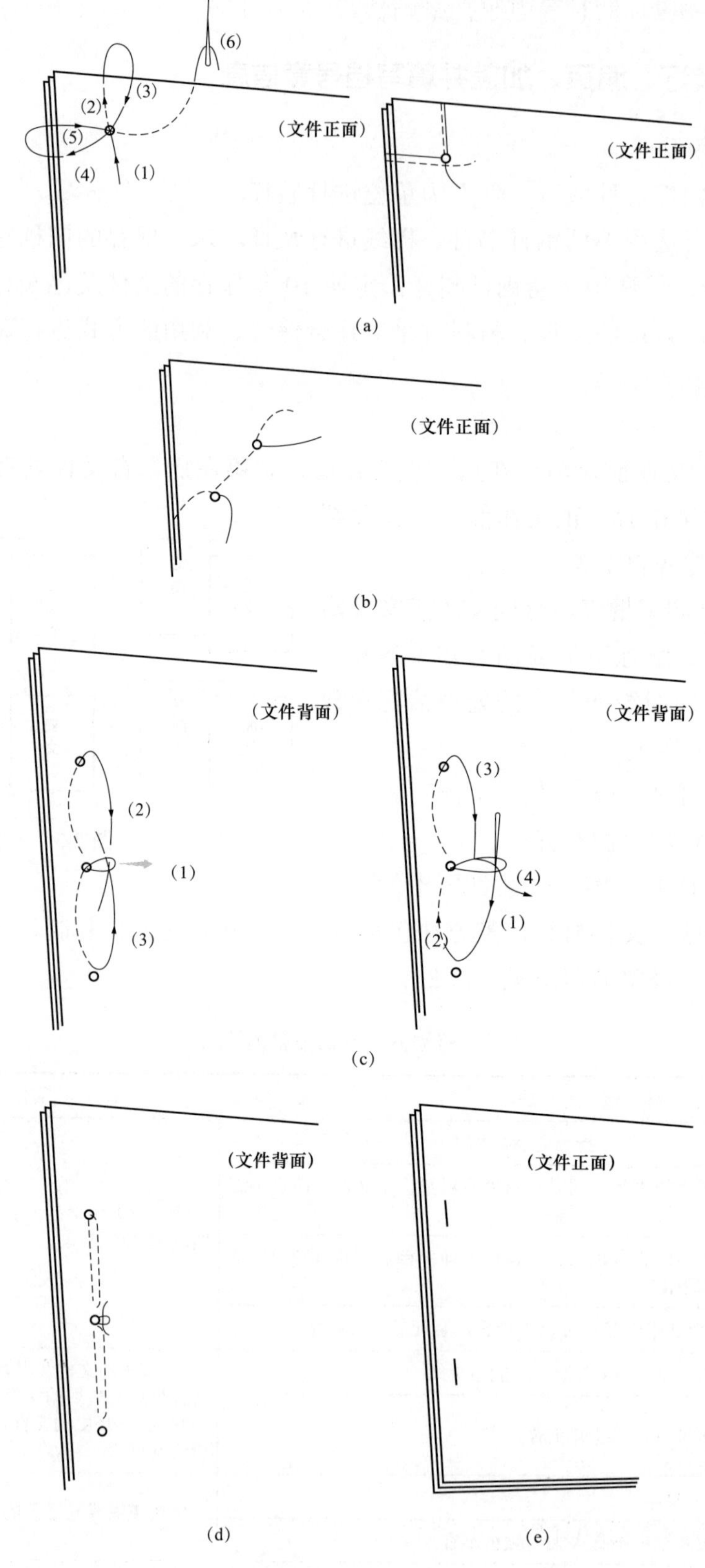


图 2-4　装订方法

（a）直角装订；（b）缝纫机轧边装订；（c）“三孔一线”装订方法 1；（d）“三孔一线”装订方法 2；（e）不锈钢订书钉装订

### （二）编页

（1）归档文件一般应以“件”为单位编制页码，使用打码机逐页编制，一般为每页编一个号。

（2）两面有字的两面编号，文件正面编在右下角空白位置，背面编在左下角的空白位置。空白页没有有效书写内容的不编页。

（3）文件材料已印制成册并连续编有页码的，可不再编号。

（4）文件材料全文中原有页码不连续、不完整或不符合页数计算规范的，应重新编制连续、完整、规范的页码。

### （三）加盖并填写档号章信息

（1）加盖档号章的位置。文书档案在归档文件的首页上端居右或尽量靠近上方的空白位置处逐份加盖档号章，合同档案盖在合同审批表右上角空白处。注意不要压住文件字迹，也不宜与批示文字或收文章等交叉。

（2）填写档号章信息。

1）填写档号章项目时应使用符合档案保护要求的字迹材料，禁止使用圆珠笔、铅笔、纯蓝墨水等不耐久的书写材料填写。

2）文书档案档号章的项目，包括全宗号、年度、保管期限和件号。选择项目为机构（问题）。其中全宗号可先空置或统一填写；年度须填满 4 位数字；保管期限可直接用永久、30 年、10 年标识；机构（问题）填写机构名称、问题名称或代码。

3）合同档案档号章的项目，包括年度、机构、类别号、保管期限和件号。年度：按合同编号的年度填写合同的年度填写；机构：签订本合同的部门，即为合同承办部门代码（如办公室代码为 BG）按合同编号的第四部分填写；类别号：3；保管期限：详见附录 B 合同档案归档范围及保管期限表；件号：以年度为界线，按照机构和保管期限的排列顺序从“1”开始排列填写，每个机构内同样保管期限的流水号连续。

（3）复查档号章有无错盖、漏盖，确保纸质文件档号章与电子文件保存位置一致。

（4）档号章也可以由档案系统生成，或以条形码等其他形式在归档文件上进行标识。档号章样式及示例见图 2-5。

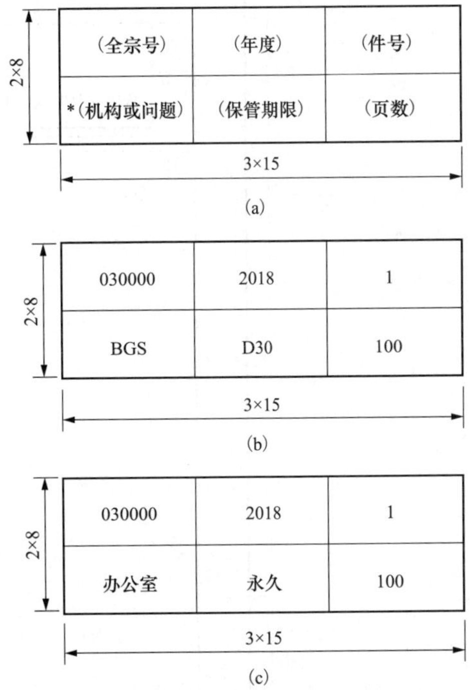

| （全宗号） | （年度） | （件号） |
|---|---|---|
| *（机构或问题） | （保管期限） | （页数） |

2×8　3×15

(a)

| 030000 | 2018 | 1 |
|---|---|---|
| BGS | D30 | 100 |

2×8　3×15

(b)

| 030000 | 2018 | 1 |
|---|---|---|
| 办公室 | 永久 | 100 |

2×8　3×15

(c)

图 2-5　档号章样式及示例

（a）档号章样式；（b）档号章示例 1；（c）档号章示例 2

1—单位：毫米；2—比例 1:1；3—标有“*”号的为选择项，下同

## 五、纸质文件装盒

### （一）按照档号顺序将归档文件装入档案盒，盒满另装

注意不同形成年度的归档文件不应放入同一档案盒（并不意味着同一档案盒内的文件都是一个年度形成的，跨年度形成的文件在某一年度整理归档的，应一起放入归档的年度中）；不同保管

期限的归档文件不应放入同一档案盒；不同机构（问题）的归档文件不应放入同一档案盒。

## （二）在档案系统中生成并打印备考表及盒脊背

（1）备考表放置在每盒的最后一份文件之后。备考表的项目包括盒内文件情况说明、整理人、检查人、日期，整理人、检查人、日期建议手写。备考表各项的填写要求见表 2-3。

表 2-3　备考表各项的填写要求

| 备考表的项目 | 填　写　要　求 |
|---|---|
| 盒内文件情况说明 | 主要说明盒内文件缺损、修改、补充、移出、销毁及其他需说明的情况。进行归档文件整理时，如某份文件须说明的内容较复杂，目录备注项中填写不下，也可在备考表中详细说明，并在目录相关条目的备注项中加“*”号标示 |
| 整理人 | 负责整理归档文件的人员姓名，以明确责任 |
| 检查人 | 负责检查归档文件整理质量的人员姓名 |
| 日期 | 归档文件整理完毕的日期。可以是全部归档文件整理完毕的日期，也可以是该盒归档文件整理完毕的日期 |

备考表示例见图 2-6。

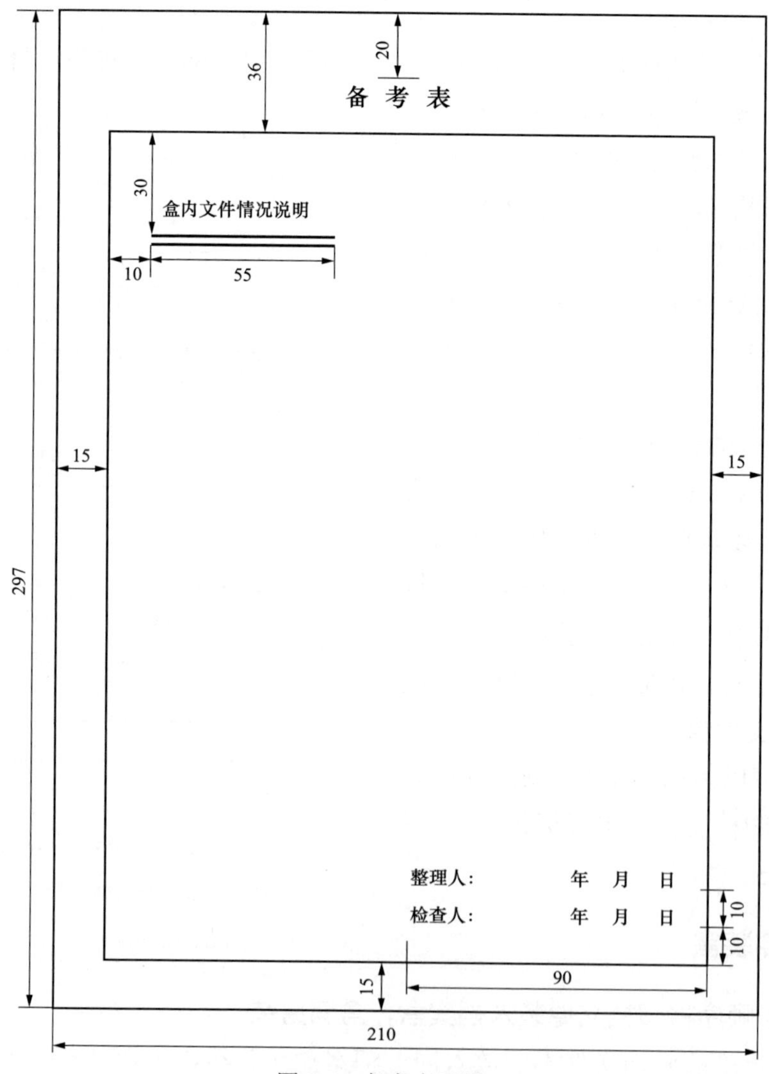


图 2-6　备考表示例

1—单位：毫米；2—比例 1:2

（2）用白乳胶在档案盒脊上粘贴盒脊背。

档案盒脊背的项目包括全宗号、类别、年度、保管期限、机构（问题）、起止件号、盒号等，没有使用的检索项可以不填写。

1）全宗号：档案馆给立档单位编制的代号或公司统一的组织机构编码。

2）类别：统一填写为文书档案或合同档案。

3）起止件号：本档案盒内第一份文件和最后一份文件的件号，中间用“—”隔开。

4）盒号：档案盒上架后的排列顺序号，一般按“年度—问题（机构）”或“年度—保管期限”编制大流水号。

档案盒脊背示例见图 2-7 和图 2-8。

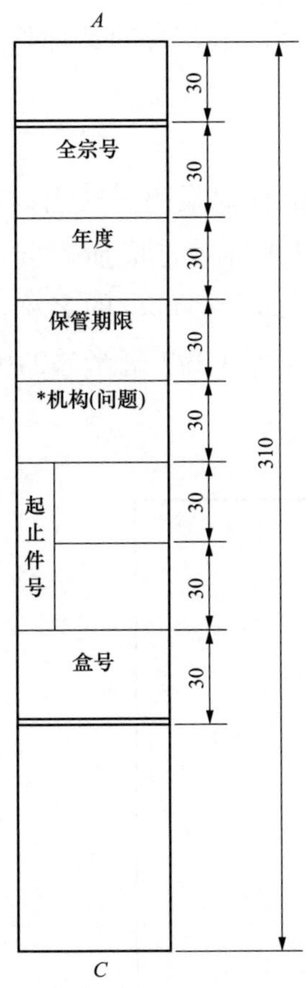


图 2-7 文书档案盒脊背示例

1—单位：毫米；2—比例：1:2

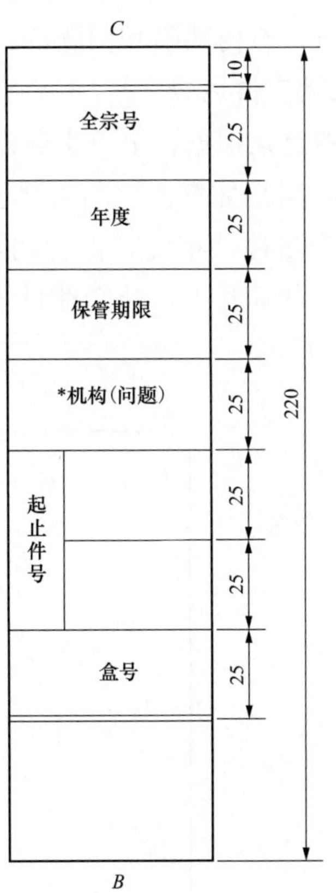


图 2-8 档案盒底边示例

1—单位：毫米；2—比例：1:2

文书档案：盒脊长度尺寸仅供参考，可根据内容进行调整，盒脊厚度可以根据需要设置为 20 毫米、30 毫米、40 毫米、50 毫米等。

## 六、编制档案目录

档案目录由目录夹封面与脊背、归档说明、归档文件目录3部分构成。

### （一）目录夹封面与脊背

目录夹封面内容应包括全宗名称、类别、年度、保管期限4个基本项目，需要时还可增加其他项目；目录夹脊背项目由全宗号、类别、年度、期限组成。归档文件目录封面样式见图2-9。

### （二）归档说明

（1）文书档案的“归档说明”的内容包括：本年度立档单位主要工作概况；本年度内设机构及机关党、政主要领导人变化情况；本年度文书归档情况（含归档工作的组织情况、文件材料完整与否、档案数量、有何缺陷和问题等）。

（2）合同档案的“归档说明”的内容包括：合同档案的分类方法、合同文件移交齐全情况、合同档案数量、有何缺陷和问题等。

### （三）归档文件目录

归档文件目录根据各单位实际需要，按照机构（问题）或保管期限的方式由计算机软件自动形成，然后打印出完整的、符合本企业查询要求的归档文件目录并装订成册。归档文件目录封面应设置全宗名称、年度、保管期限等必备项。其中全宗名称即立档单位的名称，填写时应使用全称或规范化简称。归档文件目录用纸幅面应为国际标准A4型（297毫米×210毫米），见图2-9。

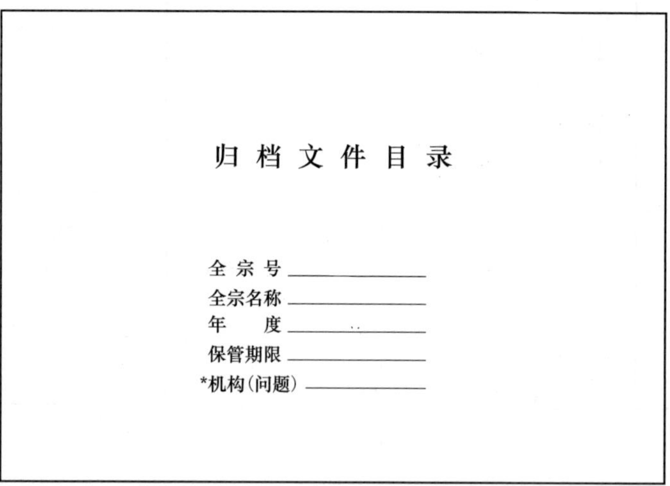


图2-9 归档文件目录封面样式

比例1:2

（1）文书档案归档文件目录的项目有年度、保管期限、机构/分类、件号、责任者、文号、题名、日期、页数、备注等。文书档案目录各项的填写要求见表2-4。

表 2-4　　文书档案目录各项的填写要求

| 文书档案目录的项目 | 填写要求 |
|---|---|
| 年度 | 文件的形成年度，以 4 位阿拉伯数字标注 |
| 保管期限 | 归档文件的保管时间为永久、30 年、10 年 |
| 机构/分类 | 机构应填写归档文件的责任部门，分类应根据分类方案填写归档文件的类别名称 |
| 件号 | 归档文件的排列顺序号 |
| 责任者 | 制发文件的组织或个人，即发文机关或署名者。联合发文填几个主要的就可以了，不必一一填写。责任者可填正规的简称 |
| 文号 | 文件的发文字号。填写时应照实抄录，不能省略 |
| 题名 | 即文件标题。它是直接表达文件的内容和中心主器的文件特征，是归档文件内容的起点。没有标题或标题不规范、不明的，应根据文件内容重新拟写或补充，外加“[]”号 |
| 日期 | 即文件的形成时间，以 8 位阿拉伯数字标注年月日，如 20020609 |
| 页数 | 每一件归档文件的总页数。计算页数时应以文件中有图、文字的页面为一页。空白页不计。大张文件或图表的折叠页，一张只能计一页。来文与复文、正本与定稿、收文处理单与文件、发文与发文稿纸等作为一件时，统计页数应将构成该件的各文件页数相加作为该件的页数 |
| 备注 | 注释文件需说明的情况或与其他文件的关联情况，包括缺损修改、补充、移出、销毁等 |

（2）合同档案归档文件目录的项目有年度、机构、件号、合同编号、合同名称、合同当事方、标的额、承办人、页数、备注、日期等。合同档案目录各项的填写要求见表 2-5。

表 2-5　　合同档案目录各项的填写要求

| 合同档案目录的项目 | 填写要求 |
|---|---|
| 年度 | 文件的形成年度，以 4 位阿拉伯数字标注 |
| 机构 | 机构应填写合同文件的承办部门 |
| 件号 | 归档文件的排列顺序号 |
| 合同编号 | 合同号填写时应照实抄录，不能省略 |
| 合同名称 | 合同名称填写时应照实抄录，不能省略 |
| 合同当事方 | 合同当事方的名称 |
| 标的额 | 合同文本的价格 |
| 承办人 | 合同承办人 |
| 页数 | 合同文件的总页数，包括合同审批表、合同封面、合同正本、合同附件等。统计页数应将构成该件的各文件页数相加作为该件的页数 |
| 备注 | 注释文件需说明的情况或与其他文件的关联情况，包括缺损修改、补充、移出、销毁等 |
| 日期 | 合同文件的签订时间 |

## 七、纸质档案上架入库

（1）将待入库档案放入专用消毒设备杀毒。

（2）按照各类别档案的排列规则入库上架。

# 第三节　按“卷”整理

按“卷”整理的综合类档案有会计档案、审计档案、法律案件档案、纪检档案、巡视（巡察）档案、采购档案。其流程见图 2-10。

图 2-10　按“卷”整理的流程

## 一、会计档案整理

### （一）《会计档案管理办法》相关规定

2015 年，国家对 1998 年财政部、国家档案局联合印发的《会计档案管理办法》（财会字〔1998〕32 号）进行了修订，新《会计档案管理办法》于 2016 年 1 月 1 日开始施行。新旧《会计档案管理办法》中关于会计档案归档范围、保管期限等方面的对比见表 2-6。

表 2-6　　新旧《会计档案管理办法》中关于会计档案归档范围、保管期限等的对比

| 规定事项 | 旧《会计档案管理办法》内容<br>（1999 年 1 月 1 日起执行） | 新《会计档案管理办法》（2016 年 1 月 1 日起施行）内容<br>（标注下划线为主要修改部分） |
| --- | --- | --- |
| 会计档案范围 | 第五条　会计档案是指会计凭证、会计账簿和财务报告等会计核算专业材料，是记录和反映单位经济业务的重要史料和证据。具体包括：<br>（一）会计凭证类：原始凭证，记账凭证，汇总凭证，其他会计凭证。<br>（二）会计账簿类：总账，明细账，日记账，固定资产卡片，辅助账簿，其他会计账簿。<br>（三）财务报告类：月度、季度、年度财务报告，包括会计报表、附表、附注及文字说明，其他财务报告。<br>（四）其他类：银行存款余额调节表，银行对账单，其他应当保存的会计核算专业资料，会计档案移交清册，会计档案保管清册，会计档案销毁清册 | 第五条　本办法所称会计档案是指单位在进行会计核算等过程中接收或形成的，记录和反映单位经济业务事项的，具有保存价值的文字、图表等各种形式的会计资料，包括通过计算机等电子设备形成、传输和存储的电子会计档案。<br>第六条　下列会计资料应当进行归档：<br>（一）会计凭证，包括原始凭证，记账凭证；<br>（二）会计账簿，包括总账、明细账、日记账、固定资产卡片及其他辅助性账簿。<br>（三）财务会计报告，包括月度、季度、半年度、年度财务会计报告。<br>（四）其他会计资料，包括银行存款余额调节表、银行对账单、纳税申报表、会计档案移交清册、会计档案保管清册、会计档案销毁清册、会计档案鉴定意见书及其他具有保存价值的会计资料 |
| 电子会计档案管理 |  | 第六条　单位可以利用计算机、网络通信等信息技术手段管理会计档案。<br>第七条　同时满足下列条件的，单位内部形成的属于归档范围的电子会计资料可仅以电子形式保存，形成电子会计档案：<br>（一）形成的电子会计资料来源真实有效，由计算机等电子设备形成和传输；<br>（二）使用的会计核算系统能够准确、完整、有效接收和读取电子会计资料，能够输出符合国家标准归档格式的会计凭证、会计账簿、财务会计报表等会计资料，设定了经办、审核、审批等必要的审签程序；<br>（三）使用的电子档案管理系统能够有效接收、管理、利用电子会计档案，符合电子档案的长期保管要求，并建立了电子会计档案与相关联的其他纸质会计档案的检索关系；<br>（四）采取有效措施，防止电子会计档案被篡改； |

续表

| 规定事项 | 旧《会计档案管理办法》内容（1999年1月1日起执行） | 新《会计档案管理办法》（2016年1月1日起施行）内容（标注下划线为主要修改部分） |
|---|---|---|
| 电子会计档案管理 | | （五）建立电子会计档案备份制度，能够有效防范自然灾害、意外事故和人为破坏的影响；<br>（六）形成的电子会计资料不属于具有永久保存价值或者其他重要保存价值的会计档案。<br>第八条　满足本办法第八条规定条件，单位从外部接收的电子会计资料附有符合《中华人民共和国电子签名法》规定的电子签名的，可仅以电子形式归档保存，形成电子会计档案 |
| 会计档案归档 | 第六条　各单位每年形成的会计档案，应当由会计机构按照归档要求，负责整理立卷，装订成册，编制会计档案保管清册。<br>当年形成的会计档案，在会计年度终了后，可暂由会计机构保管一年，期满之后，应当由会计机构编制移交清册，移交本单位档案机构统一保管；未设立档案机构的，应当在会计机构内部指定专人保管。出纳人员不得兼管会计档案。<br>移交本单位档案机构保管的会计档案，原则上应当保持原卷的封装。个别需要拆封重新整理的，档案机构应当会同会计机构和经办人员共同拆封整理，以分清责任 | 第九条　单位的会计机构或会计人员所属机构（以下统称单位会计管理机构）按照归档范围和归档要求，负责定期将应当归档的会计资料整理立卷，编制会计档案保管清册。<br>第十条　当年形成的会计档案，在会计年度终了后，可由单位会计管理机构临时保管一年，再移交单位档案管理机构保管。因工作需要确需推迟移交的，应当经单位档案管理机构同意。<br>单位会计管理机构临时保管会计档案最长不超过三年。临时保管期间，会计档案的保管应当符合国家档案管理的有关规定，且出纳人员不得兼管会计档案。<br>第十一条　单位会计管理机构在办理会计档案移交时，应当编制会计档案移交清册，并按照国家档案管理的有关规定办理移交手续。<br>纸质会计档案移交时应当保持原卷的封装。电子会计档案移交时应当将电子会计档案及其元数据一并移交，且文件格式应当符合国家档案管理的有关规定。特殊格式的电子会计档案应当与其读取平台一并移交。<br>单位档案管理机构接收电子会计档案时，应当对电子会计档案的准确性、完整性、可用性、安全性进行检测，符合要求的才能接收 |
| 会计档案保管 | 第八条　会计档案的保管期限分为永久、定期两类。定期保管期限分为3年、5年、10年、15年、25年五类。<br>会计档案的保管期限，从会计年度终了后的第一天算起 | 第十三条　会计档案的保管期限分为永久、定期两类。定期保管期限一般分为10年和30年。<br>会计档案的保管期限，从会计年度终了后的第一天算起 |

## （二）会计档案保管期限表及编号规则

### 1. 会计档案保管期限表

会计档案保管期限表见表2-7。

**表2-7　会计档案保管期限表**

| 类别 | 类目名称（分类号） | 归　档　范　围 | 保管期限 |
|---|---|---|---|
| 会计档案 | 会计凭证 | 原始凭证、记账凭证 | 30年 |
| | 会计账簿类 | 日记账（含现金和银行存款日记账） | 30年 |
| | | 总账（包括日记总账）、明细账、辅助账簿、日记账、其他辅助性账簿 | 30年 |
| | | 固定资产卡片（固定资产报废清理后保管5年） | 固定资产报废后保管5年 |
| | 财务报告类 | 会计年度报表、年度财务报告（包括各级主管部门汇总财务报告及文字分析）、财务决算 | 永久 |
| | | 月、季度财务报告（包括文字分析） | 10年 |

续表

| 类别 | 类目名称（分类号） | 归 档 范 围 | 保管期限 |
|---|---|---|---|
| 会计档案 | 其他类 | 会计档案保管清册、销毁清册、会计档案鉴定意见书 | 永久 |
| | | 会计移交清册 | 30 年 |
| | | 银行余额调节表 | 10 年 |
| | | 银行对账单、纳税申报表 | 10 年 |

2. 编号规则

会计档案编号规则为年度—分类号—案卷号。需要注意的是：

（1）年度号共 4 位，为会计档案的形成年度。

（2）分类号共 2 位：前 1 位可根据企业档案分类情况固定为一个阿拉伯数字或字母，代表会计档案，第 2 位代表会计档案类目。

（3）案卷号为同一类型文件下的案卷流水号，用阿拉伯数字从“1”开始标识。

### （三）组卷、排列

会计部门相关岗位定期将应当归档的会计资料整理立卷。会计凭证按月度排序汇编、装订成册，会计账簿和账务会计报告分类立卷，其他会计档案按年度排序汇编装订成册。

1. 各类会计档案的组卷和卷内文件排列

（1）会计凭证的组卷，应按照月份分开，不同月份产生的凭证不能组合在一起，同一月份的凭证按照凭证编号和数据顺序排列，可组成一卷或数卷。

（2）会计账簿的组卷，同一会计年度内会计账簿按种类组卷，把不同名称种类的账簿分别组卷，一般一本账为一卷。按保管期限编制卷号，编号为一年一编，编号顺序为总账、现金日记账、银行存（借）款日记账、分户明细账（需确认编号顺序及规则）。

（3）财务报告的组卷，财务报告首先要按会计年度组卷，不同年度的财务报告不要混杂组卷。本企业的报表与下属单位的会计报表，应当分开立卷。因财务报告是由会计报表、会计报表附注和财务情况说明书组成，组卷时不要分开；其次要注意区分不同的保管期限，如财务报告因其价值不同，年度财务报告的保管期限为永久，则与月度、季度、半年的财务报告必须分开组卷。

（4）其他会计档案的组卷，按保管期限整理立卷，将银行存款余额调节表、银行对账单、移交清册、保管清册、销毁清册等都归入其他类范围整理，每一本清册就是一个保管单位，即一个案卷编一个号，无需另外整理立卷。

2. 案卷排列

（1）按“会计年度—类别—保管期限”排列。把一个会计年度形成的全部会计档案分为凭证类、账簿类、财务报告类和其他类四大类，每类的档案根据保管期限的长短依次排列（期限长的在前，期限短的在后）。一个会计年度产生的会计档案在排列之后，再按类别分别写案卷流水号，形成一本案卷目录。例如：

2015 年：凭证类：001，002，003，004…

账簿类：001，002，003，004…

财务报告类：001，002，003，004…

其他类：001，002，003，004…

2016年：凭证类：001，002，003，004…

账簿类：001，002，003，004…

财务报告类：001，002，003，004…

其他类：001，002，003，004…

这种排列方法的优点：①一个会计年度形成的会计档案排列在一起，便于按年度查找会计档案；②可以充分地利用档案库房和装具。缺点：①由于每年度的档案有四类，而凭证、账簿、报表的外形尺寸不同，案卷的排列不够美观，上架后会出现有高有低、有大有小；②由于是按年度编制案卷号并形成案卷目录，目录一年一本，结果造成目录过多。

这种方法适用于会计档案形成量比较大的企业，如果会计档案的形成量不足百卷，就不宜采用这种排列方法。

（2）按"类别—会计年度—保管期限"排列。全部会计档案先按凭证类、账簿类、财务报告类和其他类四类分开后，每个类别再分别按会计年度排列，每一个年度内的档案根据保管期限的长短依次排列。4个类别的档案分别编制4个流水号，每个年度可顺延，形成4本案卷目录。一般来讲，采用跨年度编流水号的方法，其案卷号一般不超过千位数，即若干年就要断号，再编制第二本案卷目录，从"001"开始编流水号。例如：

凭证类：2010年001，002，003，004…，011

2011年012，013，014，015…

账簿类：2010年001，002，003，004…，008

2011年009，010，011，012…

财务报告类：2010年001，002，003，004…，010

2011年011，012，013，014…

其他类：2010年001，002，003，004…，007

2011年008，009，010，011…

这种排列方法的优点：①由于一个类别的档案集中排列，保持了类别的连贯性便于按类别查找档案；②由于按类别集中排放档案，每类档案的外形基本一致排列美观，排放整齐。缺点：①不便于按年度查找档案；②由于案卷号是每年顺延，所以各类档案实体排列之后，需要预留出较充分的空位和空间。

这种方法适用于大多数中、小型企业，即会计档案的年形成量不大的企业。它是目前大多数企业选用的方法。

总之，不管采用何种分类排列方式，一经确定，就不要随便更改。

### （四）装订

1. 会计凭证

装订前按序列排列，检查日数、编号是否齐全；按凭证汇总日期归集（如按上、中、下旬汇总归集）确定装订成册的本数；摘除凭证内的金属物（如订书钉、大头针、回形针），对大的张页或附件要折叠成同记账凭证大小，且要避开装订线，以便翻阅保持数字完整；检查凭证顺序号，如有颠倒要重新排列，发现缺号要查明原因。再检查附件有否漏缺，相关单据、支付材料是否随附齐全；记账凭证上有关人员（如财务主管、复核、记账、制单等）的印章是否齐全。

每本会计凭证以左上对齐为准，用“三孔一线法”装订，装订凭证应使用棉线，在左上角部位打上三个孔，实行三孔一线打结，结扣应是活的，并放在凭证封皮的里面，装订时尽可能缩小所占部位，使记账凭证及其附件内容保持尽可能完全显露，以便于事后查阅；凭证外面要加封面，封面纸用无酸牛皮纸印制，封面规格略大于所附记账凭证；装订凭证厚度一般为1.5厘米，方可保证装订牢固、美观大方。会计凭证一般每月装订一次，装订好的凭证按年分月妥善保管归档。

2. 会计账簿

装订前，首先按账簿启用表的使用页数核对各个账户是否相符，账页数是否齐全，序号排列是否连续；然后按会计账簿封面、账簿启用表、账户目录、该账簿按页数顺序排列的账页、会计账簿装订封底的顺序装订。

活页账簿装订要求。对保留已使用过的账页，将账页数填写齐全，去除空白页和撤掉账夹，在剩余账页的左或右上角标注页码，用纸质好的牛皮纸做封面、封底，用棉绳“三孔一线法”装订成册。多栏式活页账、三栏式活页账、数量金额式活页账等不得混装，应按同类业务、同类账页装订在一起。

会计账簿应牢固、平整，不得有折角、缺角、错页、掉页、加空白纸的现象。会计账簿的封口要严密，封口处要加盖有关印章。

3. 会计报告

会计报告装订前要按编报目录核对是否齐全，标注会计报告页码，上侧和左侧对齐压平，防止折角，如有损坏部位需修补完整后再进行装订，年度报告用棉绳“三孔一线法”装订。会计报告装订顺序为：会计报告封面、会计报告编制说明、各种会计报告（按会计报告的编号顺序排列）、会计报告的封底。按保管期限编制卷号。

4. 其他会计资料

会计移交清册、档案保管清册、销毁清册，每一个清册为一个保管单位、编一个卷号，不需合并并采用“三孔一线法”装订。

### （五）编目

1. 会计凭证封面外形尺寸、项目及填写要求

（1）会计凭证封面外形尺寸。封面尺寸规格采用245毫米×130毫米（长×宽）、245毫米×150毫米（长×宽）。封底尺寸同封面尺寸，封面规格可略大于所附记账凭证。会计凭证封面宜采用无酸牛皮纸制作。

（2）会计凭证封面项目。会计凭证封面项目包括单位名称、凭证名称、时间、册数、册次、记账凭证起止号、记账凭证数、附件数、会计凭证总数、会计主管、装订人、装订时间、备注。

（3）会计凭证封面填写要求。

1）单位名称：填写形成会计档案的企业名称，必须用全称或通用简称，如“××供电局”；不得简称为“本企业”“局”等。

2）凭证名称：填写能够反映会计凭证用途或内容的名称，如“收款会计凭证”“付款会计凭

证”“转账会计凭证”（“基建会计凭证”）“工会会计凭证”“预算外会证凭证”等。

3）时间：填写本册会计凭证的起止年月日。

4）册数：填写起止时间界定内会计凭证的册数。

5）册次：填写本册会计凭证的序号。

6）记账凭证起止号：填写本册记账凭证起号和止号。

7）记凭张数：填写记账凭证的张数。

8）附件数：填写本册会计凭证的附件张数。

9）会计凭证总数：填写本册所有凭证的合计张数。

10）会计主管：填写企业内部具体负责会计档案的中层领导人员。

11）装订人：填写负责该本会计凭证装订的人员。

12）装订时间：填写该本会计凭证装订结束的时间。

13）备注：填写该本凭证需要说明的事项。

会计凭证封面样式见图 2-11。

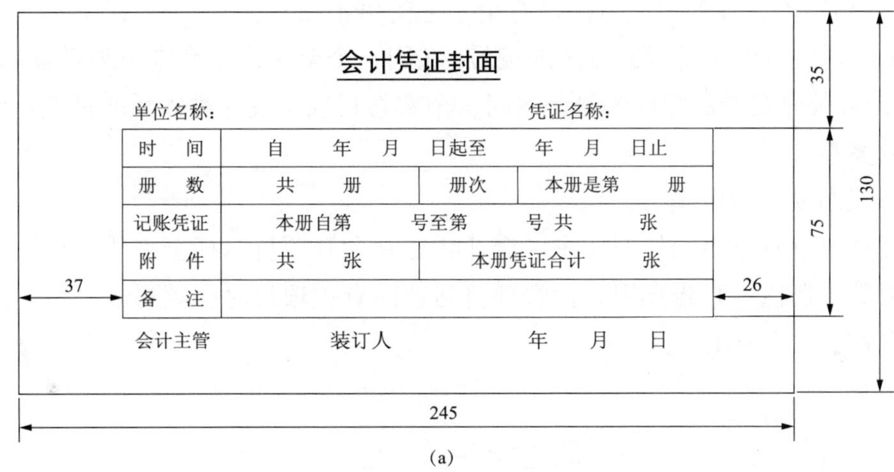

会计凭证封面

单位名称：　　　　　　　　凭证名称：

| 时　间 | 自　　年　月　日起至　　年　月　日止 | |
|---|---|---|
| 册　数 | 共　　册 | 册次　　本册是第　　册 |
| 记账凭证 | 本册自第　　号至第　　号 共　　张 | |
| 附　件 | 共　　张 | 本册凭证合计　　张 |
| 备　注 | | |

会计主管　　　　装订人　　　　年　月　日



(a)

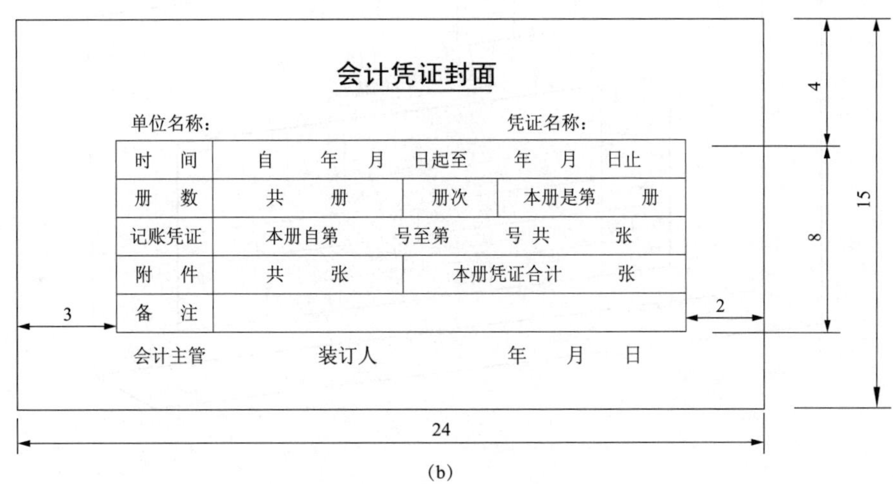

会计凭证封面

单位名称：　　　　　　　　凭证名称：

| 时　间 | 自　　年　月　日起至　　年　月　日止 | |
|---|---|---|
| 册　数 | 共　　册 | 册次　　本册是第　　册 |
| 记账凭证 | 本册自第　　号至第　　号 共　　张 | |
| 附　件 | 共　　张 | 本册凭证合计　　张 |
| 备　注 | | |

会计主管　　　　装订人　　　　年　月　日



(b)

图 2-11　会计凭证封面样式

（a）样式 1；（b）样式 2

1—单位：毫米；2—比例 1:2

2. 会计凭证盒外形尺寸、项目及填写要求

（1）会计凭证盒外形尺寸。会计凭证盒外形尺寸采用 275 毫米×155 毫米（长×宽）或 310 毫米×20 毫米（长×宽，盒脊厚度可根据需要设置 30 毫米、40 毫米、60 毫米等。会计档案盒宜采用 340 克以上箱板纸制作。

（2）会计凭证盒正面项目。会计凭证盒正面项目包括单位名称、凭证名称、时间、册数、册次、记账凭证起止号、附件数、会计凭证总数、起止时间、归档时间、立卷人、保管期限、全宗号、目录号、案卷号。

（3）正面项目的填写要求。

1）单位名称、凭证名称、时间、册数、册次、记账凭证起止号、附件数、会计凭证总数、起止时间根据记账凭证封面的有关项目对应填写，填写要求与记账凭证封面一致。

2）归档时间：填写企业内财务部门向档案管理部门移交会计档案的年月日。

3）立卷人：填写整理本盒会计凭证的人员姓名。

4）保管期限：根据本企业制定的《会计档案保管期限表》，填写该案卷的保管期限。

5）全宗号：填写本企业的全宗号，没有全宗号的可不填写。

6）目录号：填写全宗内案卷所属目录的编号，在同一个全宗内不允许出现重复的案卷目录号。

7）案卷号：目录内案卷的顺序编号，在同一个案卷目录（或分类体系的最低一级类目）内不允许出现重复的案卷号。

盒脊项目与正面项目对应填写。

（4）会计凭证盒盒脊项目及填写要求。会计凭证盒盒脊项目包括全宗号、目录号、案卷号、年度、月份、册数、册次、报告期限。盒脊项目与正面有关项目对应填写。

会计凭证盒样式见图 2-12。

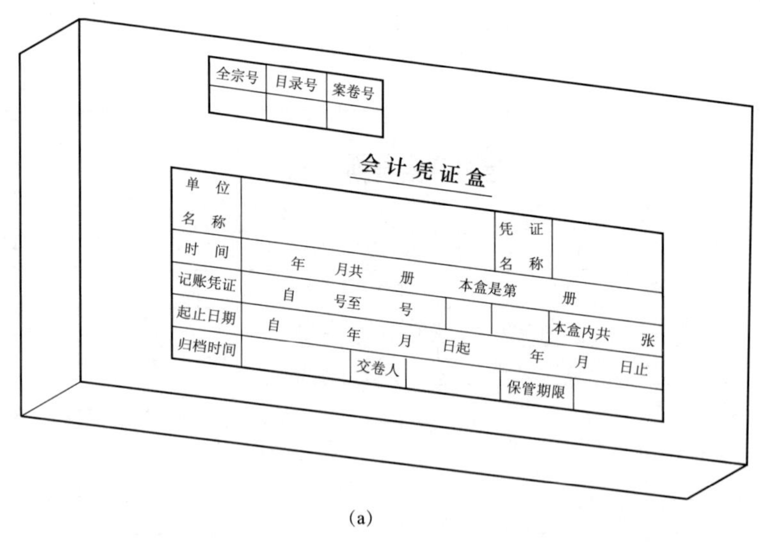


(a)

图 2-12 会计凭证盒样式（一）

（a）会计凭证盒立体图

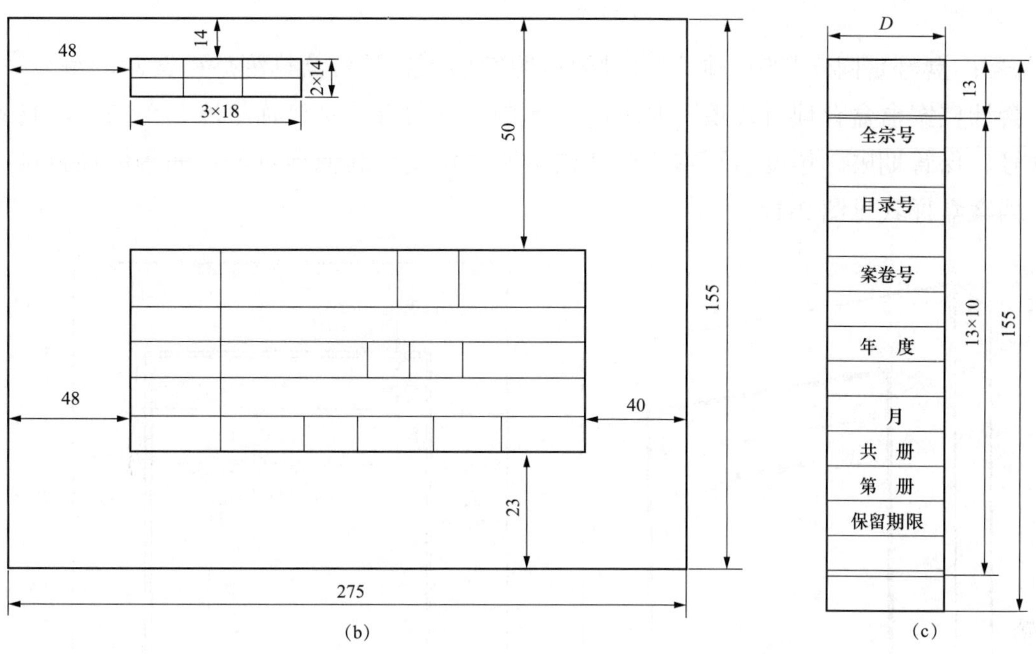


图 2-12　会计凭证盒样式（二）

（b）会计凭证盒正面格式；（c）会计凭证盒脊格式

1—D＝30 毫米、40 毫米、60 毫米；2—单位：毫米；3—比例 1:2

3. 会计档案盒外形尺寸、项目及填写要求

会计档案盒适用于会计账簿、财务报告和其他类会计档案的整理。

（1）会计档案盒的外形尺寸。会计档案盒的外形尺寸采用 310 毫米×220 毫米或 310 毫米×260 毫米（长×宽），盒脊厚度可根据需要设置 20 毫米、30 毫米、40 毫米等。会计档案盒宜采用 700 克以上无酸纸制作。

（2）会计档案盒正面项目。会计档案盒正面项目包括全宗名称、案卷题名、时间、卷数、张数、保管期限、全宗号、目录号、案卷号、盒号。

（3）正面项目的填写要求。

1）全宗名称：全宗名称相当于立档单位的名称，填写时和会计凭证盒正面上的“单位名称”要求一致。

2）案卷题名：由整理会计凭证的人员自拟。案卷题名一般应包括立档单位、时间、内容、会计档案类型等。例如，“××公司××××年会计账簿”“××公司××××年财务报告”等，可参考“××供电局 2015 年度财务专项说明、财务决算报表、财务情况说明”。文字力求简练、明确。

3）时间：填写形成本盒会计档案的起止年月日。

4）卷数、张数：填写本盒内会计档案的卷数和张数。

5）保管期限：按照会计档案的保管期限表填写该盒会计档案的保管期限。

6）全宗号、目录号：填写要求与会计凭证盒上的“全宗号”“目录号”的要求相同。

7）案卷号：填写本盒内会计档案的案卷号或案卷起止号，在案卷起号和止号之间用“—”

隔开。

8）盒号：盒号是同一全宗、同一目录内按照案卷顺序号装盒排列后档案盒的编号。

（4）会计档案盒盒脊项目及填写要求。会计档案盒盒脊项目包括年度、全宗号、目录号、案卷号、盒号、保管期限。年度填写本盒会计档案所属年度，其他项目与正面相应项目填写一致。

会计档案盒样式见图 2-13。

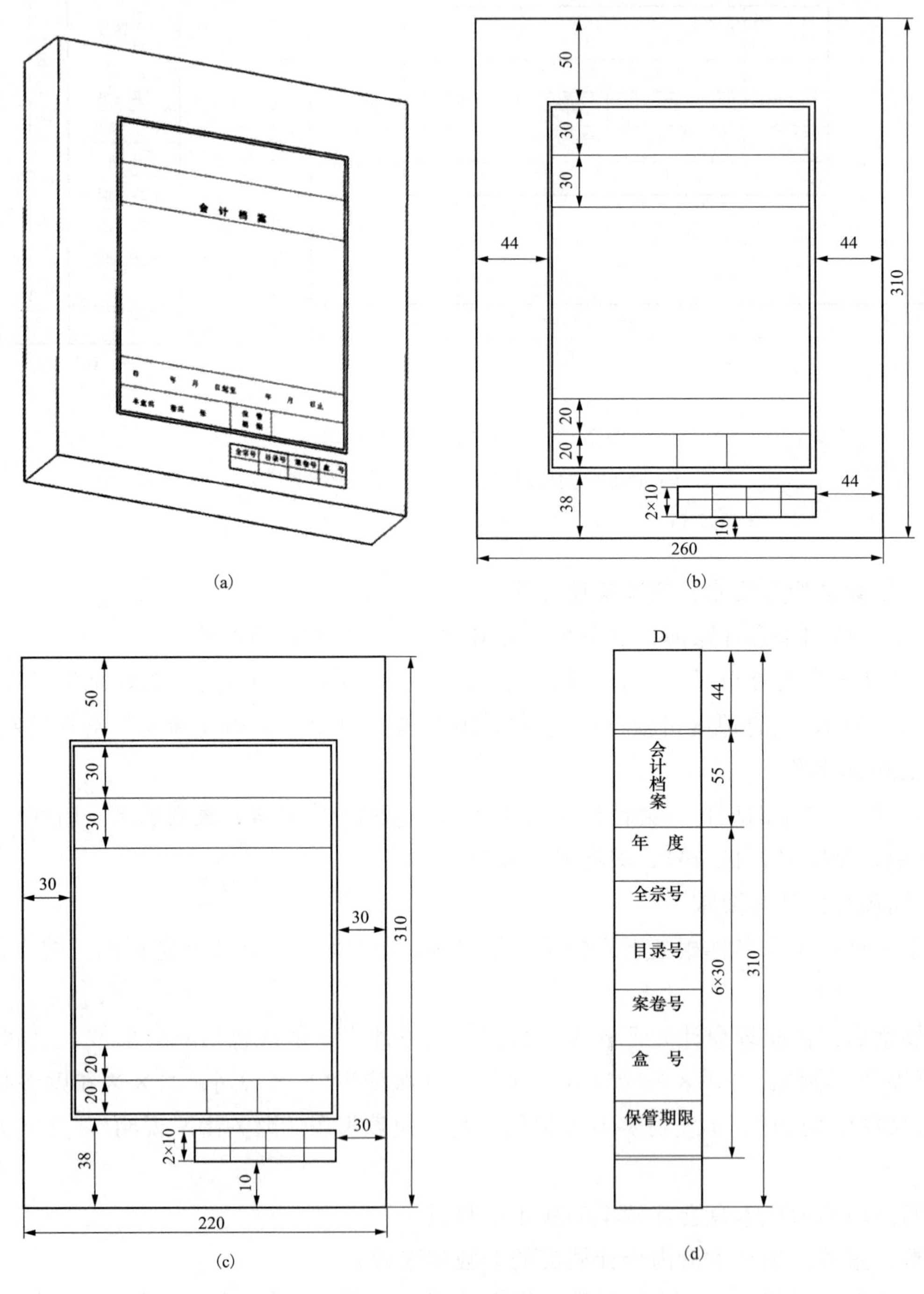


图 2-13 会计档案盒样式

（a）会计档案盒立体图；（b）会计档案盒正面格式一；（c）会计档案盒正面格式二；（d）会计档案盒盒脊格式

1—D=20 毫米、30 毫米、40 毫米；2—单位：毫米；3—比例 1:2

4. 账簿启用及接交表用纸尺寸、项目及填写要求

账簿启用及接交表适用于会计账簿的整理。

（1）账簿启用及接交表用纸尺寸。账簿启用及接交表用纸幅面尺寸采用国际标准 A4 型（长×宽为 297 毫米×220 毫米）。非国际标准纸账簿可根据实际需要另外确定用纸尺寸。

（2）账簿启用及接交表正面项目及填写要求。

账簿启用及接交表正面项目包括单位名称、账簿名称及编号、账簿页数、账簿起止日期、经管人员、接交记录、备注、档号、印花税。

1）单位名称：填写形成会计档案的企业名称，并加盖公章，填写要求与记账凭证封面上的“单位”相同。

2）账簿名称及编号：填写该账簿所属的类别及其排列顺序号。

3）账簿页数：填写该账簿中有内容记载的账簿页数（空白页除外）。

4）账簿起止日期：填写该账簿启用和终止的年月日。

5）经管人员：填写企业内管理财务的负责人姓名、会计姓名、复核姓名、出纳姓名。

6）交接记录：该账簿在使用过程中人员发生变化时，由接管和交出双方分别签名，并填写接交日期，经管人员要填写职务并签名。

7）备注：填写该账簿中需要特别说明的情况。

8）档号：按照本企业档案分类编号规则的要求填写该账簿的编号。

9）印花税：在印有“贴印花税”的空格处贴上印花税票。

（3）账簿启用及接交表背面项目和填写要求。

账簿启用及接交表背面项目包括科目名称、页次。非国际标准纸账簿可根据实际需要另外确定用纸尺寸。

1）科目名称：根据该账簿设置的科目名称依次填写。

2）页次：在编写该账簿页码总流水顺序号的基础上，分别填写各个科目在该账簿中的页码位置。

账簿启用及接交表样式见图 2-14。

5. 会计档案卷内目录用纸要求、项目及填写要求

除账簿、凭证档案外，其他会计档案的案卷均应填写卷内目录。

（1）会计档案卷内目录用纸要求。会计档案卷内目录采用国际标准 A4 型（长×宽为 297 毫米×220 毫米）。纸张质量宜采用 70 克以上白色书写纸制作。

（2）会计档案卷内目录项目及填写要求。会计档案卷内目录项目包括顺序号、责任者、文号、题名、日期、页号、备注。

1）顺序号：以卷内文件材料排列先后顺序填写序号，即件号。

2）责任者：会计档案的形成部门或个人。

3）文号：填写文件制发机关的发文字号，若无文号可不填写。

4）题名：即文件材料标题，一般应照实抄录，没有标题或标题不规范的，可自拟标题，外加“[ ]”号。

5）日期：填写文件材料的形成时间，以 8 位阿拉伯数字标注年月日，如 20170619。

6）页号：填写卷内文件材料所在起页的编号，最后一条条目在填写页号项时，应标明起止页号。

7）备注：在需要说明情况的文件材料栏内打“*”号，并将需说明的情况填写在备考表中。

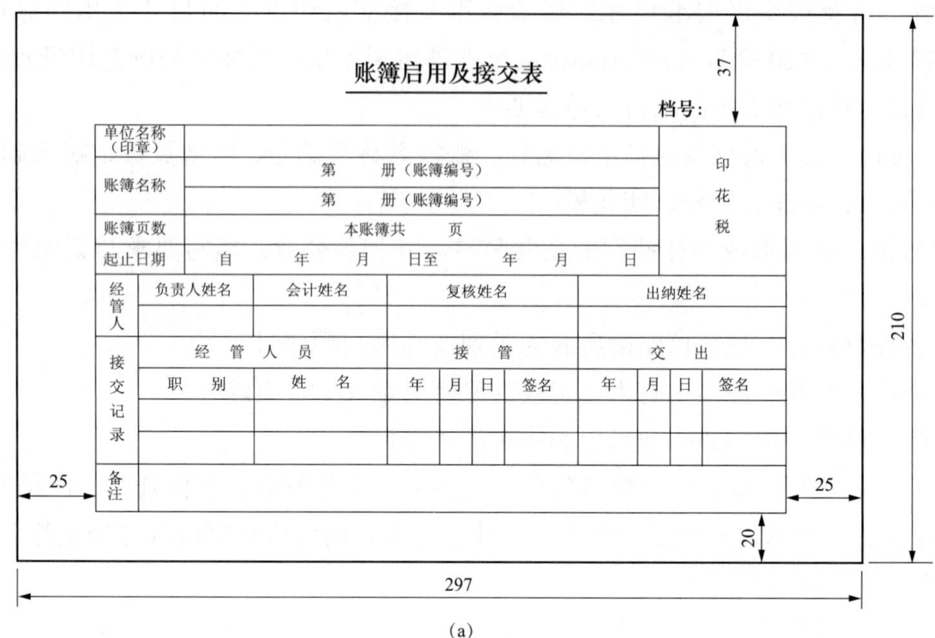

**账簿启用及接交表**

档号：

<table>
<tr><td>单位名称<br>（印章）</td><td colspan="8"></td><td rowspan="5">印<br>花<br>税</td></tr>
<tr><td rowspan="2">账簿名称</td><td colspan="8">第　　册（账簿编号）</td></tr>
<tr><td colspan="8">第　　册（账簿编号）</td></tr>
<tr><td>账簿页数</td><td colspan="8">本账簿共　　页</td></tr>
<tr><td>起止日期</td><td colspan="8">自　　年　　月　　日至　　年　　月　　日</td></tr>
<tr><td rowspan="2">经管人</td><td>负责人姓名</td><td>会计姓名</td><td colspan="4">复核姓名</td><td colspan="4">出纳姓名</td></tr>
<tr><td></td><td></td><td colspan="4"></td><td colspan="4"></td></tr>
<tr><td rowspan="4">接交记录</td><td colspan="2">经管人员</td><td colspan="4">接管</td><td colspan="4">交出</td></tr>
<tr><td>职别</td><td>姓名</td><td>年</td><td>月</td><td>日</td><td>签名</td><td>年</td><td>月</td><td>日</td><td>签名</td></tr>
<tr><td></td><td></td><td></td><td></td><td></td><td></td><td></td><td></td><td></td><td></td></tr>
<tr><td></td><td></td><td></td><td></td><td></td><td></td><td></td><td></td><td></td><td></td></tr>
<tr><td>备注</td><td colspan="10"></td></tr>
</table>



(a)

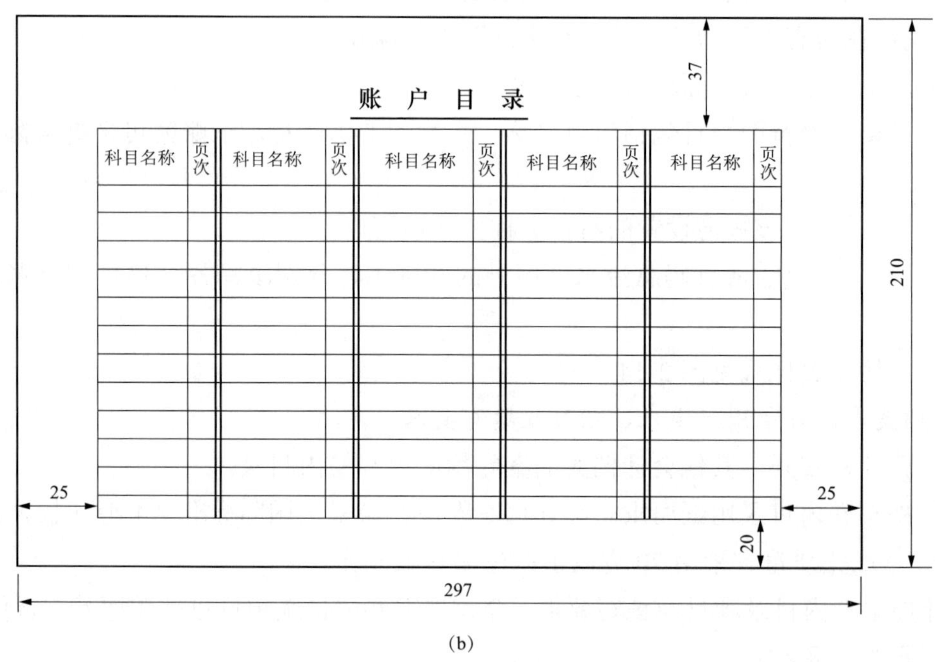

**账　户　目　录**

| 科目名称 | 页次 | 科目名称 | 页次 | 科目名称 | 页次 | 科目名称 | 页次 | 科目名称 | 页次 |
|---|---|---|---|---|---|---|---|---|---|
| | | | | | | | | | |
| | | | | | | | | | |
| | | | | | | | | | |
| | | | | | | | | | |
| | | | | | | | | | |
| | | | | | | | | | |
| | | | | | | | | | |
| | | | | | | | | | |
| | | | | | | | | | |
| | | | | | | | | | |
| | | | | | | | | | |
| | | | | | | | | | |



(b)

图 2-14　账簿启用及接交表样式

（a）账簿启用及接交表正面格式；（b）账簿启用及接交表背面格式

1—单位：毫米；2—比例 1:2

会计档案卷内目录见图 2-15。

6. 会计档案备考表用纸尺寸、项目及填写要求

除了订本账和会计凭证组成的案卷外，其他案卷一般均应加入备考表。

会计档案卷内备考表用纸尺寸和质量要求与会计档案卷内目录相同。

卷内备考表项目包括本卷情况说明、立卷人、检查人、立卷时间、检查时间。

1）本卷情况说明：填写卷内文件材料（财务报告类和其他类）缺损、修改补充、移出、销毁等情况。案卷立好后发生或发现的问题由有关的管理人员填写并签名，标注时间。一般参考“××（档号）卷共有文件××页”。

2）立卷人：由立卷者签名。

3）检查人：由案卷质量审查者签名。

4）立卷时间：填写完成立卷工作的年月日。

5）检查时间：填写审查案卷质量的年月日。

会计档案备考表见图2-16。

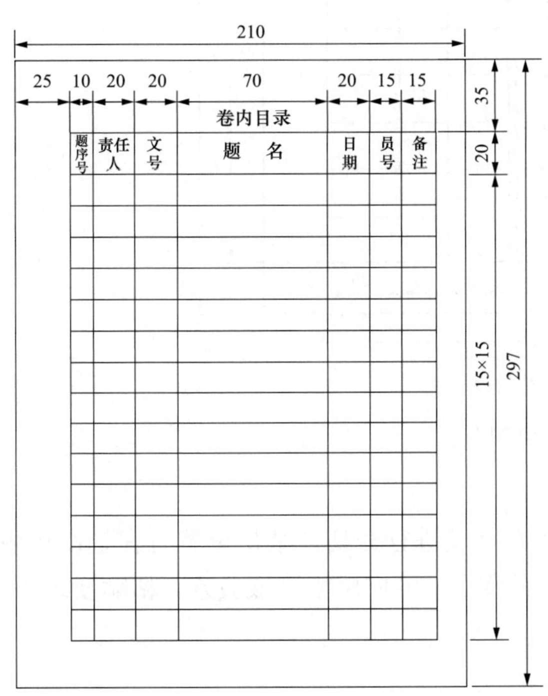


图2-15　会计档案卷内目录格式

1—单位：毫米；2—比例1:2

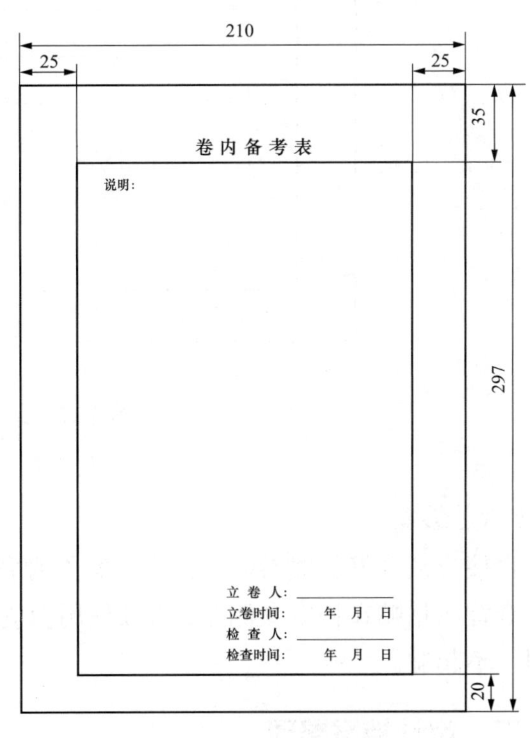


图2-16　会计档案备考表格式

7. 会计档案案卷目录用纸尺寸、项目及填写要求

会计档案案卷目录通常按年度编制，或按会计凭证、会计账簿、会计报表和其他会计资料分别编制。

会计档案案卷目录用纸尺寸和质量要求与会计档案卷内目录相同。

会计档案案卷目录项目有案卷号、类别、题名、起止时间、保管期限、卷内张数、备注等。

1）案卷号：根据整理会计档案时会计凭证盒或会计档案盒上的对应项目填写。

2）类别：填写该卷会计档案所属的类别，如会计凭证类、会计账簿类、财务报告类或其他类。

3）题名：填写该卷的案卷题名，填写要求与会计档案盒上的“案卷题名”相同。

4）起止时间：填写该卷档案所涉及文件材料的有效起止时间的年月日，如20050112～

20051226 或 2005.01.12～2005.12.26。

5）保管期限：根据整理会计档案时确定的会计凭证盒或会计档案盒上的保管期限填写。

6）卷内张数：会计凭证总数、账页总数或财务报告的总张数，根据该卷会计档案的具体张数填写。

7）备注：填写机制凭证起止号或其他需要说明的事项。

会计档案案卷目录见图 2-17。

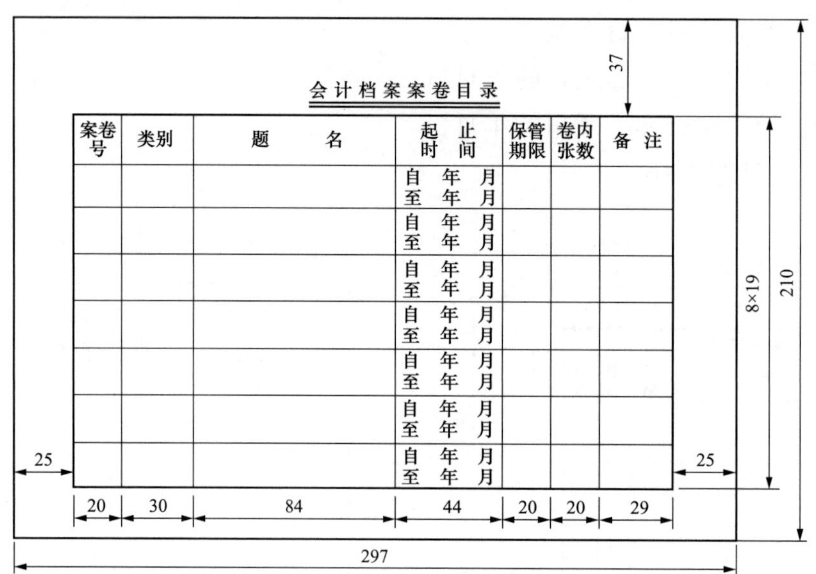


图 2-17　会计档案案卷目录格式

1—单位：毫米；2—比例 1:2

### （六）装盒

直接将装订好的案卷装入盒内。案卷脊背根据案卷厚度进行裁切，裁切位置宜在切线内侧，案卷脊背应粘贴在档案盒侧面。必须使用白乳胶粘贴脊背，不可使用糨糊或胶水，粘贴要求平整、牢固、不起皱。

## 二、审计档案整理

### （一）审计档案分类及保管期限表、编号规则

1. 分类及保管期限表

审计档案可分为以下类型，供电企业的审计项目档案的保管期限一般为永久和定期。审计档案分类及保管期限表见表 2-8。

**表 2-8　　审计档案分类及保管期限表**

| 类别 | 类目名称（分类号） | 归　档　范　围 | 保管期限 |
|---|---|---|---|
| 审计档案 | 经济责任审计 | 应当归入审计档案的主要文件材料包括：<br>1．审计通知书、审计意见书、审计决定等审计公文；<br>2．审计证据、审计工作底稿、审计所依据的法规名称或者手册内容摘要、审计报告和审计报告征求意见稿、被审计单位对审计报告的书面意见以及审计组的书面说明； | 永久 |

续表

| 类别 | 类目名称（分类号） | 归 档 范 围 | 保管期限 |
|---|---|---|---|
| 审计档案 | 经济责任审计 | 3．有关经济责任审计项目的被审计人述职报告、审计调查材料、被审计单位（人）对审计报告的书面意见以及审计组的书面说明。被审计单位上报的审计发现问题整改措施、审计整改报告及其证明性材料，必要时应当包括对被审计单位审计整改效果的评价；<br>4．审计方案、被审计单位的审计承诺书；<br>5．有关审计项目的请示、报告、批复、批示、复函等文件材料，与具体审计项目有关的群众来信、来访记录等举报材料；<br>6．其他应当归入审计档案的文件材料；<br>7．重要的电子邮件。<br>下列文件材料不应当归入内部审计档案：<br>1．与具体审计项目无关的行政文书和审计管理文书；<br>2．未用作审计证据，或者未经核实的证明性材料；<br>3．审计所依据的法规、政策性文件中的无关条款及其他参考资料；<br>4．未经领导审签的文电草稿；<br>5．其他不应当归入审计档案的文件材料 | |
| | 财务收支审计 | 同经济责任审计 | 定期 |
| | 工程审计 | 同经济责任审计 | 定期 |
| | 项目竣工审计 | 审计合同及审计报告 | 定期 |
| | 专项审计 | 同经济责任审计 | 定期 |
| | 其他 | 同经济责任审计 | 定期 |

注　审计档案的保管期限自归档年度开始计算。应当根据审计项目涉及的金额、性质、社会影响等因素划定为永久、定期两种，定期分为 30 年、10 年。永久保管的档案，是指特别重大的审计事项、列入审计工作报告、审计结果报告或第一次涉及的审计领域等具有突出代表意义的审计档案。一般涉及金额巨大或性质严重的审计项目档案和经济责任的审计项目档案，应永久保存；涉及移送纪检、监察、司法机关的审计项目档案，应永久保存。保管 30 年的档案，是指重要审计事项、查考价值较大的审计档案。保管 10 年的档案，是指一般性审计事项的审计档案。

2. 编号规则

审计档案编号规则为年度—分类号—案卷号。需要注意的是：

（1）年度号共 4 位，为审计档案的结案年度。

（2）分类号共 2 位：第 1 位可根据企业档案分类情况固定为一个阿拉伯数字或字母，代表审计档案，第 2 位代表审计项目类目。

（3）案卷号为同一项目同一类型文件下的案卷流水号，用阿拉伯数字从“1”开始标识。

### （二）组卷

审计档案按项目立卷，一个项目可立一个或几个卷，不得将几个审计项目合并立卷。跨年度的审计项目，在项目审计终结的年度立卷。每一审计项目在签发审计结论和审计决定后一个月内立卷，跨年度的审计项目，在项目审计终结的年度立卷。

案卷内的卷内文件组件不宜过粗，有独立文件标题或主题的文件材料组为一件，形成多条卷内目录，不宜整本装订，只有一条卷内目录。

同一过程、阶段、类型的文件材料应组为一卷或多卷，并按照过程（阶段）顺序排列案卷。

### （三）排列

卷内文件顺序和案卷顺序原则上按照范围及保管期限表排列。

审计项目档案的排列顺序为封面、封页、卷内文件目录、档案内容（结论性文件材料、证明性文件材料、立项性文件材料、备查性文件材料)、具体文件、备考表。

结论性文件材料，采用逆审计程序并结合文件材料的重要程度进行排列：①向企业（单位）领导报送的有关审计项目的审计情况报告；②被审计企业上报的审计发现问题整改台账、审计整改报告及其证明性材料；③审计决定或审计意见书及被审单位的执行情况；④有关审计处理的请示及企业（单位）领导的批复、批示；⑤审计报告及审计报告征求意见稿；⑥被审计企业（人）对审计报告的书面意见以及审计组的书面说明；⑦有关审计项目的通报、处理意见；⑧其他结论性文件材料。

证明性文件材料，按与审计报告所列问题和审计评价意见相对应的顺序，对审计证据、汇总审计工作底稿、分项目审计工作底稿、审计法规依据进行排列：①汇总审计工作底稿；②审计取证清单；③分项目审计工作底稿；④审计工作记录；⑤审计所依据的法规名称或者手册内容摘要；⑥其他审计工作底稿及审计证据。

立项性文件材料，按文件材料形成时间顺序并结合文件材料的重要程度进行排列：①上级领导交办审计事项的指令性文件；②与审计项目有关的举报材料、来访记录；③项目的审计工作方案；④审计通知书。

备查类文件材料，按文件材料形成的时间顺序并结合重要程度进行排列。被审计企业整改情况、该审计项目审计过程中产生的信息等不属于前三类的其他文件材料。

需要注意的是，审计时间以下达审计通知书至作出审计报告的起止时间为准。

**（四）装订**

审计案卷的装订原则是不能破坏原文件模样。案卷排列顺序是案卷封面—卷内目录—文件材料—备考表。装订步骤如下：

（1）拆除文件材料上的金属物。

（2）对热敏纸、破损、褪色的文件材料，要进行修复或复制。

（3）文件材料左侧装订部分不足 2.5 厘米，或其间有字的，要贴纸加宽后再装订，确保装订不压字。

（4）文件材料纸面小于 B5 纸面的，要粘贴或托裱在标准的 A4 纸面上再装订，确保装订不掉页。

（5）文件材料字迹模糊难以辨认的，应附抄件并加以说明。

（6）选择适当厚度的卷皮进行装订，每卷装订的文件材料，一般不超过 50 毫米，超出的应按文件材料的阶段性适当分卷。

（7）装订文件材料时应将左边和下边对齐。

（8）采取“三孔一线”装订法，穿线打结在卷尾备考表之后的装订条上。打孔不得使用塑料套管。

（9）装订要牢固、整齐、美观，不丢页、不错页、不订反、不损坏文件、不妨碍使用。

**（五）编目**

（1）编页：一般应以卷为单位编制页码；页码应逐页编制，分别标注在文件正面右下角或背面左下角的空白位置；空白页（或存在无效内容的）不编页；每卷的文件材料，均从 1 开始编写页号。

（2）卷内文件目录。

1）顺序号：以卷内文件排列先后顺次填写的序号，即件号。证明类文件材料，以每份审计工作底稿及所附的取证单、审计证据为一件。

2）文号：文件制发机关的发文字号，没有文号的不填写。

3）责任者：制发文件的组织或个人，即文件的发文机关或署名者。审计工作底稿的责任者，统一填写为“审计组”。企业责任者一般要著录全称，在全称字数太多的情况下可以著录统一规范的通用简称，不得著录“本企业” 等。联合行文的责任者，应著录列于首位的责任者，被省略的责任者用“[等]”表示，两个责任者之间的间隔用“；”。

4）题名：填写文件标题。没有标题或标题不规范、不明确的，应根据文件内容自拟标题，外加“[]”号。

5）日期：文件材料的形成时间，以 8 位阿拉伯数字标注年月日。例如，“2018 年 8 月 6 日”填写为“20180806”。没有时间或年月日不全的，要考证时间或补齐年月日。例如，“2018 年 8 月”填写为“20180801”。

6）页号/页数：页号填写本份文件材料所在的起止页号，之间加“—”号。页数为卷内每份文件的页数。

单份装订的案卷应逐件加盖档号章。档号章的位置在每件文件首页上端空白处，归档章设置全宗号、年度、保管期限、件号等必备项，并可设置机构（问题）等选择项。

另外，卷内文件目录应放在卷内文件材料的首页，不编页码。

（3）备考表。备考表外形尺寸及页边与文字区尺寸均同卷内目录。

卷内备考表包括本卷情况说明、立卷人、检查人、档号。

1）本卷情况说明：主要标明卷内文件的总页数、各类文件页数，以及立卷单位对案卷情况的说明（如文件材料有无缺损、修改、补充、移出、销毁，以及本卷与其他卷的关联等情况）。一般参考“××（档号）卷共有文件××件××页”。

2）立卷人：由立卷责任人签名并标注立卷年月日。

3）检查人：由审计组组长（副组长）或相关业务部门负责人在检查归档材料齐全有效、内容完整后签名并标注检查的年月日。

4）档号：按档号规则等进行标注。

另外，备案表排列在卷内文件之后，不编写页号。

（4）案卷封面。审计案卷的封面，用长 30 厘米、宽 22 厘米、300 克无酸牛皮纸，分为 1 厘米、1.5 厘米、2 厘米 3 种规格制作。

封面项目包括全宗名称、类目名称、案卷题名、分类号、起止时间、保管期限、件数、全宗号、目录号、案卷号。

1）全宗名称：相同立档单位的名称。填写全宗名称必须用全称或规范化简称，如“××供电局”；不得简称为“本企业”“局”等。

2）类目名称：填写分类表中的第二级类目名称。在一个全宗内应按统一的方案分类，并应保持分类体系的稳定性。

3）案卷题名：即案卷标题，一般由立卷人自拟。案卷题名应当准确概括本卷文件的主要制发机关、主题内容、文种。文字应力求简练、明确。在封面的空白处居中书写。案卷题名应当为“全宗名称＋关于＋被审计企业（人）名称＋审计事项名称＋审计（或专项审计调查）”，如“××供电局关于对原××县区供电局局长李某某同志离任经济责任的审计”。案卷数量较多时，可根据案卷内容拟写副标题。例如，“全宗名称＋关于××××年××××××审计（或专项审计调查）—移送部分”。

4）分类号：与类目名称对应的分类号。

5）起止时间：填写本卷卷内审计文件材料最早形成日期（不包括引用法规原件和取得证据原件的日期）和最晚形成日期。

6）保管期限：立卷时划定的案卷保管期限，一般由立卷人填写。

7）件数：填写本卷的总件数。

8）全宗号：档案馆指定给立档单位的编号。

9）目录号：全宗内案卷所属目录的编号，在同一个全宗内不允许出现重复的案卷目录号。

10）案卷号：目录内案卷的顺序编号，在同一个案卷目录内不允许出现重复的案卷号。

另外，案卷封面排列在卷内文件之前，不编写页号。

（5）案卷目录。案卷目录项目包括序号、档号、案卷题名、卷内件数、保管期限。

序号为一个目录号下总案卷的排列顺序号。

案卷目录中的其他项目内容填写需与其对应的案卷封面内容一致。

（6）审计档案盒脊，盒脊项目包括年度、全宗号、目录号、案卷号、盒号、保管期限。年度填写本盒审计档案所属年度，其他项目与封面相应项目填写一致。

#### （六）装盒

直接将装订好的案卷装入盒内。案卷脊背根据案卷厚度进行裁切，裁切位置宜在切线内侧，案卷脊背应粘贴在档案盒侧面。必须使用白乳胶粘贴脊背，不可使用糨糊或胶水，粘贴要求平整、牢固、不起皱。

审计档案的卷内文件目录、案卷封面、案卷目录、备考表、盒脊等相关表单参考附录C。

## 三、法律案件档案整理

### （一）法律案件档案分类及保管期限表、编号规则

1．法律案件档案分类及保管期限表

法律案件档案分类及保管期限表见表2-9。

**表2-9　　法律案件档案分类及保管期限表**

| 档案类型 | 类目名称（分类号） | 归 档 范 围 | 保管期限 |
| --- | --- | --- | --- |
| 法律案件档案 | 诉讼文件 | 1．起诉状、上诉状、申诉状、仲裁申请书、答辩状；<br>2．证据材料；<br>3．判决书、裁定书、仲裁决定书、调解书、和解协议；<br>4．代理意见、应诉方案；<br>5．结案报告；<br>6．其他与法律案件有关的材料 | 30年 |
|  | 其他 | 其他应当归档的法律文书 | 30年 |

法律案件电子档案应参照纸质档案的要求分类、整理，刻录在盘与纸质档案一同移交档案管理部门，移交的光盘需标记案件名称。法律工作人员可留存一套备查。

2. 编号规则

法律案件档案编号规则为年度—分类号—案卷号。需要注意的是：

（1）年度号共 4 位，为法律案件档案的形成年度。

（2）分类号共 2 位，第 1 位可根据企业档案分类情况固定为一个阿拉伯数字或字母，代表法律案件档案，第 2 位代表法律案件类目。

（3）案卷号为同一年度同一法律案件下的案卷流水号，用阿拉伯数字从“1”开始标识。

### （二）组卷

法律案件档案以“卷”为单位进行整理，应做到一案一档。同一案件由于其他原因形成几个案号的案卷，应合并保管。并卷原则是，再审卷并入一审或二审卷，申诉卷并入案件项目审级卷。案卷合并时，要在案卷封皮和案卷登记簿上注明移出、移入和相关的案号。

### （三）排列

结合材料的形成时间及材料之间的逻辑关系将分类好的案卷材料按各类案卷卷内目录项目的顺序整理排放。卷内文件顺序和案卷顺序原则上按照范围及保管期限表排列。同一过程、阶段、类型的文件材料应组为一卷或多卷，并按照过程（阶段）顺序排列案卷。

### （四）装订

法律案件案卷装订可采用整卷装订，也可按件装订。案卷排列顺序是：案卷封面—卷内目录—文件材料—备考表。装订步骤如下：

（1）拆除文件材料上的金属物。

（2）对热敏纸、破损、褪色的文件材料，要进行修复或复制。

（3）文件材料左侧装订部分不足 2.5 厘米，或其间有字的，要贴纸加宽后再装订，确保装订不压字。

（4）文件材料纸面小于 B5 纸面的，要粘贴或托裱在标准的 A4 纸面上再装订，确保装订不掉页。

（5）文件材料字迹模糊难以辨认的，应附抄件并加以说明。

（6）选择适当厚度的卷皮进行装订，每卷装订的文件材料，一般不超过 2 厘米，超出的应按文件材料的阶段性适当分卷，尽量保证每册案卷厚度不超过 50 毫米。

（7）装订文件材料时应将左边和下边对齐，装订在案卷左边。

（8）较厚的文件材料采取“三孔一线”装订法，文件材料较少的采用粘贴法或不锈钢钉装订，打孔不得使用塑料套管。

（9）装订要牢固、整齐、美观，不丢页、不错页、不订反、不损坏文件、不妨碍使用。

### （五）编目

（1）编页：可按卷或按件编页，应在有效内容的页面上编写文件页号。页号位置：单面的，在文件右下角；双面的，正面在右下角，反面在左下角。

应按装订形式分别编写页号。按卷装订的，卷内文件应从“1”开始连续编写页号；按件装订的，每份文件从“1”编写页号，件与件之间页号不连续。编页位置不随文件内容书写方向改变而改变。

装订成册的图样或印刷成册的项目文件，已有页号的，不必另行编写页号。

案卷封面、卷内目录、卷内备考表不编写页号。

（2）卷内文件目录。

卷内文件项目包括顺序号、文号、责任者、题名、日期、页号/页数、备注。

1）顺序号：以卷内文件排列先后顺次填写的序号，即件号。

2）文号：文件制发机关的发文字号，没有文号的不填写。

3）责任者：制发文件的组织或个人，即文件的发文机关或署名者。

4）题名：文件标题。没有标题或标题不规范、不明确的，应根据文件内容自拟标题，外加“[ ]”号。

5）日期：文件材料的形成时间，以 8 位阿拉伯数字标注年月日。例如，“2018 年 8 月 6 日”填写为“20180806”。没有时间或年月日不全的，要考证时间或补齐年月日。例如，“2018 年 8 月”填写为“20180801”。

6）页号/页数：页号填写本份文件材料所在的起止页号，之间加“—”号。页数为卷内每份文件的页数。

单份装订的案卷应逐件加盖档号章。档号章的位置在每件文件首页上端空白处，归档章设置全宗号、年度、保管期限、件号等必备项，并可设置机构（问题）等选择项（见附录 C）。档号章位置不随文件内容书写方向改变而改变。

（3）备考表。

1）卷（盒、册）情况说明：填写本卷法律案件文件材料有无缺损、修改、补充、移出、销毁，以及本卷与其他卷的关联等情况。由填写人签名，并标注情况说明的年月日。

2）立卷人：由立卷责任人签名并标注立卷年月日。

3）检查人：由相关业务部门负责人在检查归档材料齐全有效、内容完整后签名并标注检查的年月日。

4）互见号：填写与本卷档案有对应联系的其他载体档案的档号。

5）档号：按档号规则等进行标注。

另外，备案表排列在卷内文件之后，不编写页号。

（4）案卷封面。法律案卷的封面，用长 30 厘米、宽 22 厘米、300 克无酸牛皮纸，分为 1 厘米、1.5 厘米、2 厘米 3 种规格制作。

封面项目包括全宗名称、类目名称、案卷题名、分类号、起止时间、保管期限、件数、全宗号、目录号、案卷号。

1）全宗名称：相同立档单位的名称。填写全宗名称必须用全称或规范化简称，如“××供电局”，不得简称为“本企业”“局”等。

2）类目名称：填写分类表中的第二级类目名称。在一个全宗内应按统一的方案分类，并应保持分类体系的稳定性。

3）案卷题名：即案卷标题，一般由立卷人自拟。案卷题名应当准确概括本卷文件的主要制发机关、主题内容、文种。文字应力求简练、明确。在封面的空白处居中书写。案卷题名应当为

“全宗名称＋关于＋案件名称＋的案件”，如“××供电局关于王××等10人劳动争议的案件”。案卷数量较多时，可根据案卷内容拟写副标题。例如“全宗名称＋关于××××的案件—证据部分”。

4）分类号：与类目名称对应的分类号。

5）起止时间：填写本卷卷内法律文件材料最早形成日期（不包括引用法规原件和取得证据原件的日期）和最晚形成日期。

6）保管期限：立卷时划定的案卷保管期限，一般由立卷人填写。

7）件数：填写本卷的总件数。

8）全宗号：档案馆指定给立档单位的编号。

9）目录号：全宗内案卷所属目录的编号，在同一个全宗内不允许出现重复的案卷目录号。

10）案卷号：目录内案卷的顺序编号，在同一个案卷目录内不允许出现重复的案卷号。

涉及国家机密和个人隐私的案件案卷要标明密卷，并确定有密级，案卷封面右上角要加盖有密卷章。

另外，案卷封面排列在卷内文件之前，不编写页号。

（5）案卷目录。案卷目录项目包括序号、档号、案卷题名、卷内件数、保管期限。

序号为一个目录号下总案卷的排列顺序号。

案卷目录中的其他项目内容填写需与其对应的案卷封面内容一致。

（6）法律案件档案盒脊，盒脊项目包括年度、全宗号、目录号、案卷号、盒号、保管期限。年度填写本盒法律案件档案所属年度，其他项目与封面相应项目填写一致。

### （六）装盒

直接将装订好的案卷装入盒内。案卷脊背根据案卷厚度进行裁切，裁切位置宜在切线内侧，案卷脊背应粘贴在档案盒侧面。必须使用白乳胶粘贴脊背，不可使用糨糊或胶水，粘贴要求平整、牢固、不起皱。

法律案件档案的卷内文件目录、案卷封面、案卷目录、备考表、盒脊等相关表单参考附录C。

## 四、纪检监察案件档案、巡视（巡察）档案整理

### （一）纪检监察案件档案分类及保管期限表、编制规则

1. 纪检监察案件档案类型

根据《纪检监察机关案件档案管理办法》，纪检监察案件档案分为信访类案件档案、案件审查审理类案件档案、谈话函询类档案和其他类档案。

2. 纪检监察案件档案保管期限

纪检监察案件档案的保管期限分为永久、30年、10年。为了维护案件档案的完整和联系性，纪检监察机关案件档案保管期限的确定，原则上以案件为单位进行。确定档案的保管期限的基本原则和方法如下：

凡属在本企业权限内直接查处的大案要案及有重要影响的典型案件中形成的有长远利用价值的案件档案，应划为永久保管；在本级企业管辖区域内有一定影响或发有通报的典型案件；在审批权限内，经审理给予正式批复处理的审理类案件；本级企业正式立案调查后，按审批权限需要

作出正式处理的检查（调查）类案件。

凡属在相当长的时期内有利用价值的案件档案，保管期限应划为30年：本级企业正式立案调查后，不需要作出正式处理的检查（调查）类案件；本级企业过问、督办或转办，经下级企业正式立案调查并作出正式处理的检查（调查）类案件；按审批权限，经审理作为备案的审理类案件；本级企业转办，经下级企业正式立案调查并作出正式处理的信访类案件。

凡属在较短的时间内有利用价值的案件档案，保管期限应划为10年：本级企业过问、督办或转办，经下级企业调查不需要作出正式处理的检查（调查）类案件；本级企业转办，经下级企业调查不需要作出正式处理的信访类案件。

复查、复议的申诉案件，可比照上述所列的原则、方法，确定档案的保管期限。

纪检监察案件档案分类及保管期限表见表2-10。

**表2-10　　纪检监察案件档案分类及保管期限表**

<table>
<tr><th>档案类型</th><th>类目名称<br>（分类号）</th><th>归　档　范　围</th><th>保管期限</th></tr>
<tr><td rowspan="10">纪检监察<br>案件档案</td><td rowspan="2">信访类</td><td>纪检监察部门对群众来信来访所反映的问题批转有关企业进行调查或了解并要求反馈结果的案件中，属非管理权限干部、报来的调查结果对案件当事人作出正式审批处理的案件</td><td>30年</td></tr>
<tr><td>纪检监察部门对群众来信来访所反映的问题批转有关企业进行调查或了解并要求反馈结果的案件中，属非管理权限干部、报来的调查结果对案件当事人未作出正式审批处理的案件</td><td>10年</td></tr>
<tr><td rowspan="3">案件审查审理类</td><td>1. 纪检监察部门直接检查或复查的主办案件中，需履行审批手续作出处理的案件；<br>2. 纪检监察部门通过批转等间接手段检查或复查某一问题并报来结果的案件中，重要或典型的案件（包括报来的处理结果需要审理批复或向党内通报的案件）；<br>3. 案件审理材料中，纪检监察部门审理查处的案件</td><td>永久</td></tr>
<tr><td>1. 纪检监察部门直接检查或复查的主办案件中，决定撤销立案的案件；<br>2. 纪检监察部门未正式立案，对管理权限以内干部就某一问题进行一般了解或核查的案件；<br>3. 纪检监察部门通过批转等间接手段检查或复查某一问题并报来结果的案件：①属管理权限以内的干部、报来的审查结果不需要作出审理批复的案件；②属非管理权限干部、报来的审查结果对案件当事人作出正式审批处理的案件；<br>4. 案件审理材料中，下级报送的审理批复及审理备案案件</td><td>30年</td></tr>
<tr><td>1. 纪检监察部门未正式立案，对非管理权限干部就某一问题进行一般了解或核查的案件；<br>2. 纪检监察部门通过批转等间接手段检查或复查某一问题并报来结果的案件中，属非管理权限干部、报来的审查结果对案件当事人未作出正式审批处理的案件</td><td>10年</td></tr>
<tr><td rowspan="3">谈话函询类</td><td>属管理权限以内的干部、谈话函询后予以了结或采取谈话提醒、批评教育、责令检查、诫勉谈话等方式处理的材料</td><td>永久</td></tr>
<tr><td>属非管理权限干部、谈话函询后予以了结或采取谈话提醒、批评教育、责令检查、诫勉谈话等方式处理的材料</td><td>30年</td></tr>
<tr><td>谈话函询后转初步核实的相应材料并入案件审查审理类资料归档</td><td>—</td></tr>
<tr><td rowspan="2">其他</td><td>转办、不要求报结果的信访件</td><td>10年</td></tr>
<tr><td>其他不属于专项案件，但认为有必要保存的相关资料</td><td>10年</td></tr>
</table>

3. 编号规则

纪检监察案件档案的编号规则为年度—分类号—案卷号。需要注意的是：

（1）年度共 4 位，为纪检监察案件档案的结案年度。

（2）分类号共 2 位，第 1 位可根据企业档案分类情况固定为一个阿拉伯数字或字母，代表纪检监察案件档案，后 1 位代表案件类目。

（3）案卷号为同一年度同一纪检监察案件下的案卷流水号，用阿拉伯数字从“1”开始标识。

## （二）巡视（巡察）档案分类及保管期限表、编号规则

1. 巡视（巡察）档案分类及保管期限表

巡视（巡察）档案分类及保管期限表见表 2-11。

**表 2-11　　巡视（巡察）档案分类及保管期限表**

| 档案类型 | 类目名称（分类号） | 归档范围 | 保管期限 |
| --- | --- | --- | --- |
| 巡视（巡察）档案 | 常规巡视（巡察） | 巡视（巡察）工作方案<br>巡视（巡察）谈话记录<br>问卷调查结果分析材料<br>信访记录<br>来信来访登记办理单<br>巡视（巡察）工作报告、巡视（巡察）专题报告<br>反馈意见<br>整改情况报告<br>巡视（巡察）工作总结<br>巡视（巡察）过程中形成的录音、录像、照片等声像资料<br>其他在工作活动中形成的具有保存价值的各种载体的档案资料 | 30 年 |
| | 专项巡视（巡察） | 同常规巡视（巡察） | 30 年 |
| | 其他 | 同常规巡视（巡察） | 30 年 |

巡视（巡察）档案电子版应参照纸质档案的要求分类、整理，刻录在盘与纸质档案一同移交档案管理部门，移交的光盘需标记巡视档案名称。被巡视单位可留存一套备查。

2. 编号规则

巡视（巡察）档案的编号规划为年度—分类号—案卷号。需要注意的是：

（1）年度共 4 位，应为在现场巡查结束年度。

（2）分类号共 2 位，第 1 位可根据企业档案分类情况固定为一个阿拉伯数字或字母，代表巡视（巡察）档案，后 1 位代表巡查类目。

（3）案卷号为同一年度同一巡查案件下的案卷流水号，用阿拉伯数字从“1”开始标识。

## （三）组卷

纪检监察案件材料以案件为单位整理立卷，原则上一案一卷或一案多卷。两个以上企业合办的案件，主办企业保存原件，协办企业保存复制件或打印件。案件材料若有遗漏或缺损，应附说明。

巡视（巡察）档案以“卷”为单位进行整理，应做到一次巡视一卷或一次巡视多卷。巡视档案材料若有遗漏或缺损，应附说明。

纪检监察案件档案和巡视（巡察）档案材料立卷归档的录音、录像、照片、影片等声像档案

及实物档案，应标注制作时间、年代、文字说明、承办单位、制作人、案卷互见号，并按照有关档案管理要求单独存放。

（四）排列

纪检监察案件档案和巡视（巡察）档案的案卷排列：年度—分类号—案卷号排列，排列方法应保持一致性，不可随意改动。

纪检监察案件档案卷内档案组合排列：卷内材料原则上应按照实际办案程序依次排列；可根据案件材料的多少，一案一卷或一案数卷；证据材料，可按材料所反映的问题或材料的名称等特征分类，每一类再按时间顺序排列；可按照证据材料的重要程度，将主要证据材料排列在前，旁证材料排列在后。卷内排列顺序具体见表2-12。

表2-12　　卷内排列顺序

| 类目名称 | 卷内顺序 |
|---|---|
| 信访类 | 1．办案依据材料：重要信访拟办单，检举、揭发、控告、申诉材料（包括上级转办函）；<br>2．本级纪检监察部门转办函；<br>3．下级或有关企业上报的案件查处结果情况报告及材料；<br>4．承办部门的结案报告或办结意见及领导的批示 |
| 案件审查审理类 | 1．办案依据材料：上级的批件，信访检举、揭发材料，有关领导的批示，会议决定；<br>2．初步核实材料：初核方案、审批手续及初核报告；<br>3．立案材料：立案审批表、立案决定书；<br>4．审查材料：审查方案、审批手续及审查报告；<br>5．违纪事实见面材料（违纪人对违纪事实见面材料的意见及案件调查组对其意见的说明材料）；<br>6．移送审理的案件材料（移送案件材料的移交清单、案件移送审理审批表、案件移送审理登记表）；<br>7．审理期间补充调查的有关证据材料（包括调查阶段终结移送后由调查部门再补充的材料），公安、司法文书等；<br>8．审理报告；<br>9．集体审议或决定的领导批示；<br>10．向上级报批的请示；<br>11．上级的批复；<br>12．对违纪者的处分决定；<br>13．处分决定送达回执及执行情况回报表；<br>14．纪律检查建议书或监察建议书、建议书落实情况反馈；<br>15．申诉材料；<br>16．复审材料，包括谈话笔录；<br>17．复审报告；<br>18．复审决定；<br>19．证据材料（按性质及调查报告认定事实的顺序分类排列） |
| 谈话函询类 | 1．处置依据材料：上级的批件，信访检举、揭发材料，有关领导的批示，会议决定；<br>2．谈话函询方案及审批表；<br>3．函询通知书；<br>4．谈话函询情况记录表、经被谈话人（被函询人）签名的书面说明及相应证据材料；<br>5．谈话函询情况审批表、本企业纪委（纪检组）办公会材料、谈话函询情况报告；<br>6．函询后予以了结的，向被函询人书面回复的意见；<br>7．谈话函询后采取谈话提醒、批评教育 |

巡视档案的卷内档案组合排列：结合材料的形成时间及材料之间的逻辑关系将分类好的案卷材料按各类案卷卷内目录项目的顺序整理排放。卷内文件顺序和案卷顺序原则上按照范围及保管期限表排列。同一过程、阶段、类型的文件材料应组为一卷或多卷，并按照过程（阶段）顺序排列案卷。

（五）装订

纪检监察案件档案、巡视（巡察）档案案卷装订的顺序是：案卷封面—卷内目录—文件材料—备考表。装订步骤如下：

（1）拆除文件材料上的金属物。

（2）对热敏纸、破损、褪色的文件材料，要进行修复或复制。

（3）文件材料左侧装订部分不足 2.5 厘米，或其间有字的，要贴纸加宽后再装订，确保装订不压字。

（4）文件材料纸面小于 B5 纸面的，要粘贴或托裱在标准的 A4 纸面上再装订，确保装订不掉页。

（5）文件材料字迹模糊难以辨认的，应附抄件并加以说明。

（6）选择适当厚度的卷皮进行装订，每卷装订的文件材料，一般不超过 50 毫米，超出的应按文件材料的阶段性适当分卷。

（7）装订文件材料时应将左边和下边对齐。

（8）采取“三孔一线”装订法，穿线打结在卷尾备考表之后的装订条上。打孔不得使用塑料套管。

（9）装订要牢固、整齐、美观，不丢页、不错页、不订反、不损坏文件、不妨碍使用。

**（六）编目**

（1）编页：一般应以卷为单位编制页码；页码应逐页编制，分别标注在文件正面右下角或背面左下角的空白位置；空白页（或存在无效内容的）不编页；每卷的文件材料，均从 1 开始编写页号；编页位置不随文件内容书写方向改变而改变。

（2）卷内目录。卷内文件项目包括顺序号、文号、责任者、题名、日期、页号/页数、备注。

1）顺序号：以卷内文件排列先后顺次填写的序号，即件号。 证明类文件材料，以每份审计工作底稿及所附的取证单、审计证据为一件。

2）文号：文件制发机关的发文字号，没有文号的不填写。

3）责任者：制发文件的组织或个人，即文件的发文机关或署名者。机关团体责任者一般要著录全称，在全称字数太多的情况下可以著录统一规范的通用简称，不得著录“本企业”“本局” 。联合行文的责任者，应著录列于首位的责任者，被省略的责任者用“[等]”表示，两个责任者之间的间隔用“；”。

4）题名：填写文件标题。没有标题或标题不规范、不明确的，应根据文件内容自拟标题，外加“[]”号。

5）日期：文件材料的形成时间，以 8 位阿拉伯数字标注年月日。例如，“2018 年 8 月 6 日”填写为“20180806”。没有时间或年月日不全的，要考证时间或补齐年月日。例如，“2018 年 8 月”填写为“20180801”。

6）页号/页数：页号填写本份文件材料所在的起止页号，之间加“—”号。页数为卷内每份文件的页数。

另外，卷内文件目录应放在卷内文件材料的首页，不编页码。

（3）备考表。备考表外形尺寸及页边与文字区尺寸均同卷内目录。

卷内备考表包括互见号、本卷情况说明、立卷人、检查人、档号。

1）互见号：填写与本卷档案有对应联系的其他载体档案的档号。

2）本卷情况说明：主要标明卷内文件的总页数、各类文件页数，以及立卷单位对案卷情况的说明（如文件材料有无缺损、修改、补充、移出、销毁，以及本卷与其他卷的关联等情况）。一般参考“××（档号）卷共有文件××件××页”。

3）立卷人：由立卷责任人签名并标注立卷年月日。

4）检查人：由法律部门或相关业务部门负责人在检查归档材料齐全有效、内容完整后签名并标注检查的年月日。

5）档号：按档号规则等进行标注。

另外，备案表排列在卷内文件之后，不编写页号。

（4）案卷封面。档案案卷的封面，用长 30 厘米、宽 22 厘米、300 克无酸牛皮纸，分为 1 厘米、1.5 厘米、2 厘米 3 种规格制作。

封面项目包括全宗名称、类目名称、案卷题名、分类号、起止时间、保管期限、件数、全宗号、目录号、案卷号。

1）全宗名称：相同立档单位的名称。填写全宗名称必须用全称或规范化简称，如“××供电局”，不得简称为“本企业”“局”等。

2）类目名称：填写分类表中的第二级类目名称。在一个全宗内应按统一的方案分类，并应保持分类体系的稳定性。

3）案卷题名：即案卷标题，一般由立卷人自拟。案卷题名应当准确概括本卷文件的主要制发机关、主题内容、文种。文字应力求简练、明确。在封面的空白处居中书写。

纪检监察案件档案的题名参考如下。

①谈话函询卷：××纪委（纪检组、监察部）谈话（函询）××单位××人××问题的案卷。

②案件审查审理卷：××纪委（纪检组、监察部）审理（复查）××单位××人××问题的案卷。

③信访卷：××纪委（纪检组、监察部）批转××单位××人××问题调查（复查）结果的案卷。

巡视（巡察）档案的题名可参考：××巡视组关于对××单位××问题（事项、项目）的巡视。

4）分类号：与类目名称对应的分类号。

5）起止时间：填写本卷卷内文件材料最早形成日期（不包括引用法规原件和取得证据原件的日期）和最晚形成日期。

6）保管期限：立卷时划定的案卷保管期限，一般由立卷人填写。

7）件数：填写本卷的总件数。

8）全宗号：档案馆指定给立档单位的编号。

9）目录号：全宗内案卷所属目录的编号，在同一个全宗内不允许出现重复的案卷目录号。

10）案卷号：目录内案卷的顺序编号，在同一个案卷目录内不允许出现重复的案卷号。

另外，案卷封面排列在卷内文件之前，不编写页号。

（5）案卷目录。案卷目录项目包括序号、档号、案卷题名、卷内件数、保管期限。

序号为一个目录号下总案卷的排列顺序号。

案卷目录中的其他项目内容填写需与其对应的案卷封面内容一致。

（6）纪检监察案件档案、巡视（巡察）档案盒脊，盒脊项目包括年度、全宗号、目录号、案卷号、盒号、保管期限。年度填写本盒案卷档案所属年度，其他项目与封面相应项目填写一致。

### （七）装盒

直接将装订好的案卷装入盒内。案卷脊背根据案卷厚度进行裁切，裁切位置宜在切线内侧，案卷脊背应粘贴在档案盒侧面。必须使用白乳胶粘贴脊背，不可使用糨糊或胶水，粘贴要求平整、牢固、不起皱。

纪检监察案件档案、巡视（巡察）档案的卷内文件目录、案卷封面、案卷目录、备考表、盒脊等相关表单参考附录 C。

## 五、采购档案整理

### （一）采购档案分类、保管期限、编号规则

1. 分类

采购档案分为工程项目采购档案、非工程项目采购档案、重要物资采购档案、一般物资采购档案、供应商管理档案。

其中，重要物资是指特高压以及跨区超高压电网建设项目、抽水蓄能电站项目货物等物资；一般物资是指除重要物资以外的物资。

2. 保管期限

工程项目采购档案保管期限为永久，其中第一未中标单位投标文件保管期限为 10 年。非工程项目采购档案保管期限为 10 年。

物资采购档案保管期限为定期，其中重要物资采购档案为 30 年，一般物资采购档案为 10 年。

供应商管理档案保管期限为 10 年。

保管期限为永久、30 年的采购档案，应纸质和电子双轨归档，定期 10 年的采购档案、文件材料可电子归档。

不需归档的文件材料可暂作业务部门资料保存。不需归档的电子文件材料由业务部门以移动盘硬盘或其他脱机存储载体方式妥善保管，以便日后审计及工作查考利用。

采购档案分类及保管期限见表 2-13。采购档案分类号可根据企业档案分类情况固定为阿拉伯数字或字母，如表 2-13 中 21 为某供电企业的采购档案分类号。

**表 2-13　　采购档案分类及保管期限**

| 分类号 | 类目名称 | 归档范围 | | 保管期限 | | 备注 |
|---|---|---|---|---|---|---|
| | | 归档细目 | 主　要　内　容 | 电子档案 | 纸质档案 | |
| 21 | 采购档案 | | | | | |
| 210 | 工程项目采购档案（含勘察、设计、施工、监理采购） | | | | | |
| 2101 | 招标采购 | 招标过程文件 | 1．招标方案审批表；<br>2．招标方案审批会议纪要（如有）；<br>3．招标方案及附件；<br>4．资格预审公告、文件、审批表（如有）；<br>5．资格预审评审报告（如有）；<br>6．经审批的资格预审结果审批表（如有）；<br>7．资格预审合格通知书（如有）； | 永久 | 永久 | |

续表

<table>
<tr><th rowspan="2">分类号</th><th rowspan="2">类目名称</th><th colspan="2">归档范围</th><th colspan="2">保管期限</th><th rowspan="2">备注</th></tr>
<tr><th>归档细目</th><th>主　要　内　容</th><th>电子档案</th><th>纸质档案</th></tr>
<tr><td rowspan="7">2101</td><td rowspan="7">招标采购</td><td>招标过程文件</td><td>8. 已通过资格预审申请文件（如有）；<br>9. 招标文件审批表；<br>10. 招标文件及附件；<br>11. 招标公告/邀请函；<br>12. 招标文件澄清与修改文件</td><td>永久</td><td>永久</td><td></td></tr>
<tr><td>评标过程文件</td><td>1. 评标专家抽取结果表；<br>2. 专家异常处理说明（如有）；<br>3. 评标报告（含下列附件）：①招标文件购买情况汇总表，②投标文件递交记录表，③开标记录汇总表，④评审会议签到表，⑤初步评审表（不通过名单），⑥澄清、澄清函及投标人的澄清回复（如有），⑦评委评分表（如有），⑧综合评审汇总表，⑨中标候选人情况表，⑩核价问题汇总表（如有），⑪供应商评价信息确认表（如有）；<br>4. 廉洁风险管控记录表</td><td>永久</td><td>永久</td><td></td></tr>
<tr><td>定标及中标过程文件</td><td>1. 中标结果审批表；<br>2. 中标结果审批会议纪要（如有）；<br>3. 中标公示；<br>4. 异议及处理情况（如有）；<br>5. 中标公告（如有）；<br>6. 中标通知书；<br>7. 其他事项记录表（记载有无重新招标、有无项目延期或取消、有无预中标结果调整、有无投诉及其他不符合规定的事项等记录）</td><td>永久</td><td>永久</td><td></td></tr>
<tr><td rowspan="3">投标文件</td><td>1. 中标单位投标文件:①商务投标文件，②报价文件，③技术投标文件；</td><td>永久</td><td>永久</td><td rowspan="3"></td></tr>
<tr><td>2. 第一未中标单位投标文件：①商务投标文件，②报价文件，③技术投标文件；</td><td>10 年</td><td>10 年</td></tr>
<tr><td>3. 其他未中标单位投标文件：①商务投标文件（电子文件），②技术投标文件（电子文件），③报价文件（电子文件）</td><td>10 年</td><td>2 年<br>（如有）</td></tr>
<tr><td colspan="5"></td></tr>
<tr><td rowspan="2">2102</td><td rowspan="2">非招标采购</td><td>采购启动过程文件</td><td>1. 非招标采购方案审批表；<br>2. 非招标方案审批会议纪要（如有）；<br>3. 非招标采购方案及附件；<br>4. 采购文件审批表；<br>5. 采购文件及附件；<br>6. 采购公告（用于公开询价/公开竞争性谈判采购方式）；<br>7. 邀请函（用于非公开询价/非公开竞争性谈判/单一来源采购方式）；<br>8. 采购公示（用于单一来源采购方式，如有）；<br>9. 不公示证明（如有）。因保密原因不宜公开的单一来源采购项目，须由采购项目承办部门提供公司保密归口管理部门出具的不宜公示证明</td><td>永久</td><td>永久</td><td></td></tr>
<tr><td>评审过程文件</td><td>1. 评标专家抽取结果表（如有）；<br>2. 专家异常处理说明（如有）；<br>3. 采购报告（含下列附件）：①报名情况汇总表，②响应性文件提交记录表，③评审会议签到表，④初步评审表（不通过名单），⑤报价记录表（如有），⑥评委评分表（如有），⑦综合评审汇总表，⑧《澄清、澄清函及供应商的澄清回复》（如有）</td><td>永久</td><td>永久</td><td></td></tr>
</table>

续表

| 分类号 | 类目名称 | 归档范围 | | 保管期限 | | 备注 |
|---|---|---|---|---|---|---|
| | | 归档细目 | 主要内容 | 电子档案 | 纸质档案 | |
| 2102 | 非招标采购 | 成交过程文件 | 1．成交结果审批表；<br>2．成交结果审批会议纪要（如有）；<br>3．成交结果公告（用于公开询价/公开竞争性谈判采购）；<br>4．成交通知书；<br>5．其他事项记录表（如有重新招标、项目延期或取消、预中标结果调整、投诉及其他不符合规定的事项） | 永久 | 永久 | |
| | | 响应性文件 | 成交单位响应性文件 | 永久 | 永久 | |
| | | | 第一未成交单位响应性文件 | 10年 | 10年 | |
| | | | 其他未成交单位响应性文件 | 10年 | 2年 | |
| 211 | 重要物资采购档案 | | | | | |
| 2111 | 招标采购 | 招标过程文件 | 1．招标方案审批表；<br>2．招标方案审批会议纪要（如有）；<br>3．招标方案及附件；<br>4．资格预审公告、文件、审批表（如有）；<br>5．资格预审评审报告（如有）；<br>6．经审批的资格预审结果审批表（如有）；<br>7．资格预审合格通知书（如有）；<br>8．已通过资格预审申请文件（如有）；<br>9．招标文件审批表；<br>10．招标文件及附件；<br>11．招标公告/邀请函；<br>12．招标文件澄清与修改文件 | 30年 | 30年 | |
| | | | 1．评标专家抽取结果表；<br>2．专家异常处理说明（如有）；<br>3．评标报告（含下列附件）：①招标文件购买情况汇总表，②投标文件递交记录表，③开标记录汇总表，④评审会议签到表，⑤初步评审表（不通过名单），⑥澄清、澄清函及投标人的澄清回复（如有），⑦评委评分表（如有），⑧综合评审汇总表，⑨中标候选人情况表，⑩核价问题汇总表（如有），⑪供应商评价信息确认表（如有）；<br>4．廉洁风险管控记录表 | 30年 | 30年 | |
| | | 定标及中标过程文件 | 1．中标结果审批表；<br>2．中标结果审批会议纪要（如有）；<br>3．中标公示；<br>4．异议及处理情况（如有）；<br>5．中标公告（如有）；<br>6．中标通知书；<br>7．其他事项记录表（记载有无重新招标、有无项目延期或取消、有无预中标结果调整、有无投诉及其他不符合规定的事项等记录） | 30年 | 30年 | |
| | | 投标文件 | 1．中标单位投标文件：①商务投标文件，②报价文件，③技术投标文件； | 30年 | 30年 | |
| | | | 2．未中标单位投标文件：①商务投标文件（电子文件），②技术投标文件（电子文件），③报价文件（电子文件） | 10年 | 2年（如有） | |

续表

<table>
<tr><th rowspan="2">分类号</th><th rowspan="2">类目名称</th><th colspan="2">归档范围</th><th colspan="2">保管期限</th><th rowspan="2">备注</th></tr>
<tr><th>归档细目</th><th>主　要　内　容</th><th>电子档案</th><th>纸质档案</th></tr>
<tr><td rowspan="5">2112</td><td rowspan="5">非招标采购</td><td>采购启动过程文件</td><td>1. 非招标采购方案审批表；<br>2. 非招标方案审批会议纪要（如有）；<br>3. 非招标采购方案及附件；<br>4. 采购文件审批表；<br>5. 采购文件及附件；<br>6. 采购公告（用于公开询价/公开竞争性谈判采购方式）；<br>7. 邀请函（用于非公开询价/非公开竞争性谈判/单一来源采购方式）；<br>8. 采购公示（用于单一来源采购方式，如有）；<br>9. 不公示证明（如有）。因保密原因不宜公开的单一来源采购项目，须由采购项目承办部门提供公司保密归口管理部门出具的不宜公示证明</td><td>30 年</td><td>30 年</td><td rowspan="2"></td></tr>
<tr><td>评审过程文件</td><td>1. 评标专家抽取结果表（如有）；<br>2. 专家异常处理说明（如有）；<br>3. 采购报告（含下列附件）：①报名情况汇总表，②响应性文件提交记录表，③评审会议签到表，④初步评审表（不通过名单），⑤报价记录表（如有），⑥评委评分表（如有），⑦综合评审汇总表，⑧《澄清、澄清函及供应商的澄清回复》（如有）</td><td>30 年</td><td>30 年</td></tr>
<tr><td>成交过程文件</td><td>1. 成交结果审批表；<br>2. 成交结果审批会议纪要（如有）；<br>3. 成交结果公告（用于公开询价/公开竞争性谈判采购方式）；<br>4. 成交通知书；<br>5. 其他事项记录表（如有重新招标、项目延期或取消、预中标结果调整、投诉及其他不符合规定的事项等记录）</td><td>30 年</td><td>30 年</td><td rowspan="3"></td></tr>
<tr><td rowspan="2">响应性文件</td><td>成交单位响应性文件</td><td>30 年</td><td>30 年</td></tr>
<tr><td>未成交单位响应性文件</td><td>10 年</td><td>2 年<br>（如有）</td></tr>
<tr><td>212</td><td colspan="6">一般物资、非工程项目采购档案</td></tr>
<tr><td rowspan="3">2121</td><td rowspan="3">招标采购</td><td rowspan="3">招标过程文件</td><td rowspan="2">1. 招标方案审批表；<br>2. 招标方案审批会议纪要（如有）；<br>3. 招标方案及附件；<br>4. 资格预审公告、文件、审批表（如有）；<br>5. 资格预审评审报告（如有）；<br>6. 经审批的资格预审结果审批表（如有）；<br>7. 资格预审合格通知书（如有）；<br>8. 已通过资格预审申请文件（如有）；<br>9. 招标文件审批表；<br>10. 招标文件及附件；<br>11. 招标公告/邀请函；<br>12. 招标文件澄清与修改文件</td><td rowspan="2">10 年</td><td>10 年<br>（如有）</td><td rowspan="3">1. 应用电子商务系统等信息系统实现电子招投标后，在招投标过程中未产生纸质文件的，可仅以电子形式保存，按档案管理系统分级归档保管，形成电子采购档案。<br>2. 采购档案保管期限为 10 年；未中标单位投标文件由采购业务部门保管 2 年</td></tr>
<tr><td>10 年</td></tr>
<tr><td>1. 评标专家抽取结果表；<br>2. 专家异常处理说明（如有）；<br>3. 评标报告（含下列附件）：①招标文件购买情况汇总表，②投标文件递交记录表，③开标记录汇总表，④评审会议签到表，⑤初步评审表（不通过名单），⑥澄清、澄清函及投标人的澄清回复（如有），⑦评委评分表（如有），⑧综合评审汇总表，⑨中标候选人情况表，⑩核价问题汇总表（如有），⑪供应商评价信息确认表（如有）；<br>4. 廉洁风险管控记录表</td><td>10 年</td><td>10 年</td></tr>
</table>

续表

<table>
<tr><th rowspan="2">分类号</th><th rowspan="2">类目名称</th><th colspan="2">归档范围</th><th colspan="2">保管期限</th><th rowspan="2">备注</th></tr>
<tr><th>归档细目</th><th>主　要　内　容</th><th>电子档案</th><th>纸质档案</th></tr>
<tr><td rowspan="3">2121</td><td rowspan="3">招标采购</td><td>定标及中标过程文件</td><td>1．中标结果审批表；<br>2．中标结果审批会议纪要（如有）；<br>3．中标公示；<br>4．异议及处理情况（如有）；<br>5．中标公告（如有）；<br>6．中标通知书；<br>7．其他事项记录表（记载有无重新招标、有无项目延期或取消、有无预中标结果调整、有无投诉及其他不符合规定的事项等记录）</td><td>10 年</td><td>10 年</td><td></td></tr>
<tr><td rowspan="2">投标文件</td><td rowspan="2">1．中标单位投标文件：①商务投标文件，②报价文件，③技术投标文件；<br>2．未中标单位投标文件：①商务投标文件（电子文件），②技术投标文件（电子文件），③报价文件（电子文件）</td><td rowspan="2">10 年</td><td>10 年<br>（如有）</td><td rowspan="2"></td></tr>
<tr><td>2 年<br>（如有）</td></tr>
<tr><td rowspan="6">2122</td><td rowspan="6">非招标采购</td><td>采购启动过程文件</td><td>1．非招标采购方案审批表；<br>2．非招标方案审批会议纪要（如有）；<br>3．非招标采购方案及附件；<br>4．采购文件审批表；<br>5．采购文件及附件；<br>6．采购公告（用于公开询价/公开竞争性谈判采购方式）；<br>7．邀请函（用于非公开询价/非公开竞争性谈判/单一来源采购方式）；<br>8．采购公示（用于单一来源采购方式，如有）；<br>9．不公示证明（如有）。因保密原因不宜公开的单一来源采购项目，须由采购项目承办部门提供公司保密归口管理部门出具的不宜公示证明</td><td>10 年</td><td>10 年</td><td rowspan="2">1．应用电子商务系统等信息系统实现电子招投标后，在招投标过程中未产生纸质文件的，可仅以电子形式保存，按公司数字档案管理系统分级归档保管，形成电子采购档案。<br>2．采购档案保管期限为 10 年；未中标单位投标文件由采购业务部门保管 2 年</td></tr>
<tr><td>评审过程文件</td><td>1．评标专家抽取结果表（如有）；<br>2．专家异常处理说明（如有）；<br>3．采购报告（含下列附件）：①报名情况汇总表，②响应性文件提交记录表，③评审会议签到表，④初步评审表（不通过名单），⑤报价记录表（如有），⑥评委评分表（如有），⑦综合评审汇总表，⑧《澄清、澄清函及供应商的澄清回复》（如有）</td><td>10 年</td><td>10 年</td></tr>
<tr><td>成交过程文件</td><td>1．成交结果审批表；<br>2．成交结果审批会议纪要（如有）；<br>3．成交结果公告（用于公开询价/公开竞争性谈判采购方式）；<br>4．成交通知书；<br>5．其他事项记录表（如有重新招标、项目延期或取消、预中标结果调整、投诉及其他不符合规定的事项等记录）</td><td>10 年</td><td>10 年</td><td></td></tr>
<tr><td rowspan="2">响应文件</td><td>成交单位响应性文件</td><td>10 年</td><td>10 年<br>（如有）</td><td></td></tr>
<tr><td>未成交单位响应性文件</td><td>10 年</td><td>2 年<br>（如有）</td><td></td></tr>
<tr></tr>
<tr><td>213</td><td colspan="6">供应商管理档案</td></tr>
<tr><td>2131</td><td>品类资格预审文件</td><td colspan="2">资格预审公告、审批表（如有）</td><td>10 年</td><td>10 年</td><td rowspan="2">未产生纸质文件的，可仅以电子形式保存，按公司数字档案管理系统分级归档保管，形成电子档案</td></tr>
<tr><td>2132</td><td>供货商评价资料</td><td colspan="2">1．资质能力评价结果（如有）；<br>2．履约评价（如有）；<br>3．运行应用评价（如有）</td><td>10 年</td><td>10 年</td></tr>
</table>

续表

| 分类号 | 类目名称 | 归档范围 | | 保管期限 | | 备注 |
|---|---|---|---|---|---|---|
| | | 归档细目 | 主　要　内　容 | 电子档案 | 纸质档案 | |
| 2133 | 供货商奖惩资料 | 激励、处罚资料（如有） | | 10 年 | 10 年 | |

3. 编号规则

采购档案的编号规则为项目代号（4 位项目年度+3 位项目编号）—分类号—案卷号。

采购档案的编号方法见图 2-18。

## （二）组卷、排列

采购档案以“卷”为单位进行整理。一般按照采购项目进行的关键管理过程进行组卷。

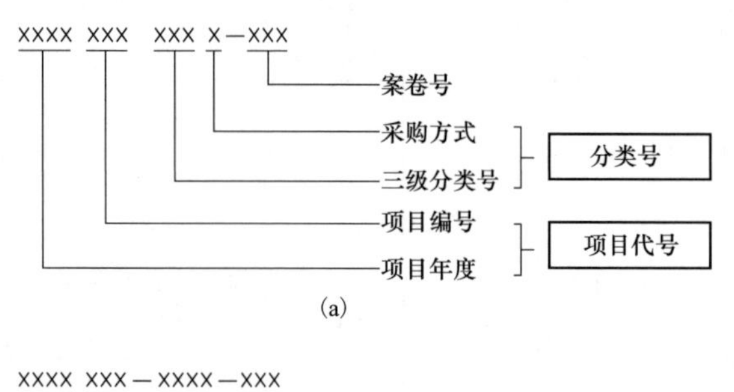


(a)

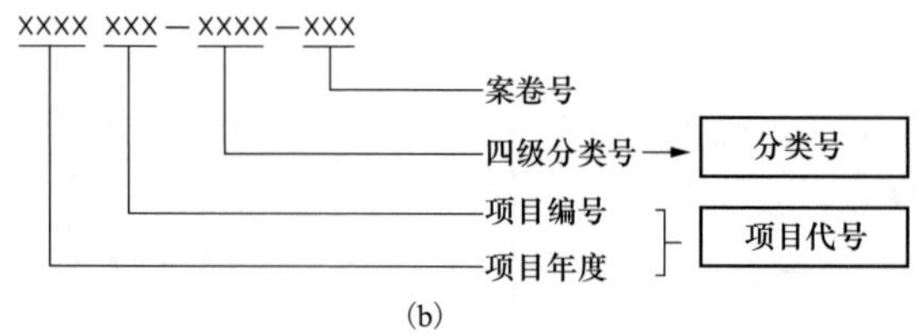


(b)

图 2-18　采购档案的编号方法

（a）工程项目采购档案、非工程项目采购档案、物资采购档案；

（b）供应商采购档案

招标采购档案按招标、评标、定标及中标、投标过程文件顺序排列组卷，其中投标文件按标的/标段再按标包进行整理，中标文件按供应商家排名顺序进行排序。

非招标采购档案按采购启动、评审、成交、报价过程文件顺序排列组卷。

卷内文件的排列：管理性文件按问题、时间或重要程度排列（可参考采购档案分类及保管期限表内的文件顺序）；文字材料按招标资料形成的逻辑关系排列。同一文件的主件与附件订为一件，按主件在前、附件在后的顺序排列；印件在前，定（草）稿在后；图纸按标的、图号顺序排列；既有文字材料又有图纸的案卷，文字材料排前，图纸排后；有译文的外文资料，译文在前，原文在后。

## （三）装订

采购档案有按“卷”装订和按“件”装订两种形式，一般采用按“件”装订，卷内文件以件装订的方式。

（1）卷内归档文件以件为单位进行装订。装订材料可选用不锈钢订书钉、棉线、乳白胶或胶管进行装订。已经装订成册的采购项目文件可保持原装订，保管期限为 2 年或 10 年的文件可采用胶管、不锈钢钉装订，保管期限为永久、30 年及较厚的文件应采用棉线“三孔一线”方法装订，数量较少的文件可用粘贴法。

（2）案卷装订时应去掉金属物（如订书针、大头针等），在案卷左边装订，装订时做到右下齐、无倒面、不漏订。按三孔一线的方法装订，三孔之间距离建议为 85 毫米，装订线距纸边建议为 1.5 厘米，活结应打在文件材料的背面；或用热熔胶管装订机（仅限于保管期限为 2 年的纸质档案），按 2 孔进行装订，孔距建议为 100 毫米；要求结实、整齐、美观。

（3）案卷内不同尺寸的采购项目归档文件要折叠为同一幅面（A4 幅面），图样折叠时标题栏露在右下角。

（4）采购项目归档文件要按卷内目录的编排次序排列有序，每份归档文件材料单独装订，并在每件文件第一页的右上角加盖档号章。档号章内容用碳素笔填写，档号填写此文件所在案卷的档号，序号用阿拉伯数字填写此文件在本案卷中的顺序号。

（5）视图纸为装订卷时，连续编页，不需盖档号章；视图纸为散卷时，不连续编页，需盖档号章。

## （四）编目

（1）编页。按件编页，应在有效内容的页面上编写文件页号。页号位置为单面的，在文件右下角；双面的，正面在右下角，反面在左下角。

每份文件从“1”编写页号，件与件之间页号不连续。编页位置不随文件内容书写方向改变而改变。

装订成册的图样或印刷成册的项目文件，已有页号的，不必另行编写页号。

案卷封面、卷内目录、卷内备考表不编写页号。

（2）卷内文件目录。卷内目录尺寸为 297 毫米×210 毫米（A4 纸），用 70 克以上白色书写纸制作。

卷内文件项目包括顺序号、文号、责任者、题名、日期、页数、备注。

1）顺序号：以卷内文件排列先后顺次填写的序号，即件号。

2）文号：文件制发机关的发文字号或图样的图号、设备代号、项目代号等，没有文号等的不填写。

3）责任者：制发文件的组织或个人，即文件的发文机关或署名者。有多个责任者时，选择主要责任者，其余用“等”代替；图纸的“责任者”应填写竣工图章上的施工单位，如设计院重新出图，则填写设计单位；设备厂家资料的“责任者”应填写设备厂家资料形成单位。

4）题名：文件标题。没有标题或标题不规范、不明确的，应根据文件内容自拟标题，外加“[ ]”号。

5）日期：文件材料的形成时间，以 8 位阿拉伯数字标注年月日。例如，“2018 年 8 月 6 日”填写为“20180806”。没有时间或年月日不全的，要考证时间或补齐年月日。例如，“2018 年 8 月”填写为“20180801”。

6）页数：页数为卷内每份文件的页数。

单份装订的案卷应逐件加盖档号章。档号章的位置在每件文件首页上端空白处，归档章设置全宗号、年度、保管期限、件号等必备项，并可设置机构（问题）等选择项。档号章位置不随文件内容书写方向改变而改变。

（3）备考表。卷内备考表尺寸为 297 毫米×210 毫米（A4 纸尺寸），无酸牛皮纸制作。

备考表项目包括卷（盒、册）情况说明、立卷人、检查人、互见号、档号。

1）卷（盒、册）情况说明：填写本卷法律案件文件材料有无缺损、修改、补充、移出、销毁，以及本卷与其他卷的关联等情况。由填写人签名，并标注情况说明的年月日。

2）立卷人：由立卷责任人签名并标注立卷年月日。

3）检查人：由相关业务部门负责人在检查归档材料齐全有效、内容完整后签名并标注检查的年月日。

4）互见号：填写与本卷档案有对应联系的其他载体档案的档号。

5）档号：按档号规则等进行标注。

另外，备案表排列在卷内文件之后，不编写页号。

（4）案卷封面。采购档案案卷封面采用内封面形式，用长30厘米、宽22厘米、300克无酸牛皮纸，分为1厘米、1.5厘米、2厘米3种规格制作。

封面项目包括全宗名称、类目名称、案卷题名、分类号、起止时间、保管期限、件数、全宗号、目录号、案卷号。各项目具体位置、尺寸。

1）全宗名称：相同立档单位的名称。填写全宗名称必须用全称或规范化简称，如“××供电局”；不得简称为“本企业”“局”等。

2）类目名称：填写分类表中的第二级类目名称即“采购档案”。在一个全宗内应按统一的方案分类，并应保持分类体系的稳定性。

3）案卷题名：即案卷标题，一般由立卷人自拟。案卷题名应当准确概括本卷文件的主要制发机关、主题内容、文种。文字应力求简练、明确。在封面的空白处居中书写。案卷题名可参考“××××年度××单位××××项目××××过程文件”，如“2016年度××供电局直流馈线屏框架项目招标过程文件”。

4）分类号：与类目名称对应的分类号。

5）起止时间：填写本卷卷内审计文件材料最早形成日期和最晚形成日期。

6）保管期限：立卷时划定的案卷保管期限，一般由立卷人填写。

7）件数：填写本卷的总件数。

8）全宗号：档案馆指定给立档单位的编号。

9）目录号：全宗内案卷所属目录的编号，在同一个全宗内不允许出现重复的案卷目录号。

10）案卷号：目录内案卷的顺序编号，在同一个案卷目录内不允许出现重复的案卷号。

另外，案卷封面排列在卷内文件之前，不编写页号。

（5）案卷目录。案卷目录项目包括序号、档号、案卷题名、卷内件数、保管期限。

序号为一个目录号下总案卷的排列顺序号。

案卷目录中的其他项目内容填写需与其对应的案卷封面内容一致。

（6）采购档案盒脊，盒脊项目包括年度、全宗号、目录号、案卷号、盒号、保管期限。年度填写本盒采购档案所属年度，其他项目与封面相应项目填写一致。

### （五）装盒

直接将装订好的案卷装入盒内。案卷脊背根据案卷厚度进行裁切，裁切位置宜在切线内侧，案卷脊背应粘贴在档案盒侧面。必须使用白乳胶粘贴脊背，不可使用糨糊或胶水，粘贴要求平整、牢固、不起皱。

采购案件档案的卷内文件目录、案卷封面、案卷目录、备考表、盒脊、档号章等相关表单参考附录C。

# 第四节　特殊载体档案整理

## 一、照片档案

照片档案的整理应遵循有利于保持照片档案的有机联系、有利于保管、有利于提供利用的原则。将同一事件、活动或专题等形成的照片分为一组，以件为单位整理。照片档案整理的主要步骤见图 2-19。

### （一）照片分类和确定保管期限

可结合本单位的实际情况，采用“类型—年度—保管期限”或“年度—类型—保管期限”或“年度—类型”分类法，供电企业结合工作实际情况，在其全宗内按年度—类别分类。分类方法，照片档案可采用分组管理方式，即将同一事件、活动或专题等形成的照片分为一组。根据实际档案数量和特点选择不同层级的分类方案，对于特殊载体文件数量较少的单位，可选择两级分类方式，如按“年度—类型”或“类型—年度”分类整理。同一全宗内同一档案门类应保持分类方案的一致。照片档案分类与归档范围见表 2-14。

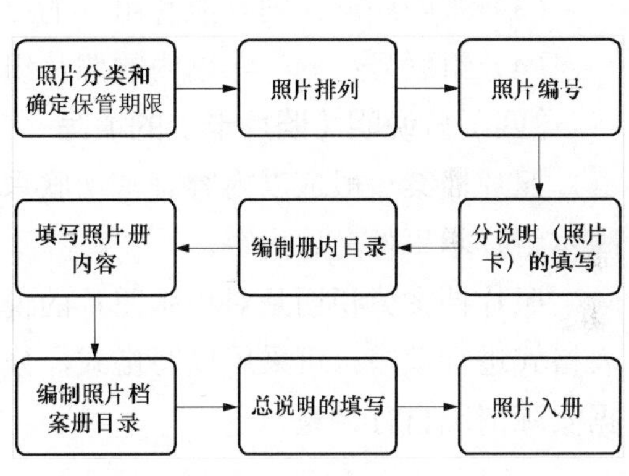


图 2-19　照片档案整理的主要步骤

表 2-14　照片档案分类与归档范围表

| 分类号 | 类目名称 | 归　档　范　围 | 备注 |
| --- | --- | --- | --- |
| 5 | 特殊载体 | | |
| 51 | 照片档案 | 上级或主管单位领导莅临公司视察、调研、慰问等公务活动所形成的照片 | |
| | | 本公司创新成果、荣获的奖杯、奖牌、奖状、锦旗等照片 | |
| | | 公司召开的各类重要会议、记录公司主要职能活动等形成的照片 | |
| | | 本公司资产照片，如办公、营业场所等地面构筑物 | |
| | | 其他具有特殊意义和保存价值的照片 | |

### （二）照片排列

为便于提供利用，照片排列及入册时应同时考虑不同保密等级照片的定位。

应在同一年度和保管期限中按照片形成的时间顺序连续排列装册，册内要有卷内目录和备考表。

### （三）照片编号

照片编号反映每张照片在全宗内分类与排列顺序的一组字符代码，由年度、分类号、张号、组联号组成。照片档案按照片内容分事件整理，以一组联系密切的照片为一组，组内每张照片为一件。按照其排列顺序编写件号，应将编制产生的各类载体档案档号填写或粘贴在载体实体上。每组从“1”开始编号，不重号、不空号、不漏号。

数码照片编号方法同一般照片，为年度—分类号—张号—组联号。例如，2017—51—1-①。

照片编号示例如下：

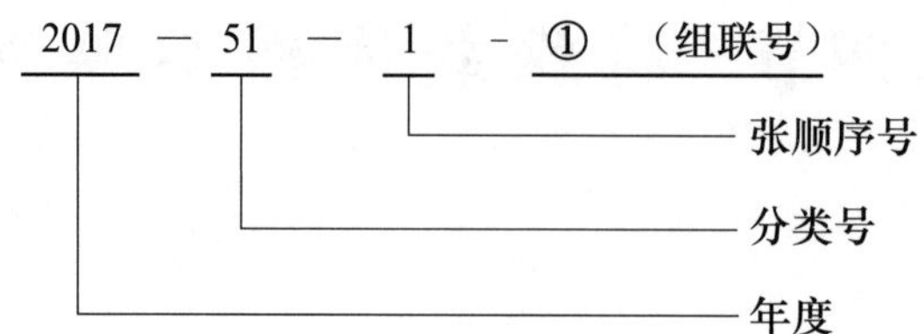


需要注意的内容如下。

（1）年度：年度为照片形成年度，用 4 位阿拉伯数字表示，如 2017。

（2）分类号：照片档案分类与归档范围见表 2-14。

（3）张顺序号：同一照片组内的照片从“1”开始的顺序编号。

（4）组联号：同一年度内的照片组从①开始的顺序编号。

### （四）分说明（照片卡）的填写

照片档案一般应以内容有密切联系的照片组为单位，并填写文字说明（即“分组说明”），反映本组、本事件主题内容。

照片档案分说明是对单张照片的说明，是以每一组的自然张为单元编写的简要说明，可以用表格式进行填写。可采用横写格式，分段书写分说明。其参考格式见图 2-20（注：表格样式可根据实际情况自行调整）。

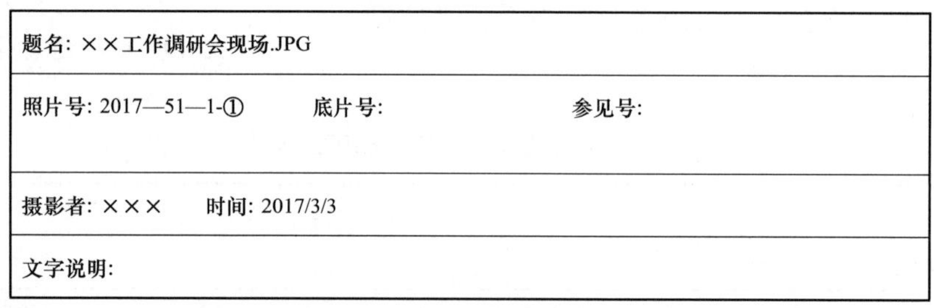

| 题名: ××工作调研会现场.JPG | | |
|---|---|---|
| 照片号: 2017—51—1-① | 底片号: | 参见号: |
| 摄影者: ××× | 时间: 2017/3/3 | |
| 文字说明: | | |

图 2-20　分说明格式

（1）题名：题名应简明概括、准确反映照片的基本内容，人物、时间、地点、事由等要素尽可能齐全。

（2）照片号：照片档号的编号。

（3）底片号：填写底片的编号（无底片的可以不填写）。

（4）参见号：参见号是指与本张照片有密切联系的其他载体档案的档号。

（5）摄影者：摄影者一般填写个人，必要时可加写单位。

（6）时间：照片的拍摄时间。

（7）文字说明：应运用事由、时间、地点、人物、背景等要素，概括照片所反映的全部信息或仅对题名未及内容进行补充。

### （五）编制册内目录

照片档案的册内目录编制，采用先编照片组目录，再在每组目录下编制组内每张照片的目录。

册内照片目录为选择性目录、册内照片目录包括照片号（组号）、照片题名、拍摄时间、照片

所在页号、拍摄者和备注。册内目录的条目应按照片号排序。册内照片目录格式见图 2-21。

册内照片目录

类别（年度）：

| 组号/照片号 | 照片题名 | 拍摄时间 | 照片所在页号 | 拍摄者 | 备注 |
|---|---|---|---|---|---|
| 2017—51—1-① | ××调研会现场 | 2017-3-3 | 15 | | |
| | | | | | |

图 2-21　册内照片目录

## （六）填写照片册内容

照片册内容包括备考表、脊背。

（1）照片册内备考表放在照片册的最后面位置，册内备考表项目包括本册情况说明、立册人、检查人、立册时间。备考表见图 2-22。

本册情况说明应填写册内底片缺损、补充、移出、销毁等情况。对底片册立册以后发生或发现的问题，应由有关的档案管理人员填写说明，并签名、标注时间。

（2）照片册脊背的项目包括全宗号、年度、保管期限、事件起止号、照片起止张号、盒号。照片档案脊背样式见图 2-23。

本册情况说明：

照片号2017—51—1-①～2017—51—7-⑥由六组综合类照片档案组成，均为数码照片，已录入电子版，并晒出照片55张。

立册人:×××

检查人:×××

立册时间:2017-7-31

图 2-22　照片册内备考表

图 2-23　照片档案脊背样式

单位：毫米

### （七）编制照片档案册目录

照片档案目录是以一本照片册为单位填写的照片档案的基本检索工具。目录内容包括档号、题名、时间、拍摄者、保管期限、备注等。照片档案目录见图 2-24。

**照片档案目录**

| 档号 | 题名 | 时间 | 拍摄者 | 保管期限 | 备注 |
|---|---|---|---|---|---|
| 2017—51—1-① | 2015年12月4日××单位应急抢险复电交流会 | 2015-12-4 | ××× | 30年 | |
| | | | | | |

图 2-24　照片档案目录

### （八）总说明的填写

总说明是对每一组内所有照片内容的概括说明，编写出包括事由、时间、地点、人物、背景、摄影者在内的综合说明，并在说明中指出每一组照片的总张数（照片起止号）。总说明放置在每一组照片的最前面。总说明示例见图 2-25。

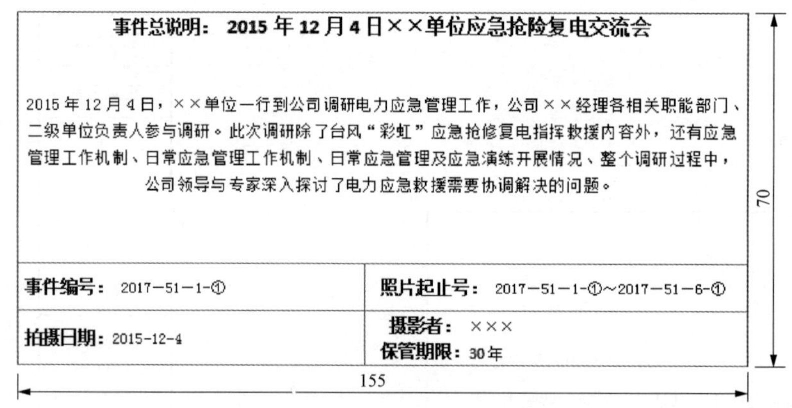

**事件总说明：2015 年 12 月 4 日××单位应急抢险复电交流会**

2015 年 12 月 4 日，××单位一行到公司调研电力应急管理工作，公司××经理各相关职能部门、二级单位负责人参与调研。此次调研除了台风“彩虹”应急抢修复电指挥救援内容外，还有应急管理工作机制、日常应急管理工作机制、日常应急管理及应急演练开展情况、整个调研过程中，公司领导与专家深入探讨了电力应急救援需要协调解决的问题。

| 事件编号：2017−51−1-① | 照片起止号：2017−51−1-①～2017−51−6-① |
|---|---|
| 拍摄日期：2015-12-4 | 摄影者：×××<br>保管期限：30 年 |



图 2-25　总说明

单位：毫米

### （九）照片入册

照片册的封面应印制“照片册”字样。照片册一般由 297 毫米×210 毫米大小的若干芯页和封面、封底组成。芯页以 30 页左右为宜，有活页式和定页式两种芯页格式，应按照分类、排列顺序（即照片号顺序）将照片固定在芯页上，组成照片册。照片册封面、芯页格式见图 2-26。

## 二、实物档案

实物档案包括荣誉、纪念品、印信类等。实物档案以件为单位进行整理，其整理的主要步骤见图 2-27。

(a)

(b)

图 2-26　照片册封面、芯页

(a）照片册封面；(b）芯页

图 2-27　实物档案整理的主要步骤

## （一）实物分类和确定保管期限

归档实物应在其全宗内按“年度—类别”分类。采用大流水号按件分类，同一全宗内只能选择一种分类方案。以内容为依据分类，分类表见表 2-15。

**表 2-15**　**实物分类和归档范围表**

| 分类号 | 类目名称 | 归 档 范 围 | 备注 |
|---|---|---|---|
| 5 | 特殊载体 | | |
| 54 | 实物档案 | | |
| 541 | 奖品类 | 荣誉证书等 | |
| 542 | 证件类 | 具有法律效力的营业执照等 | |
| 543 | 名人书画类 | 重要的书画等 | |
| 544 | 印章 | | |
| 545 | 徽章和标识 | | |
| 549 | 其他 | 包括珍贵的历史凭证等 | |

## （二）实物排列

实物档案可按实物重要程度或时间顺序排列。

## （三）实物编号

荣誉实物类以每件实物为一件编制档号，在同一类别下，按照归档时间的先后顺序进行流水编号，每件编制一个流水号，编号不重号、不空号、不漏号。从 1 开始标识，实物档案档号由（目录号）年度—分类号—件号组成，对于实物比较多的单位可进行四级类目细分。实物编号规则为目录代号（年度）—分类号—件号，如 2017—541—1。实物编号示例如下：

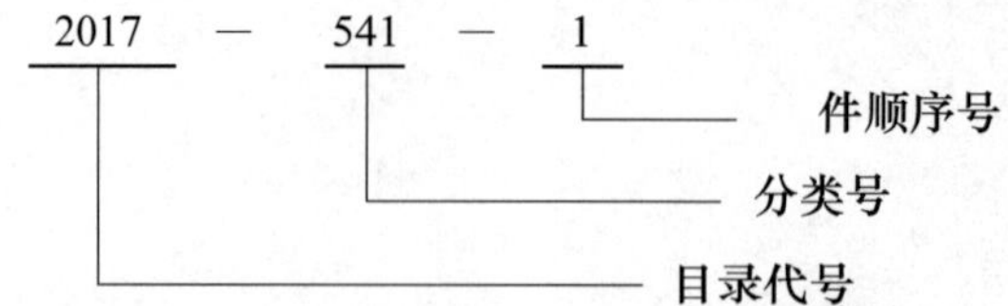


需要注意的内容如下：

（1）目录代号：为实物形成年度，用 4 位阿拉伯数字表示，如 2017。

（2）分类号：实物档案分类与归档范围见表 2-15。

（3）件顺序号：同一年度同一分类号内的实物从“1”开始的顺序编号。

### （四）归档实物档案标签

对每件实物应编制标签说明，反映归档实物的题名、档号、来源和时间。标签粘贴在实物背面的空白处或底座空白位置等。荣誉实物标签形式见图 2-28。

| 题名 | 2017年度××工程获优质工程奖 | | |
|---|---|---|---|
| 档号 | 2017—541—1 | 日期 | 2017—3—6 |
| 受奖(赠)者 | ××单位 | | |
| 奖赠者 | ××单位 | | |
| 备注或说明 | | | |

95　65

图 2-28　荣誉实物标签形式

单位：毫米

### （五）实物档案编目

（1）编制实物档案目录。如果归档实物较少的可编制一本目录；如果归档实物比较多可编制多本目录。荣誉、纪念品、印信等实物档案目录组成项目有档号、题名、责任者、日期、品类、备注等。

实物档案目录见图 2-29。

（2）编制实物档案目录封面。

1）荣誉类目录封面设置全宗名称、类别、目录号、起止年度，见图 2-30。

**实物档案目录**

| 档号 | 题名 | 责任者 | 日期 | 品类 | 备注 |
|---|---|---|---|---|---|
| 2017—541—1 | 2017年度××工程获优质工程奖 | ××公司 | 2017-3-6 | 证书 | 需要说明的情况 |

图 2-29　实物档案目录

全宗名称：××××

类　　别：荣誉档案

目 录 号：1

起止年度：2016—2017

图 2-30　荣誉类目录封面

2）印章档案盒盒盖封面式样见图 2-31。

3）印章档案保管目录格式和封面式样见图 2-32。

（3）印章档案印模册的组成项目有档号、印模、印章名称见图 2-33。

（4）印章档案盒脊背见图 2-34。

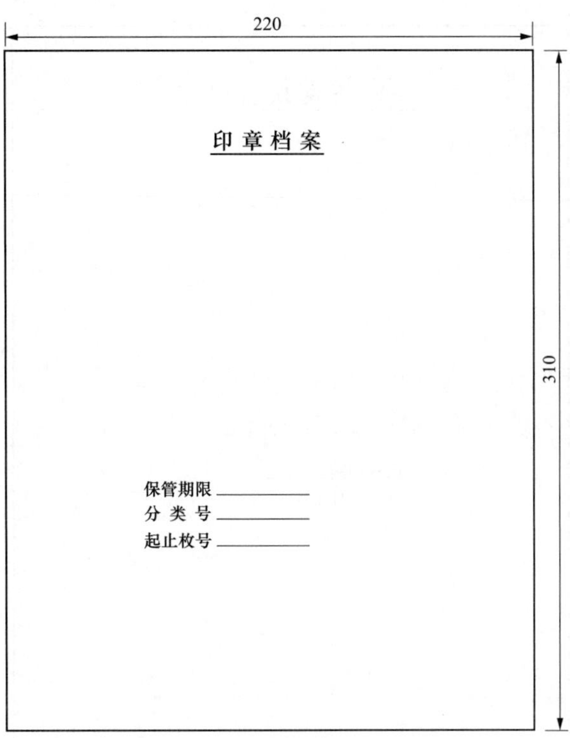


图 2-31　印章档案盒盒盖封面

单位：毫米

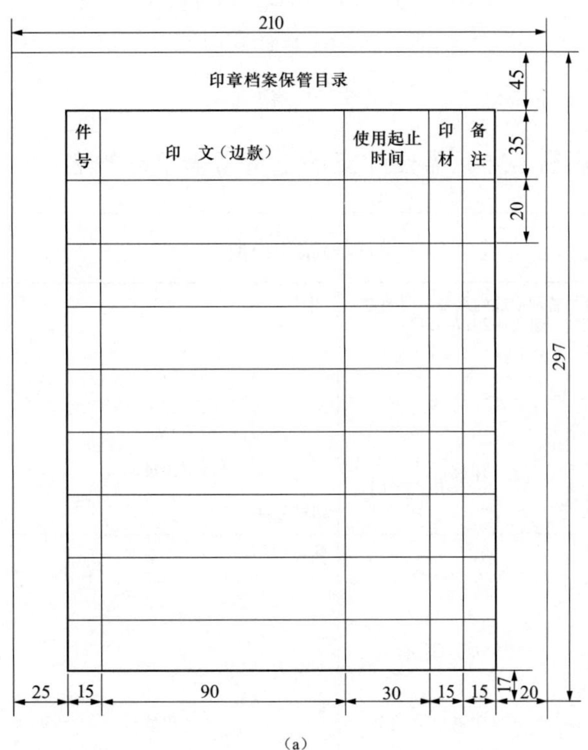

印章档案保管目录

| 件号 | 印　文（边款） | 使用起止时间 | 印材 | 备注 |
| --- | --- | --- | --- | --- |
| | | | | |
| | | | | |
| | | | | |
| | | | | |
| | | | | |
| | | | | |
| | | | | |
| | | | | |



（a）

图 2-32　印章档案保管目录格式（一）

（a）格式

单位：毫米

**印章档案保管目录**

保管期限＿＿＿＿＿

分 类 号＿＿＿＿＿

（b）

图 2-32　印章档案保管目录格式（二）

（b）封面

单位：毫米

（5）印章备考表样式见图 2-35。需要注意的是备考需手动签名。

**印章档案印模册**

| | |
|---|---|
| 档号：经过整理形成的编号。用固定实物排列的一组代码2017—544—1<br><br>（印模）<br><br>印模名称 | 档号<br><br>（印模）<br><br>印模名称 |
| 档号<br><br>（印模）<br><br>印模名称 | 档号<br><br>（印模）<br><br>印模名称 |

图 2-33　印章档案印模册

| | 保管期限 | 分类号 | 起止枚号 | |
|---|---|---|---|---|
| | 永久 | 2017—544—1 | 2017—544—1—2 | |

310　100

图 2-34　印章档案盒脊背

单位：毫米

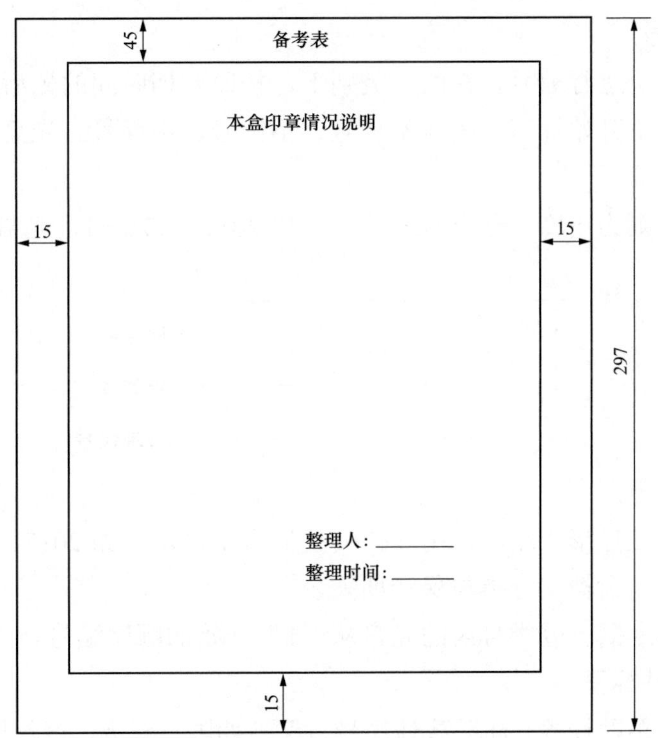


图 2-35　印章备考表

单位：毫米

## 三、光盘档案

光盘档案包含录音和录像光盘。光盘档案的整理流程见图 2-36。

图 2-36　光盘档案的整理流程

### （一）光盘档案分类和确定保管期限

光盘档案应在其全宗内按“年度—类别”分类，采用大流水号按件分类，同一全宗内只能选择一种分类方案。以内容为依据分类，基本大类之下再进行二级分类、三级分类。光盘档案分类和归档范围见表 2-16。

表 2-16　　光盘档案分类和归档范围表

| 分类号 | 类目名称 | 归档范围 | 备注 |
|---|---|---|---|
| 5 | 特殊载体 | | 参考照片档案中的归档范围 |
| 53 | 光盘档案 | | |
| 531 | 光盘档案 | | |

### （二）光盘档案排列

光盘档案按时间顺序及重要程度排列。

### （三）光盘档案编号

光盘档案以件为单位进行编号，在同一类别下，按照归档时间的先后顺序进行流水编号，每件编制一个流水号，从 1 开始标识，编号不重号、不空号、不漏号。光盘档案档号由（目录号）年度—分类号—件号组成。

光盘档案的编号原则为年度—分类号—件号，如 2017—531—1，光盘档案编号示例如下：

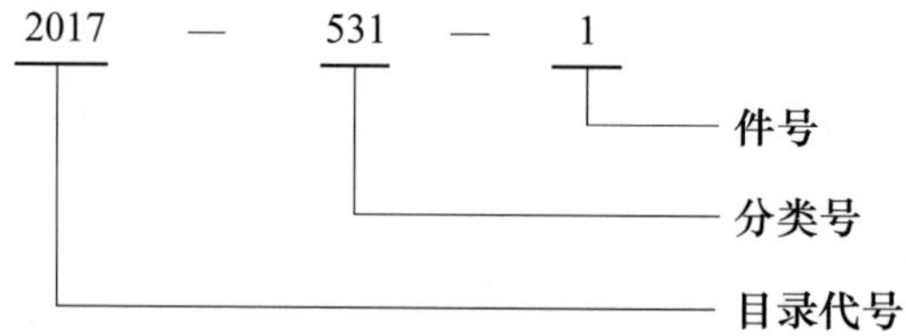


需要注意的内容如下。

（1）目录代号：为光盘形成年度，用 4 位阿拉伯数字表示，如 2017。

（2）分类号：详见光盘档案分类与保管期限表。

（3）件号：同一年度同一分类号内的光盘从“1”开始的顺序编号。

### （四）光盘档案粘贴标签

光盘档案载体上应粘贴标签，注明载体序号、保管期限、密级、存入日期、读取环境等内容。

光盘封面的组成项目有档号、题名、盒内文件数、编制单位、起止日期、密级。标签尺寸与盘（盒）尺寸相同。

标签样式见图 2-37。

### （五）光盘档案编目

光盘的编目主要指为盘内编制目录和档案目录（盘级）编制目录。光盘档案经过系统整理后，应组成册，册内要有册内目录和备考表。

（1）编制册内光盘目录。册内光盘目录位于光盘册内首页，示例见图 2-38。

（2）编制盘内目录。盘内目录项目主要有序号、题名、日期、文件号、备注，示例见图 2-39。

（3）档案目录（盘级）编制档案目录。档案目录（盘级）组成项目有档号、题名、编制单位、起止日期、文件数、文件格式、背景信息、备注，示例见图 2-40。

（4）编制册内备考表。册内备考表见图 2-41。

本册情况说明应填写册内底片缺损、补充、移出、销毁等情况。对底片册立册以后发生或发现的问题，应由有关的档案管理人员填写说明，并签名、标注时间。

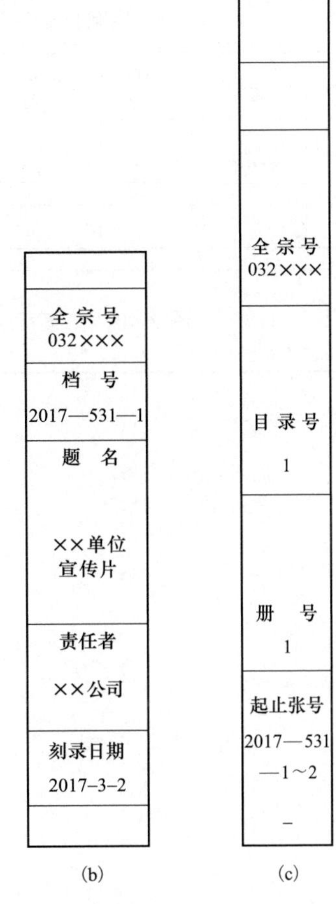


图 2-37　标签样式

（a）光盘封面样式；（b）光盘芯页示例样式；（c）光盘册脊样式

**册内光盘目录**

| 档号 | 题名 | 刻录时间 | 刻录者 | 电子命名 | 互见号 | 备注 |
|---|---|---|---|---|---|---|
| 2017—531—1 | ××单位宣传片 | 2017–3–2 | 张三 | | 2017—51—1–① | |
| | | | | | | |

图 2-38　册内光盘目录

**盘内目录**

档号：

| 序号 | 题名 | 日期 | 文件名 | 备注 |
|---|---|---|---|---|
| 1 | ×××公司揭牌仪式 | 2019.6.6 | ×××领导揭牌 | |
| | | | | |

图 2-39　盘内目录

**档案目录（盘级）**

| 档号 | 题名 | 编制单位 | 起止日期 | 文件数 | 文件格式 | 背景信息 | 备注 |
|---|---|---|---|---|---|---|---|
| 2017—531—1 | ××单位宣传片 | ××公司 | 2017-1-1～2017-9-1 | 26 | 所存文件的格式 | 数据所依存的系统背景 | |
| | | | | | | | |

图 2-40　档案目录（盘级）

**本册情况说明：**

**立册人：**

**检查人：**

**立册时间：**

图 2-41　册内备考表

## 本章小结

本章介绍了综合类档案的收集范围、收集方式、收集时间和收集要求。收集是档案管理工作的起点，具有重要意义。通过学习本章，我们能够明确企业综合类档案的收集范围，原则上企业在各项业务活动中形成的具有保存价值的文件材料均应收集归档。收集方式上应根据企业自身管理模式和业务特点，采用一种或几种方式结合，目标是保证收集尽量齐全、完整、系统。收集时间的选择上应保证文件移交部门有适当的时间收集、整理应归档文件，同时确保档案管理部门有足够时间进行整理工作。收集过程中还应对归档文件的形成质量和整理质量进行把控，交接双方应履行交接手续。

# 第三章　综合类档案常见问题与解决办法

## 第一节　综合类档案常见收集问题与解决办法

（1）文件收集工作有哪些关键控制环节？

文件收集应做到及时、齐全、完整。首先应确保文件收集的及时性，每年初应制订收集计划，及时发布收集通知，明确收集要求。收集过程中应认真核对，确保各部门移交的文件材料和移交目录一致、纸质材料与电子文件一致、文件主附件齐全。交接双方应履行好移交手续，制作移交清册（一式二份），双方签署移交责任部门、责任人和时间，各留一份。

（2）是不是只需对办公系统流转的文件进行归档？

不能只归档办公系统流转的文件，还应注重对“账外”文件的归档，如保密文件、“三重一大”会议形成的文件材料、年度工作会议文件、职工代表会议文件、党团员名册、员工名册、工作总结、汇报材料、统计报表等文件材料的收集、整理及归档。

## 第二节　综合类档案常见整理问题与解决办法

（1）文件的发文机构和发文字号不对应如何归档？

例如，本企业某部门以办公室的名义发出的文件，应归入文件形成部门，而不是归入“办公室”。

依据：陈琳.《档案管理技能训练》[M]. 2版. 北京：机械工业出版社，2015.

（2）文件有多个时间特征的，应归入哪个年度？

一份文件往往有多个时间特征，包括成文日期、签发日期、批准日期、会议通过日期、公布日期、发文和收文日期等。一份文件有多个时间特征时，一般以文件的签发日期为准。例如，2005年形成的（2006～2010年的机关“十一五”发展规划），应当归入2005年度；2005年形成的《2004年机关工作总结》，应当归入2005年度；2005年制定、2006年生效的法规性文件，应当归入2005年度。

依据：陈琳.《档案管理技能训练》[M]. 2版. 北京：机械工业出版社，2015.

（3）跨年度的文件应归在哪个年度？

对于计划、规划、总结、预决算、统计报表以及法规性文件等内容涉及不同年度的文件，应归在文件签发日期的年度。跨年度的会议形成的文件材料归在会议闭幕年。跨年度处理的非诉讼案件形成的文件材料归在结案年。例如，跨2005年、2006年两个年度召开的会议形成的文件材料，统一归在会议闭幕年度归档，即 2006 年；跨 2004 年、2005 年两个年度办理的案件文件材料，统一归入案件办结年度归档，即 2005 年度；下级单位 2004 年的请示，上级机关 2005 年 1 月收到并办结，应连同下级请示和本级批复一同归入 2005 年度。

依据：陈琳.《档案管理技能训练》[M]. 2 版. 北京：机械工业出版社，2015.

（4）几份文件作为一件时，“件”的日期如何确定？

文件的正本与定稿、来文与复文、转文与被转发文为一件时，这时“件”的日期应以装订在前的那份文件日期为准。例如，正与定稿，应以正本的日期为准；转发文与被转发文，应以转发文日期为准。来文与复文以复文日期为准。

依据：陈琳.《档案管理技能训练》[M]. 2 版. 北京：机械工业出版社，2015.

（5）文件没有标注日期时应当如何考证？

需要分析文件的内容、制成材料、格式、字体及各种标识等对照手段来考证和推断文件的形成日期，归入应归的年度。

例如，19990000 表示年度为 1999 年，月、日不详；00000728 表示年度不详，月、日为 7 月 28 日；00000000 表示年、月、日都不详。

依据：陈琳.《档案管理技能训练》[M]. 2 版. 北京：机械工业出版社，2015.

（6）合同的补充协议与主合同不在同一年度内发生的，应归在哪个年度？

合同的补充协议与主合同不在同一年度内发生的，补充协议按当年合同类别编号排序。

（7）不同保管期限及不同机构（问题）的归档文件可以放入同一档案盒吗？

不同保管期限的归档文件不应放入同一档案盒；不同机构（问题）的归档文件不应放入同档案盒。

（8）不同分类的合同档案可以装入同一档案盒内吗？

不同分类的合同档案不可以装入同一档案盒内。

（9）档号章应盖在文件的什么位置？

文书档案在归档文件的首页上端居右或尽量靠近上方的空白位置处逐份加盖档号章，合同档案盖在合同审批表右上角空白处。注意应尽量不要压住文件字迹，也不宜与批示文字或收文章等交叉。档号章使用红色印泥加盖为宜。

（10）没有标题或标题不规范、不明确的，题名应如何拟写？

1）单份文件没有题名，应依据文件拟写题名，并加“[]”类文件不多，如会议记录、电报、公私信函等当重新拟写题名。例如，[×××关于生活补助费的函]、[×××局党组关于干部任免事项的会议记录] 等。

2）单份文件题名不能揭示或不能全面揭示其内容时，原题名照录，并根据内容另拟题名附后，加“[]”。

①文件题名只写责任者或名称，不标明事由，如《国家档案局令》，应拟写为国家档案局令[国家档案局为颁布《中华人民共和国档案法实施办法》令]。

②文件题名中省略了责任者和事由，只标明名称，如《通知》《公告》，应原题名根据内容另拟题名附后，加“[]”。例如，通知 [×××关于召开老干部座谈会的通知]。

③文件题名含糊不清，不能揭示其内容的，又没有副题名可以补充，如《×××县委关于执

行江苏省委关于执行〔1998〕25号文件精神的通知》，应拟写为：

×××县委关于执行江苏省委〔1998〕25号文件精神的通知［×××县委关于执行江苏省进一步加强农业生产的通知］。

④正文与附件一般为一件，用正文题名为本件题名。附件题名必要时在附件项中著录。

⑤转发文与被转发文为一件时，用转发文题名为本件题名。转发文题名不能揭示被转发文主要内容时，原题名照录，同时著录被转发文题名或另拟题名附后，并加“[ ]”。

（11）会计档案能否用塑料管套装订？

根据《纸质归档文件装订规范》（DA/T 69—2018）规定，不得使用热熔胶、办公胶水等可能对归档文件造成危害或固定效果不佳的装订方式。

（12）审计档案中若没有标明密级的，应该怎么处理？

审计部门应当根据审计工作保密事项范围和有关主管部门保密事项范围的规定确定密级和保密期限。凡未标明保密期限的，按照绝密级30年、机密级20年、秘密级10年认定。

依据：《审计机关审计档案管理规定》（2012年中华人民共和国审计署、国家档案局第10号令）。

（13）××项目的审计档案其中的一卷档案厚度超过了6厘米，一个档案盒都无法装好，该如何归档？

审计档案如果一卷超过6厘米厚的，可以要按卷内文件的逻辑顺序再拆分成新的案卷并分册装盒，新的案卷采用案卷题名区分。需注意不能将同一份文件拆分，尽量保持文件原样。例如，原案卷题名为“××供电局××××年度新建配网项目的审计”（档号为2016—411—1）的档案太厚，其案卷中按照文件材料性质拆分为3卷新案卷，新的案卷题名为“××供电局××××年度新建配网项目的审计—立项性文件”（档号为2016—411—1）、“××供电局××××年度新建配网项目的审计—结论性文件”（档号为2016—411—2）、“××供电局××××年度新建配网项目的审计—证明性文件”（档号为2016—411—3）。法律案件档案、纪检监察案件档案、巡视（巡察）档案也可参考该方法。

（14）归档材料不是A4幅面的该怎么处理？

归档材料尽量A4纸大小，纸张过大的要折叠；除会计档案外，纸张过小的、字迹偏左、装订后影响查阅的，要粘贴A4衬纸处理。

（15）实物标签要贴在哪里比较规范？

以粘贴实物标签时，以不影响对实物的观瞻为宜。标签粘贴应在实物背面的空白处或不宜脱落的位置，奖杯类可以贴在底座空白位置等。

（16）A4纸大的证书组件放在一个档案盒里可以吗？

按照编号顺序可以放在一个档案盒里。

（17）照片文件数量太多，形成部门要求自行保管可以吗？

可以挑选内容清晰，有代表性的照片移交归档， 不可以自行保管。根据《中华人民共和国档案法实施办法》规定，应当立卷归档的材料由单位的文书或者业务机构收集齐全，并进行整理、立卷，定期交本单位档案机构或者档案工作人员集中管理；任何人都不得据为己有或者拒绝归档。

依据：《中华人民共和国档案法实施办法》。

（18）刚毕业的小王，拿了一些实物，如证书、奖状、奖牌 、锦旗、奖杯等。他不知如何鉴

别分类，也不知该存多少年？

根据实物档案分类和保管期限表进行分类鉴别，见图 3-1。

（19）涉密文件该如何归档？

1）属归档范围的涉密文件必须归档。

2）按“件”归档的涉密文件，必须集中排放在该涉密文件所属年度的对应保管期限的最后面。例如，归档涉密文件的形成年度为 2012 年，且保管期限为永久的，若该年度已归档保管期限为永久的最后一份非涉密文件的件号为 315，则该涉密文件的件号为 316。

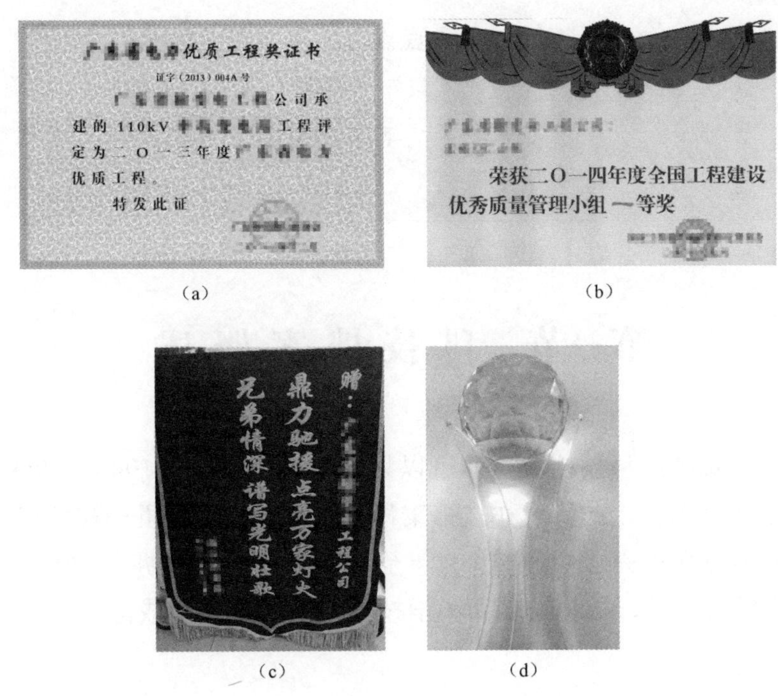


（a）　（b）　（c）　（d）

图 3-1　实物档案分类

（a）证书（永久）；（b）奖状（永久）；（c）锦旗（永久）；（d）奖杯（永久）

3）归档涉密文件不能与其他非涉密文件放在同一个档案盒内，需另盒存放。

4）归档文件目录的标注：涉密文件著录时归档文件目录中的“责任者”“文号”“题名”栏目均标注为“暂无”，归档文件目录中的“件号”“日期”“页数”栏目需按文件的实际情况著录。若在档案管理系统著录时，系统内的“密级”栏目不需著录。

5）涉密文件需按“归档文件目录”的格式制作并著录“归档文件目录”内所有相关要素，并单独保存在保密计算机内。

6）涉密文件解密后，需根据文件实际将档案管理系统中有关目录条目的“暂无”字样予以更新。

# 第四章 科技档案管理

## 章首语

我国古代的档案，在各个时期有着不同的称谓。商代称为“册”，周代称作“中”，秦汉谓之“典籍”，汉魏以后被称为“文书”“文案”“案牍”“案卷”“簿书”，清代以后多用“档案”，现统一称作“档案”。档案的类型纷繁，本章主要探讨科技档案，它对供电企业科研、生产和经济建设具有举足轻重的作用。

## 第一节 科技档案概述

新中国成立至今，我国的科技档案事业可以划分为四个时期：1949～1959 年为创建时期；1966～1976 年为遭受破坏时期，此阶段科技档案体制被破坏，档案机构被撤销，科技档案遭到严重损坏；1976～1988 年为恢复整顿时期；1989 年至今为改革发展时期。如今，在经济体制改革中，科技档案工作已成为经济建设、社会发展和科学技术发展的重要组成部分，逐步被了解和认识，在改革中稳步发展。

### 一、科技档案的定义

供电企业科技档案是指在自然科学研究、生产技术、基本建设（以下简称科研、生产、基建）等活动中形成的应当归档保存的图纸、图表、文字材料、计算材料、照片、影片、录像、录音带等科技文件材料。

### 二、科技档案的特点

供电企业项目多、工作范围广、技术层次多，决定了科技档案具有专业性、成套性、多样性、复用性、现实性的特点。

#### （一）专业性

任何一项科技、生产活动都是在一定的专业分工的范围内进行的，都具有一定的专业性。科技档案作为科技、生产活动的记录和伴生物，是专业技术活动的记录和产物。在哪一个专业领域的科技、生产活动中形成的科技档案，就集中地反映了哪一个专业的科技内容及相关的科技方法和手段。在供电企业，科技档案主要记录和反映调度运行、生产、科研、基建、信息化等专业技术活动，因此具有专业性的特点。

### （二）成套性

科技档案的成套性主要反映项目成套性特点，即一个或若干个单位联合进行一项相对独立的科学技术活动时，围绕各个阶段不同程序的工作，自然地形成一套包括文字、图表、声像等不同载体但内容关系密切的档案。例如，供电企业的电网建设项目，从项目立项、设计、施工、验收等各个阶段形成的科学技术文件，虽然形成单位、形成阶段不同，但是它们与一个项目的建设程序和内容紧密衔接，构成了一个反映项目全过程的有机整体，这就是科技档案成套性的特点。

### （三）多样性

科技档案所记载的科技、生产活动，专业多样、手段复杂，这就使科技档案材料在内容上呈现多样性的特点。科技档案是一套由文字材料、图纸、表格、计算材料、照片、光盘等多种形式和载体构成的有机整体，在形式载体上表现出多样性，因此，科技档案具有多样性的特点。

### （四）复用性

我国的标准体系对编制科技文件的方法、程序、制成材料、图样线条等都有明确规定。例如，供电企业电网建设项目的图纸、工程勘察设计文件、施工技术文件、监理文件的编制都需要符合国家的规定。科技档案标准性的特点决定了科技档案具有复用性，表现在一个专业之内，可以相互通用，重复使用，如在新设计中直接引用某项设计的已有成果。

### （五）现实性

科技档案是对某个时期科学技术研究、生产、基本建设等活动的真实记录，其反映的是特定生产环节下的技术参数和数据资料等，其他文件材料归档后多数用来进行历史查考，但科技档案会在较长时期内发挥现行效用。例如，电网建设项目档案在建设项目成果使用过程中一直发挥着现行作用，科研项目档案也反映了新技术在使用过程中的技术成果和参数，直到新技术被替代，因此，科技档案具有现实性的特点。

## 三、科技档案的分类

随着科技的进步和生产的发展，科技档案的种类不断地增加，内容日益丰富。采用不同划分标准，可将科技档案分为不同的种类。按档案的内容性质划分，可以分为产品档案、科学技术研究档案、基本建设档案、设备仪器档案等；按记录形式和载体形式划分，可分为文字档案、图样档案、图表档案、计算档案、声像科技档案、电子科技档案等；按所属领域划分，可分为气象档案、天文档案、水文档案、地质档案、测绘档案、地震档案、环保档案和医疗档案等。

供电企业可按业务内容性质，将科技档案划分为生产调度档案、科学技术研究档案、基本建设档案、设备仪器档案；按照档案门类划分，将科技档案划分为电网建设项目档案、小型基建项目档案、营销项目档案、生产项目档案、调度运行档案、信息化项目档案、科研项目档案。

## 四、科技档案的作用

科技档案具有较强的技术效用，是一种知识形态的生产力，利用科技档案可以提高科技水平，节约劳动消耗，带来良好的社会效益和经济效益。

### （一）技术效用

科技档案的技术效用，是指科技档案作为一种技术资源，运用于科技生产活动中所起的效力和作用。例如，某变电站需要进行全面改造，包括土建基础、建筑物门窗外墙、室内全面翻新，需要工程图纸作为设计依据。通过利用档案，避免现场重新勘察地质及测量建筑物，节约资金，缩短工程设计工期，提高了工作效率，提前完成设计任务。

（二）社会效益

管好用好科技档案不仅能为社会创造价值、增加财富，还可以取得明显的社会效益。例如，某变电站进站道路被人堆放着大量的砂、石、水泥等建筑材料，影响了变电部巡检车辆出入变电站。变电站进站道路属公共土地，未写入国有土地使用证内，随着社会的发展，机构变动、政府职能的转变，政府部门将变电站门前的整块土地（包括进站道路）规划给一家房地产开发公司进行开发，造成多方对变电站进站道路的土地使用权存在争议。该企业档案管理部门及时提供了变电站征地相关文件（国家建设征用土地审批表、征用土地协议书、变电站用地地形图、建设用地许可证书等），经过与政府规划部门、房地产开发公司多次协商，圆满解决了土地使用权纠纷问题，确保变电部巡检车辆的正常出入，保证了变电站安全运行。

（三）经济效益

科技档案所创造的经济效益，是指针对本企业及社会有关方面的需求，通过信息加工、技术咨询及日常提供利用等方式，将科技档案应用于经济建设中所创造出来的经济效益。例如，某电力线路器材厂需改进产品的镀锌工艺，档案管理部门为设计人员提供了设备档案“水煤气发生炉”的原始图纸。通过查阅原始图纸，器材厂两人只用了两个月的时间就完成了原本需要两年时间的设计任务，大大缩短工程设计时间，节省了大量人力、物力和财力，改造的煤气发生炉投入使用，基本解决镀锌产品“白锈”问题，降低镀锌生产成本 40%，每年节省成本 40.8 万元。

## 第二节　科技档案管理要求

### 一、制度要求

人们在生产管理、技术管理、科研管理、企业经营中产生大量的专业资料，这些资料对国家经济、国家安全及人民生活起着重要作用。为此，1980 年 12 月 27 日国家经济委员会、国家基本建设委员会、国家科学技术委员会、国家档案局联合发布了《科学技术档案工作条例》，明确了科技档案工作是生产管理、技术管理、科研管理的重要组成部分，各工业、交通、基建、科研、农林、军事、地质、测绘、水文、气象、教育、卫生等单位，都应当把科技档案工作纳入生产管理工作、技术管理工作、科研管理工作之中，加强领导。

随着国家经济发展，科技档案的数量越来越多。如何规范整理、方便利用这些科技档案被提上了日程，1989 年 10 月国家相关部门首次发布了《科学技术档案案卷构成的一般要求》，经 2000 年和 2008 年两次修改，现行的《科学技术档案案卷构成的一般要求》（GB/T 11822—2008），明确了科学技术档案案卷的组卷原则和方法，规范了案卷和案卷内文件材料的排列、案卷的编目、案卷的装订、卷盒、表格规格，并提出了档案制成材料的质量要求。

供电企业依据企业职能，结合企业档案构成的内容特点，全部档案按原能源部 1991 年颁发的《供电企业档案分类表（6～9 大类）》规则进行分类整理、排列。近几年电网建设蓬勃发展，为加

强电网建设项目的归档整理工作，统一项目档案的验收标准，保证项目档案的完整、准确性，供电企业一般依据《电网建设项目文件归档与档案整理规范》（DL/T 1363—2014）、《建设工程文件归档规范》（GB/T 50328—2014）、《建设项目档案管理规范》（DA/T 28—2018）等国家、行业管理制度修编本企业建设项目档案业务指导书。

## 二、管理要点

科技档案管理要点见表4-1。

表4-1 科技档案管理要点

| 序号 | 管理要点 | 内容 |
|---|---|---|
| 1 | 统一领导，分级管理 | 明确分管档案工作的领导，建立统一的科技档案管理制度，建立完善的档案管理网络，指导和监督所属机构档案工作，实行统一领导、分级管理 |
| 2 | 档案工作的“三纳入” | 档案工作纳入企业工作计划和领导工作议事日程；纳入企业规章制度及工作流程；纳入有关部门和人员的职责范围 |
| 3 | 档案工作的“四参加” | 企业档案部门或档案人员参加产品鉴定、科研课题成果审定、项目验收、设备开箱验收等活动，负责检查应归档文件的完整、系统 |
| 4 | 档案工作的“四同步” | 企业下达项目计划任务同时提出项目文件的归档要求；检查项目计划进度同时检查项目文件积累情况；验收、鉴定项目成果同时验收、鉴定项目文件归档情况，项目总结的同时做好项目文件归档交接。此外，项目建设（法人）单位在与设计、施工、监理等单位签订合同时，设立有关档案的专门条款，明确提交竣工档案的内容、套数、时间及质量要求和责任等，充分发挥合同的法律作用，以保证项目档案的完整、准确、系统 |
| 5 | 档案管理的信息化 | 充分利用信息化管理手段，通过档案管理系统与各业务管理系统的对接，做到无缝连接，能掌握全过程的文件形成情况，实现网络监控，有效地保证了文件材料收集的完整性、准确性、系统性和电子文件及时归档。同时，利用用户权限管理开通网络查询系统，提供便利的档案查询利用 |

## 三、管理流程

供电企业科技档案分为项目档案（电网建设、小型基建、营销、生产、信息、科研项目）和调度运行档案，其管理流程见图4-1。

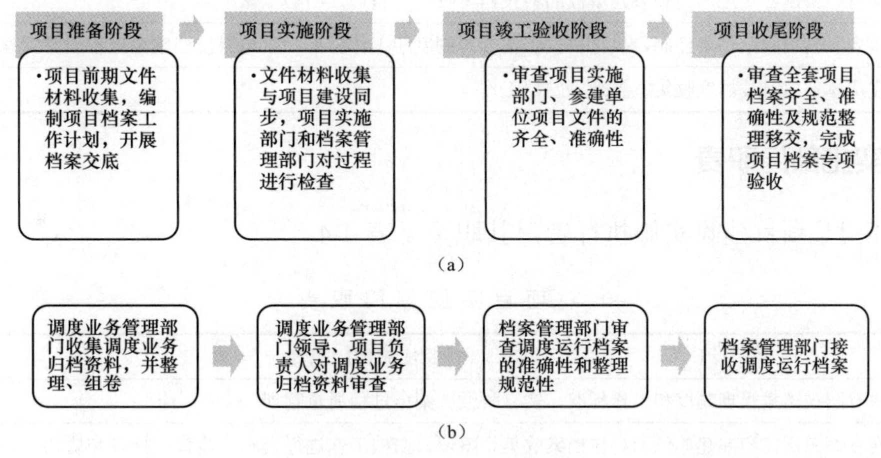


图4-1 科技档案管理流程

（a）项目档案归档管理流程；（b）调度运行档案归档管理流程

# 第三节 科技档案管理职责

随着科技事业的不断发展，以科技档案为主体的供电企业档案管理不仅要紧密为电力生产建设服务，还要立足于企业档案工作的全面提高，各相关单位应对其职责范围内形成的科技档案的完整性、准确性、系统性和有效性负责。

## 一、档案管理部门职责

档案管理部门作为集中统一管理科技档案的专业部门，其职责见表4-2。

**表4-2** 档案管理部门职责

| 序号 | 档案管理部门职责 |
|---|---|
| 1 | 负责科技档案的集中统一管理，贯彻执行档案法律法规和上级有关政策、标准 |
| 2 | 负责培训、指导、监督和考核各业务职能部门对项目文件的收集、整理和移交 |
| 3 | 负责审核接收各业务职能部门经整理后移交的项目档案及调度运行档案，并建立项目档案总目录 |
| 4 | 参加项目的重要会议、重大活动、设备开箱、阶段性检查、竣工验收、项目文件归档审查 |
| 5 | 负责项目档案工作规范性的组织、管理和协调，督促和协助项目相关部门收集科技档案 |
| 6 | 负责牵头组织项目档案专项验收 |

## 二、项目管理部门职责

项目管理部门按照建设项目档案管理的要求各负其责，发挥专业特长，在建设项目档案中的主要职责，见表4-3。

**表4-3** 项目管理部门职责

| 序号 | 项目管理部门职责 |
|---|---|
| 1 | 监管、协调各实施部门和参建单位的科技档案收集、整理、归档工作 |
| 2 | 落实科技档案归档责任制，执行科技档案管理制度和工作标准，参与科技档案全过程质量管理 |
| 3 | 完成本部门科技档案收集、整理、归档工作 |

## 三、项目实施部门职责

项目实施部门是项目建设实施执行者，其职责见表4-4。

**表4-4** 项目实施部门职责

| 序号 | 项目实施部门职责 |
|---|---|
| 1 | 执行科技档案管理制度和工作标准，实行科技档案全过程质量管理 |
| 2 | 对各相关部门和参建单位的科技档案收集、整理、归档工作进行交底、监管、指导和协调 |
| 3 | 与参建单位签订合同、协议时应设立专门章节或条款，明确各单位项目文件的编制范围、质量要求、移交时间、份数及违约责任等 |

续表

| 序号 | 项目实施部门职责 |
|---|---|
| 4 | 完成本部门科技档案收集、整理、归档工作 |
| 5 | 牵头组织建设项目档案中间检查、归档审查工作，配合档案管理部门完成项目档案专项验收 |
| 6 | 按照国家档案局及所在地城市建设档案馆的要求，向其移交相关档案 |

## 四、总承包单位职责

总承包单位的档案管理职责贯穿从项目建设前期工作准备开始到工程竣工的全过程。其职责见表 4-5。

**表 4-5　　总 承 包 单 位 职 责**

| 序号 | 总承包单位职责 |
|---|---|
| 1 | 将项目档案管理纳入施工管理程序，配备满足项目档案工作需要的人员及设备设施，并保证人员的相对稳定，现场资料保管条件符合要求 |
| 2 | 按合同约定的总承包范围，对档案质量负责 |
| 3 | 建立档案管理网络，制定档案管理制度，对各分包单位的档案管理和移交工作进行交底、监管、检查、指导和协调 |
| 4 | 按合同约定的范围，收集、整理本单位在工程建设活动中形成的各类载体文件 |
| 5 | 配合项目实施部门做好中间检查、竣工验收及归档审查工作 |
| 6 | 确保工程建设与档案管理同步进行，审核、验收各分包单位移交的竣工档案，对项目档案的完整、准确、系统和有效利用负责 |
| 7 | 负责各分包单位形成的项目文件汇总、整理，提交监理单位审查，向项目实施部门移交 |
| 8 | 配合档案管理部门做好项目档案专项验收 |

## 五、设计单位职责

设计单位的职责则从勘察开始，到施工图的出版、施工过程中的设计变更，以及竣工图的编制、出版、验收，其职责见表 4-6。

**表 4-6　　设 计 单 位 职 责**

| 序号 | 设计单位职责 |
|---|---|
| 1 | 将项目档案管理纳入设计管理程序，配备满足项目档案工作需要的人员及设备设施，并保证人员的相对稳定，现场资料保管条件符合要求 |
| 2 | 按合同要求向项目实施部门移交全套经整理的设计文件和竣工图 |
| 3 | 对科技档案的真实性、有效性、准确性负责 |
| 4 | 应提供设计文件资料给项目实施部门进行中间检查、竣工验收及归档审查工作 |
| 5 | 对于创优工程，设计单位在工程竣工验收后，按创优工程评审要求，出具工程质量检查报告，并按时向项目实施部门移交 |
| 6 | 配合档案管理部门做好项目档案专项验收 |

## 六、监理单位职责

根据《建设工程监理规范》（GB 50319—2013）的要求，监理单位应参与工程竣工验收，签署建设监理意见，并在建设监理任务完成后，向项目实施部门提交工程建设监理档案资料，其职责见表 4-7。

表 4-7　监理单位职责

| 序号 | 监理单位职责 |
|---|---|
| 1 | 将项目档案管理纳入施工管理程序，配备满足项目档案工作需要的人员及设备设施，并保证人员的相对稳定，现场资料保管条件符合要求 |
| 2 | 按照要求向项目实施部门提供全套经整理的监理文件 |
| 3 | 对科技档案的真实性、有效性、准确性负责 |
| 4 | 把控设计、施工、调试、设备制造厂家等单位形成的项目文件和案卷质量 |
| 5 | 应提供监理文件资料给项目实施部门进行中间检查、竣工验收及归档审查工作 |
| 6 | 对参建单位整理和移交的项目文件质量情况进行审查，并签署审查意见。220 千伏及以上电网项目应形成档案审查报告 |
| 7 | 收集、整理在监理活动中形成的文件，向项目实施部门移交 |
| 8 | 配合档案管理部门做好项目档案专项验收 |

## 七、施工（调试）单位职责

施工（调试）单位是施工文件形成的主体，在项目档案工作中占有重要地位，其职责见表 4-8。

表 4-8　施工（调试）单位职责

| 序号 | 施工（调试）单位职责 |
|---|---|
| 1 | 将项目档案管理纳入施工管理程序，配备满足项目档案工作需要的人员及设备设施，并保证人员的相对稳定，现场资料保管条件符合要求 |
| 2 | 收集、整理在施工（调试）活动中形成各类载体的文件（含电子文档），提交监理单位和总承包单位审查，审查合格后向项目实施部门移交 |
| 3 | 现场资料保管条件符合要求 |
| 4 | 应提供施工文件资料给项目实施部门进行中间检查、竣工验收及归档审查工作 |
| 5 | 负责设备厂家资料收集、整理及移交 |
| 6 | 为设计单位提供竣工图编制依据，对设计单位编制出版的竣工图质量进行审核，并签字确认 |
| 7 | 配合项目实施部门做好中间检查、竣工验收及归档审查工作，配合建设单位做好项目档案专项验收 |

## 八、调度业务管理部门职责

供电企业调度运行档案与其他项目类科技档案的管理流程不同，因此涉及的管理部门职责也不同，其职责见表 4-9。

表 4-9　调度业务管理部门职责

| 序号 | 调度业务管理部门职责 |
|---|---|
| 1 | 负责本部门形成的各种载体材料的收集、整理，定期向档案管理部门移交 |
| 2 | 对调度运行档案的齐全性、完整性、准确性等形成质量负责 |
| 3 | 配合档案管理部门对调度运行档案检查及整改 |

## 本章小结

本章介绍了科技档案的定义、特点、分类、作用及管理要求。通过学习本章，我们能够了解供电企业科技档案是企业调度、基建、生产和科研等活动中形成的有保存价值的各类文件材料。科技档案具有专业性、成套性、多样性、复用性、现实性的特点和技术效用、社会效益和经济效益等作用。根据供电企业的特点，可将科技档案分为调度运行档案及项目类档案，其中项目类档案根据项目的性质，可再分为建设项目、科研项目、信息化项目、营销项目和生产项目等档案门类。按照科技档案相关制度要求，各单位和部门根据自身的工作职责和规范管理流程对科技档案进行管理，目的是使科技档案完整准确、真实有效。

# 第五章　科技档案收集与整理

## 章首语

科技档案作为自然科学研究、生产技术、基本建设活动信息的载体，不仅仅是利用者无言的百科全书，更是得力的助手和掷地有声的证人。从档案收集方面考虑，日常工作怎样收集比较快捷、齐全和完整；从科技档案的分类考虑，如何分类较为科学、合理；从组卷的方法和排列的角度考虑，如何将无序、分散的科技文件材料规范组卷、有序排列、方便利用等。这些都是档案者日常工作中经常遇到的问题。综上，本章将探索和创新更加行之有效的工作方法和管理手段，做好科技档案的收集与整理工作，使科技档案的潜在价值得到充分发挥，更好地为供电企业科研、生产和建设服务。

## 第一节　科技档案收集

### 一、收集范围

供电企业的业务内容不同，各门类科技档案的归档范围也不尽相同，见表5-1。

表5-1　各门类科技档案的归档范围

| 项目 | 规　　范 | 内　　容 |
| --- | --- | --- |
| 电网建设项目档案 | 《建设项目档案管理规范》(DA/T 28—2018)；《电网建设项目文件归档与档案整理规范》(DL/T 1363—2014) | 项目准备文件、设计文件、管理文件、施工及安装文件、调试文件、监理文件、启动及竣工验收文件、竣工图和设备仪器文件 |
| 小型基建项目档案 | 《建设工程文件归档规范》(GB/T 50328—2014)；《电网建设项目文件归档与档案整理规范》(DL/T 1363—2014) | 工程准备阶段文件、监理文件、施工文件、竣工图、工程竣工验收文件和设备仪器文件 |
| 营销项目档案 | — | 施工类：准备文件、勘察设计文件、管理文件、施工文件、监理文件、竣工文件和设备文件 |
| | | 其他类：决策阶段文件、设计阶段文件、实施阶段文件、验收阶段文件和收尾阶段文件 |
| 生产项目档案 | — | 施工类：项目准备文件、设计文件、管理文件、施工及安装文件、调试文件、监理文件、启动及竣工验收文件、竣工图和设备仪器文件 |
| | | 其他类：决策阶段文件、设计阶段文件、实施阶段文件、验收阶段文件和收尾阶段文件 |

续表

| 项目 | 规　　范 | 内　　容 |
| --- | --- | --- |
| 调度运行档案 | — | 电力系统调度文件、电力系统运行文件、继电保护文件、电力通信文件、调度自动化文件、网络安全文件和电力系统图表文件 |
| 信息化项目档案 | 《电网建设项目文件归档与档案整理规范》（DL/T 1363—2014） | 项目准备文件、设计文件、实施管理文件、测试文件、监理文件、竣工验收文件、竣工图和设备仪器文件 |
| 科研项目档案 | 《科学技术研究课题档案管理规范》（DA/T 2—1992） | 研究准备阶段文件、研究试验阶段文件、总结鉴定验收阶段文件、成果奖励申报阶段文件及推广应用阶段文件 |

具体归档范围和保管期限见附录 D。另外，在项目建设过程中形成的照片、光盘等特殊载体类文件需要同步收集。

## 二、收集过程管控

### （一）收集要求

科技文件的完整、准确、有效是影响科技档案质量的内在因素，而文件记录的内容形式、书写材料和制成材料的质量则是影响归档文件质量的外在因素，因此应重视科技文件形成的源头及收集情况，以提高科技文件的内在质量。

1. 纸质文件收集要求

（1）收集的文件材料必须准确反映科技活动的真实内容和过程。文件收集应完整、系统，其内容真实、准确。例如，建设项目文件的收集需注意以下问题：

1）需整改闭环或回复的项目文件，执行单位应在执行完成后按要求编制相应的闭环文件。原材料质量证明文件，应按原材料的种类、进货批次等特征，分类编制原材料跟踪管理记录，见图 5-1。

**基础施工原材料跟踪记录表**

**水泥跟踪管理记录**

**工程名称:**　　　　　　　　　　　　　　　　　　　**编号:**

| 序号 | 厂家名称 | 品种、强度等级 | 生产日期 | 到货日期 | 数量（吨） | 出厂检验报告编号 | 复试报告编号 | 领用人 | 使用日期 | 使用数量（吨） | 使用部位 | 累计库存 |
| --- | --- | --- | --- | --- | --- | --- | --- | --- | --- | --- | --- | --- |
| | | | | | | | | | | | | |
| | | | | | | | | | | | | |
| | | | | | | | | | | | | |
| | | | | | | | | | | | | |
| | | | | | | | | | | | | |
| | | | | | | | | | | | | |
| | | | | | | | | | | | | |
| | | | | | | | | | | | | |
| | | | | | | | | | | | | |
| | | | | | | | | | | | | |

**监理单位（盖章）：**　　　　　　　　　　　　**施工单位（盖章）：**
**负 责 人（签名）：**　　　　　　　　　　　　**负 责 人（签名）：**
**日 期:**　　　　　　　　　　　　　　　　　　**日 期:**

(a)

图 5-1　原材料使用跟踪记录表（一）

（a）水泥跟踪管理记录

钢筋跟踪管理记录

工程名称：　　　　　　　　　　　　　　　　　　　　　　　　　　　　编号：

| 序号 | 厂家名称 | 到货日期 | 钢筋等级 | 直径（毫米） | 数量（吨） | 出厂证件编号 | 复试报告编号 | 试验结果 | 领用人 | 使用日期 | 使用数量（吨） | 使用部位 | 累计库存 |
|---|---|---|---|---|---|---|---|---|---|---|---|---|---|
| | | | | | | | | | | | | | |
| | | | | | | | | | | | | | |
| | | | | | | | | | | | | | |
| | | | | | | | | | | | | | |
| | | | | | | | | | | | | | |
| | | | | | | | | | | | | | |
| | | | | | | | | | | | | | |
| | | | | | | | | | | | | | |
| | | | | | | | | | | | | | |
| | | | | | | | | | | | | | |

监理单位（盖章）：　　　　　　　　施工单位（盖章）：
负 责 人（签名）：　　　　　　　　负 责 人（签名）：
日 期：　　　　　　　　　　　　　日 期：

（b）

砂跟踪管理记录

工程名称：　　　　　　　　　　　　　　　　　　　　　　　　　　　　编号：

| 序号 | 样品产量 | 购货日期 | 到货日期 | 数量（吨） | 出厂检验报告编号 | 复试报告编号 | 领用人 | 使用日期 | 使用数量（吨） | 使用部位 | 累计库存 |
|---|---|---|---|---|---|---|---|---|---|---|---|
| | | | | | | | | | | | |
| | | | | | | | | | | | |
| | | | | | | | | | | | |
| | | | | | | | | | | | |
| | | | | | | | | | | | |
| | | | | | | | | | | | |
| | | | | | | | | | | | |
| | | | | | | | | | | | |
| | | | | | | | | | | | |
| | | | | | | | | | | | |

监理单位（盖章）：　　　　　　　　施工单位（盖章）：
负 责 人（签名）：　　　　　　　　负 责 人（签名）：
日 期：　　　　　　　　　　　　　日 期：

（c）

碎石或卵石跟踪管理记录

工程名称：　　　　　　　　　　　　　　　　　　　　　　　　　　　　编号：

| 序号 | 样品产量 | 购货日期 | 到货日期 | 数量（吨） | 出厂检验报告编号 | 复试报告编号 | 领用人 | 使用日期 | 使用数量（吨） | 使用部位 | 累计库存 |
|---|---|---|---|---|---|---|---|---|---|---|---|
| | | | | | | | | | | | |
| | | | | | | | | | | | |
| | | | | | | | | | | | |
| | | | | | | | | | | | |
| | | | | | | | | | | | |
| | | | | | | | | | | | |
| | | | | | | | | | | | |
| | | | | | | | | | | | |
| | | | | | | | | | | | |
| | | | | | | | | | | | |

监理单位（盖章）：　　　　　　　　施工单位（盖章）：
负 责 人（签名）：　　　　　　　　负 责 人（签名）：
日 期：　　　　　　　　　　　　　日 期：

（d）

图 5-1　原材料使用跟踪记录表（二）

（b）钢筋跟踪管理记录；（c）砂跟踪管理记录；（d）碎石或卵石跟踪管理记录

2）施工单位应根据设计变更，编制对应的设计变更执行报验文件，形成设计变更与竣工图修改对照一览表，见图5-2；工程联系单形成工程联系单一览表，见图5-3。

设计变更与竣工图修改对照一览表（适用于施工单位）

工程名称：

| 序号 | 变更号 | 变更内容 | 图号 | 图纸名称 | 设计变更申请单（编号） | 档号 |
|---|---|---|---|---|---|---|
| | | | | | | |
| | | | | | | |
| | | | | | | |
| | | | | | | |
| | | | | | | |
| | | | | | | |

设计单位（盖章）： 监理单位（盖章）： 施工单位（盖章）：
主设： 监理工程师： 技术负责人：
年 月 日

（a）

设计变更与竣工图修改对照一览表（适用于设计单位）

工程名称：

| 序号 | 变更号 | 变更内容 | 图号 | 图纸名称 | 设计变更申请单（编号） | 所属标段 |
|---|---|---|---|---|---|---|
| | | | | | | |
| | | | | | | |
| | | | | | | |
| | | | | | | |
| | | | | | | |
| | | | | | | |
| | | | | | | |
| | | | | | | |

批准（签名）： 审核（签名）： 编制（签名）：
设计单位（盖章）：
日期：

（b）

图5-2 设计变更与竣工图修改对照一览表

（a）设计变更与竣工图修改对照一览表（适用于施工单位）；（b）设计变更与竣工图修改对照一览表（适用于设计单位）

3）设计单位重新绘制竣工图时，图标栏应为竣工图标，不再加盖竣工图章。设计单位编制竣工图，将项目建设过程中未发生修改的施工图作为竣工图时，应在图标栏上方空白处加盖竣工图章。竣工图章样式见图5-4。

4）设计单位重新绘制有修改内容的竣工图，监理单位应进行审查，根据《电网建设项目文件归档与档案整理规范》（DL/T 1363—2014）的要求，竣工图审查章需加盖在其卷册编制说明上，见图5-5，根据《建设项目档案管理规范》（DA/T 28—2018）的要求，竣工图审查章需逐页加盖，见图5-6，建议评优的工程加盖图5-6样式的竣工图审查章。

**工程联系单一览表**

工程名称：

| 序号 | 编号 | 内 容 | 竣工图图号 | 备注 |
| --- | --- | --- | --- | --- |
| | | | | |
| | | | | |
| | | | | |
| | | | | |
| | | | | |
| | | | | |
| | | | | |
| | | | | |
| | | | | |

监理单位（盖章）： 施工单位（盖章）：

监理工程师： 技术负责人：

年 月 日

图 5-3 工程联系单一览表

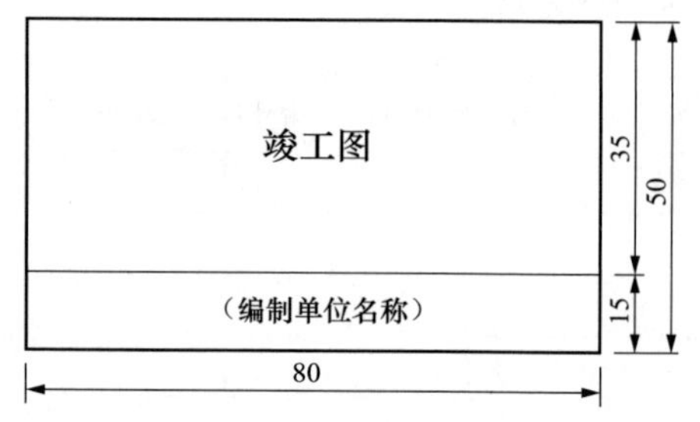


图 5-4 竣工图章样式

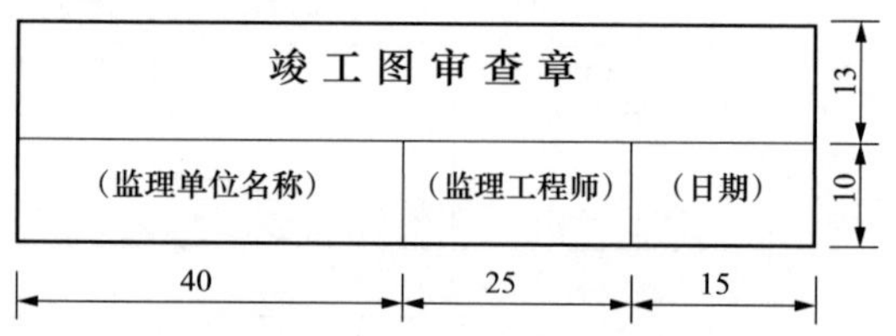


图 5-5 竣工图审查章

单位：毫米

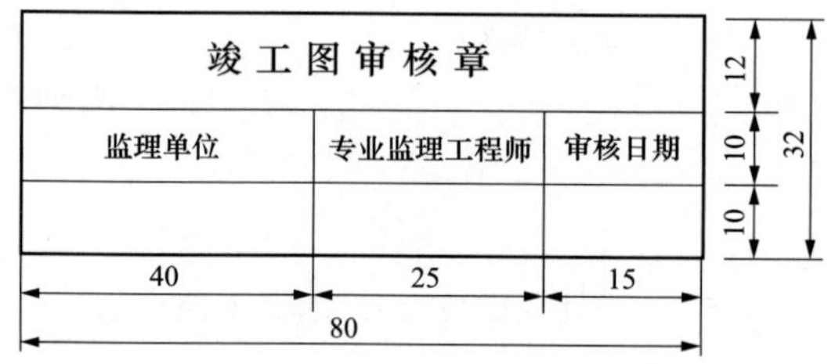


图 5-6 竣工图审核章

单位：毫米

（2）收集的文件材料应为原件或具有凭证作用的文件，如施工单位移交给建设单位批量生产的原材料质量证明单可在复印件上加盖经销商红章。

（3）文件材料的载体和书写材料应符合耐久性要求，如碳素墨水、蓝黑墨水，严禁使用圆珠笔、铅笔、红墨水、纯蓝墨水、复写纸书写和签批，对已破损的文件应予修裱，字迹模糊或易褪色的文件应予复制。

（4）收集的文件材料应字迹清楚、字体端正，图样清晰，图表整洁，签认手续完备。签名须手签。

（5）文件材料幅面要求采用 A4 纸（297 毫米×210 毫米）尺寸，幅面不一致的科技文件材料必须折成或裱成一致的幅面。例如，小于 A4 的文件用 A4 标准的白纸托裱，文件右边和下边分别与托裱纸右边和下边靠齐。托裱时，必须用白乳胶，不可将文字图表和数据掩盖，签署意见在装订线以内的要粘贴补宽订装部分。竣工图按《技术制图复制图的折叠方法》（GB/T 10609.3—2009），统一折叠成 A4 图幅（210 毫米×297 毫米），归档图纸折叠时按手风琴式，图幅内折，以便长久保护档案寿命；也可保留设计院提供的折叠方法，但标题栏应露在右下角，具体参考见图 5-7。

图 5-7　归档图纸折叠示例

（6）文件材料表格，如未填满内容，应用划线或加盖“以下空白”章标识。

2. 特殊载体收集要求

科技档案特殊载体一般包括照片、光盘、录音、录像等。照片收集应与项目建设进度同步，参建单位应在项目竣工后与纸质档案一起向建设单位移交。照片应主题鲜明、影像清晰、画面完整。归档的数码照片应为 JPEG 或 TIFF 格式，符合归档照片质量要求。

光盘、录音、录像应保证载体的有效性。收集电子文件应与纸质文件保持一致，同时应收集其形成的技术环境、相关软件、版本、数据类型、格式、被操作数据、检测数据、文字说明等相关信息，扫描电子文件宜为 TIFF 或双层 PDF 格式。电子文件应脱机存储在耐久性好、可长期存储的只读光盘、一次性写入光盘。

### （二）收集保管条件

为保证科技文件及时收集、安全保管，各相关单位要建立有关制度和措施，防止人为丢失或保管不善。

（1）明确科技文件管理责任人，建立文件详细清单，并做好资料的备份，特别是重要核心文件的保管。同时，做好现场文件的借阅管理，避免在过程中因检查、传阅等造成文件资料的遗失。

（2）科技文件的保管场所应为专门的房间，不能为临时板房。

（3）文件保管场所要满足防火、防盗、防潮、防光、防鼠、防虫、防尘、防污染的要求，并达到温湿度标准（温度控制在 14～24℃，湿度控制在 45%～60%），做好定期检查。

（4）配备必需的消防器材，并按设备要求定期检查、更换。

（5）定期检查电路线路，严禁明火装置和使用电炉及存放易燃易爆物品。

（6）专人保管文件所在场所及文件柜钥匙，借阅文件需履行借阅手续。

（7）为防止文件材料发生鼠害，应定期检查并投放灭鼠药。

（8）文件柜应放置防虫、霉药品，以防霉菌、害虫损坏文件资料。

（9）配备专用的设备，如档案柜、档案收集袋（盒）、计算机、扫描仪、打印机、复印机（或同时具备打印、复印、扫描功能的一体机）、照相机、温湿度计、消防器材等。

### （三）收集方法

（1）根据科技文件收集范围，结合各项工作开展进度，形成文件收集进度表。例如，项目文件的收集进度表见图 5-8，可在文件产生的同时进行同步收集。

**电网建设项目文件收集进度表（变电部分）**

项目名称：　　　　责任部门：基建部

| 序号 | 分类号 | 归档文件 | 保管期限 | 归档备注说明 | 检查情况 | | | | | |
|---|---|---|---|---|---|---|---|---|---|---|
| | | | | | 应有 √ | 存放地点 | 检查日期 | 红灯 ● | 绿灯 ● | 签名 |
| （三）初步设计批复阶段　资料收集完成时间：1. 计划时间：　2. 实际时间： | | | | | | | | | | |
| 1 | 8××× | 工程初步设计的审查意见及批复 | 永久 | | | | | | | |
| 2 | | 工程初步设计（初步设计说明书、初设图等） | | | | | | | | |
| 3 | | 工程初步设计审批概算书 | | | | | | | | |
| （四）施工招标完成阶段　资料收集完成时间：1. 计划时间：　2. 实际时间： | | | | | | | | | | |
| 1 | 8××× | 三通一平（如道路、进站桥、水电等）工程招标、投标、定评标、中标文件） | 永久 | 扩建工程无需进行三通一平招投标 | | | | | | |
| 2 | | 勘察设计招标、投标（企业情况、经济标、技术标）、定评标及中标文件 | | 招投标文件按招标文件、投标文件、评标过程文件、评标报告及中标通知书顺序排列组卷 | | | | | | |
| 3 | | 施工招标、投标（企业情况、经济标、技术标）、定评标及中标文件 | | | | | | | | |
| 4 | | 监理招标、投标（企业情况、经济标、技术标）、定评标及中标文件 | | | | | | | | |
| 5 | | 工程委托招标、（初步）设计、施工承包、监理等合同及审批表 | | 工程一般无需测试招标，如需测试由省公司负责测试 | | | | | | |
| 6 | | 技术咨询招标、投标（企业情况、经济标、技术标）、定评标及中标文件 | | | | | | | | |

图 5-8　项目文件的收集进度表

（2）制定文件流转跟踪记录表，及时跟踪文件流转过程，避免文件遗失。文件流转跟踪记录表见图 5-9。

（3）集中收集与随时收集相结合。随时收集主要是各种零散科技文件的收集，集中收集，除定期接收归档的科技文件应该集中收集外，还包括结合质量检查和重大活动，以突击方式集中时间、人力进行收集。

### （四）过程监控

（1）根据文件收集进度表和《承包商处罚条例》，可利用信息化手段对项目文件的收集情况进行监控，对不及时收集的单位进行处罚。

| 文件流转跟踪记录表 | | | | |
|---|---|---|---|---|
| 序号 | 收文/发文 | 经办人 | 文件接收时间 | 备注 |
| | | | | |
| | | | | |
| | | | | |
| | | | | |
| | | | | |
| | | | | |

图 5-9 文件流转跟踪记录表

（2）根据项目合同要求，将文件收集进度与工程款或项目进度款的支付挂钩，对未及时收集的单位扣除工程款或延迟支付工程款，保证文件收集齐全、完整和规范。

## 第二节 科技档案整理

档案整理是指按照一定原则对档案实体进行系统分类、组合、排列、编号和编目，使之有序化的过程。科技档案整理流程见图 5-10。

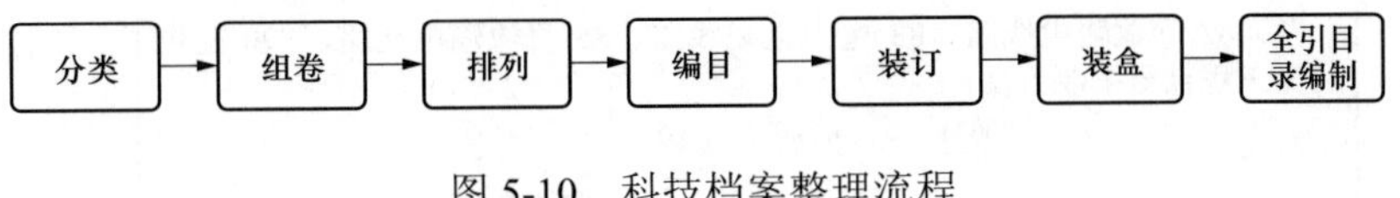


图 5-10 科技档案整理流程

### 一、分类

#### （一）分类原则

科技档案可按照来源、建设阶段、专业性质和特点等进行分类。

#### （二）类目设置

1991 年，原能源部制定并印发《供电企业档案分类表（6～9 大类）》，对于规范供电企业档案分类和提高档案管理水平，起到了重要作用。但是，随着电网建设的发展，该表已不能完全适应供电企业档案分类工作的需要。为适用于现有档案分类的需要，便于掌握和使用，供电企业将科技档案划分为电网建设项目档案、小型基建项目档案、营销项目档案、生产项目档案、调度运行档案、信息化项目档案、科研项目档案七大类，具体二级、三级、四级类目设置参见附录 D。

#### （三）档号编制

档号一般由项目代号、分类号、案卷顺序号 3 组代号构成，用阿拉伯数字标识。各组代号之间用“—”做分隔。档号组成见图 5-11。

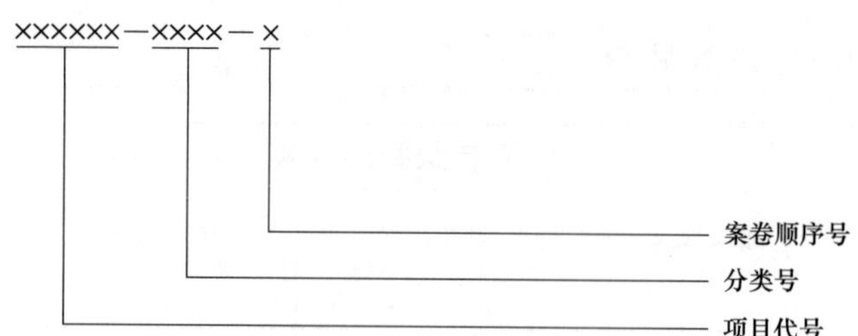


图 5-11　档号组成

供电企业各门类档案档号编制规则见表 5-2。

**表 5-2　　　　供电企业各门类档案档号编制规则**

续表

| 序号 | 档案门类 | 档号编制规则 | 对应管理规范文件 |
|---|---|---|---|
| 1 | 电网建设项目档案 | 项目代号—分类号—案卷号<br>注：项目代号标识方法<br>（1）区分工期的项目：项目代号第一位表示电压等级代码，第二～四位表示项目顺序号，第五～六位表示建设工期，一期工程用“01”表示。<br>（2）不区分工期的项目：项目代号第一位表示电压等级代码，第二～六位表示项目顺序号。<br>例：（1）84 变电站、86 轮流站等工程档号编制方法：<br>5 030 02 — 8431 — 10<br>案卷流水号<br>分类号<br>工期号<br>项目顺序号<br>电压等级代码<br>（工期号、项目顺序号、电压等级代码合为：项目代号）<br>（2）82 交流输电线路、83 电力电缆线路、85 直流输电线路、890 配电网等工程档号编制方法：<br>2 00031 — 8211 — 10<br>案卷流水号<br>分类号<br>项目顺序号<br>电压等级代码 | 《电网建设项目文件归档与档案整理规范》（DL/T 1363—2014） |
| 2 | 小型基建项目档案 | 项目代号—分类号—案卷号<br>例：2017 011 — 870 — 1<br>案卷号<br>分类号<br>项目顺序号<br>立项年度<br>（项目顺序号、立项年度合为：项目代号）<br>注：项目代号第一至四位表示立项年度，第五～七位表示该年度下的项目顺序号 | 《电网建设项目文件归档与档案整理规范》（DL/T 1363—2014） |
| 3 | 营销项目档案 | 项目代号—分类号—案卷号<br>例：2017 011 — 6210 — 16<br>案卷号<br>分类号<br>项目顺序号<br>立项年度<br>（项目顺序号、立项年度合为：项目代号）<br>注：项目代号第一～四位表示立项年度，第五～七位表示该年度下的项目顺序号 | |

续表

| 序号 | 档案门类 | 档号编制规则 | 对应管理规范文件 |
|---|---|---|---|
| 4 | 生产项目档案 | 项目代号—分类号—案卷号<br>例：2017　011 — 630 — 16<br>案卷号<br>分类号<br>项目顺序号<br>立项年度<br>项目代号<br>注：项目代号第一～四位表示立项年度，第五～七位表示该年度下的项目顺序号 | |
| 5 | 调度运行<br>项目档案 | 形成年度（目录号）—分类号—案卷顺序号<br>2017 — 611 — 1<br>案卷顺序号<br>分类号<br>年度（目录号） | |
| 6 | 信息化<br>项目档案 | 项目代号—分类号—案卷号<br>例：2017　011 — 8811 — 16<br>案卷号<br>分类号<br>项目顺序号<br>立项年度<br>项目代号<br>注：项目代号第一～四位表示立项年度，第五～七位表示该年度下的项目顺序号 | 《电网建设项目文件归档与档案整理规范》（DL/T 1363—2014） |
| 7 | 科研项目档案 | 项目代号（项目年度＋项目顺序号）—分类号—案卷顺序号<br>2011　010 — 711 — 16<br>案卷流水号<br>分类号<br>项目顺序号<br>项目年度 | |
| 8 | 设备仪器档案 | 档号结构与基本建设类相同，分类号为9 | 《电网建设项目文件归档与档案整理规范》（DL/T 1363—2014） |

## 二、组卷

组卷就是按一定的原则和方法，将一组具有内在联系的文件，以案卷形式组合在一起的过程。

### （一）组卷原则

（1）按照“谁主办、谁形成、谁归档”的原则，项目管理部门和各参建单位对建设过程中所形成的科技文件材料，按照科技档案要求进行分类组卷。

（2）组卷应遵循科技文件材料形成的规律、工程项目建设阶段性、专业性和成套性特点，保持文件之间的有机联系，区分不同价值，便于保管利用。

（3）将各阶段形成的文件资料根据文件的数量组成一卷或数卷，各卷内容应相对独立完整。

同一卷中文件材料有不同保管期限的，该卷保管期限从长。

（4）独立成册、成套的项目文件资料，应保持其原貌，不宜拆散。

### （二）组卷方法

（1）组卷要遵循项目文件的形成规律和成套性特点，保持卷内文件的有机联系；分类科学，组卷合理；法律性文件手续齐备，符合档案管理要求。

（2）按各阶段、专业、系统或关键过程进行组卷。

（3）电网建设项目档案组卷方法：

1）项目（电网建设、小型基建）前期准备、建设过程管理、竣工验收、试运行、评价等管理性文件，应按阶段、问题、来源、时间组卷。

2）设计文件，应分阶段、专业，按卷册顺序组卷。设计变更文件应按专业、时间顺序组卷，也可以分部工程、单位工程为单位单独组卷，或与有更改的相应图纸一起组卷。

3）施工文件，应按单项工程、单位工程或装置、阶段、结构、专业组卷。

4）调试文件，应按阶段、专业组卷。

5）监理文件，应按类型、专业，结合时间、文种等特征组卷。监理过程中形成的文件应按文种（或专业）、时间整理组卷。例如，变更支付、进度款支付、索赔支付等，应分别单独组卷，同时应把过程文件作为附件一并归档；监理月报或监理简报、监理日志等按时间顺序组卷。

6）试运行文件，按系统、阶段、专业组卷。

7）质量监督文件，应按阶段组卷。

8）原材料、成品和半成品的出厂质量证明文件，应按材料的类别及进货时间顺序组卷。

9）设备文件，应按专业、台套组卷。

10）与第三方签订的合同、协议类文件，有关征地、房屋拆迁、青苗补偿等合同、协议及林木采伐等类文件材料的组卷，以村、镇为单位组卷。

11）竣工文件，竣工图（施工图）根据图纸卷册总目录，按专业、卷册号组卷。如反映同一单位工程的图纸数量少，可组成一卷。

12）重大质量事故处理应单独组卷，应包括事故发生的原因分析、处理方案、实施过程和处理效果等文件材料。

13）案卷及卷内文件不重份；同一卷内有不同保管期限文件的，该卷保管期限从长。例如，新建设变电站工程或线路工程组卷如下：

a．项目前期、建设管理、竣工验收等管理性文件，应按专业性、阶段性、结合问题、时间顺序组卷。立项、征地拆迁、报建、招投标、可行性研究、地质勘探所形成的文件材料按不同问题组成一卷或数卷，如文件较少的可将几个问题组成一卷， 但同一问题形成的文件材料应按按时间顺序或重要程度排列。

b．设计文件应分阶段、专业、按卷册顺序组卷，设计变更文件应按专业、时间顺序组卷，将同一个单项工程、单位工程形成的所有变更通知单集中起来，形成设计变更与竣工图对照一览表，与设计变更通知单、设计变更申请单、预算书和变更图纸组成一卷或数卷。

c．施工文件应按项目、单项工程或设备安装、阶段、结构、专业组卷。例如质量检查及评分记录按单位工程、分部工程、分项工程、检验批的顺序组卷。若同一单位工程形成的施工文件较少，可组成一卷；若数量较多可按分部、分项工程分别组卷。

d．图纸是按结构、专业组成一卷或数卷。若单位工程图纸数量少，可以组成一卷；图纸的厚度超过 6 厘米时，可分开若干卷，每卷分别编制档号，案卷题名在原来的题名后加上（共几卷，第几卷），并在备考表说明原图的序号。具体见图 5-12。

档　　号：500003-8581-12

××**500** 千伏××输变电工程 **500** 千伏××线路工程结构专业 **5D1W1-ZH2** 单回路直线塔竣工图（共 **2** 卷，第 **1** 卷）

| | |
|---|---|
| 立卷单位 | ×××× |
| 起止日期 | 2018.03.13 |
| 保管期限 | 永久 |
| 密　　级 | |

备 考 表

档号：500003-8581-12

互见号：500003-8581-13

说明：

500003-8581-12 卷共有图纸 62 件 66 页。

备注：此卷归档图纸为 500003-8581-12 图纸目录序号 1 至 62 竣工图。

立卷人：

年　月　日

检查人：

年　月　日

（a）

档　　号：500003-8581-13

××**500** 千伏××输变电工程 **500** 千伏××线路工程结构专业 **5D1W1-ZH2** 单回路直线塔竣工图（共 **2** 卷，第 **2** 卷）

| | |
|---|---|
| 立卷单位 | ×××× |
| 起止日期 | 2018.03.13 |
| 保管期限 | 永久 |
| 密　　级 | |

备 考 表

档号：500003-8581-13

互见号：500003-8581-12

说明：

500003-8581-13 卷共有图纸 51 件 51 页。

备注：此卷归档图纸为 500003-8581-12 图纸目录序号63至 113 竣工图。

立卷人：

年　月　日

检查人：

年　月　日

（b）

图 5-12　图纸的组卷方法

（a）图纸的组卷方法 1；（b）图纸的组卷方法 2

14）监理文件应按类型、专业，结合时间、文种等特征组卷。监理文件分为依据性文件和工作性文件。依据性文件主要包括监理大纲、监理规划、监理实施细则，此类文件材料单独成册，可单独组卷。工作性文件主要有监理通知单、会议纪要、监理简报、监理日志、旁站记录等，按时间、文种特征组卷。

15）原材料种类质量证明文件应按种类、进货批次及进货时间顺序组卷。例如，基础钢筋出厂合格证、力学性能及工艺性能检验报告、基础地脚螺栓检测报告、水泥出厂合格证、水泥物理性能分批检验报告、砂检验报告、砖检验报告等进货批次及进货时间顺序组卷。同一种类不同批次的文件可组成一卷，如果数量较多可按种类、批次分别组卷。

16）设备文件应按专业、台套组卷。例如，小型设备的文件材料，由于文件材料不多，可将全部材料组成一个案卷，大、中型设备不仅随机文件材料多，还有设备安装、调试材料，厂家资质等相关文件，全部材料应以台、套为界限分别组卷，这样一台或一套设备的档案组成若干案卷。

（4）生产项目涉及的专业类别较多，其组卷应按专业类别、阶段性、时间顺序进行组卷。

（5）科研项目档案组卷方法：

1）根据科研文件材料内容、价值、数量和载体形式等实际情况，将每个研究课题的科研文件材料进行系统整理。

2）按照科研项目立项等级及科研研究进度所产生的文件材料进行组卷。

3）案卷及卷内文件不重份。

4）同一卷内有不同保管期限文件的，该卷保管期限从长。

5）子课题文件材料宜单独组卷。

（6）信息化项目按照单个项目进行整理，按项目准备阶段、项目管理阶段、项目实施阶段、项目验收阶段顺序，进行项目文件的组卷。

（7）营销项目按建设过程形成规律和有机联系进行组卷。

（8）调度运行档案一般按照调度文件形成的年度，分专业进行组卷。

## 三、排列

排列是指档案经过分类、组卷后进行系统排列的工作，即根据分类方案，确定案卷与卷内文件的前后排列顺序，按成套性特点进行案卷或卷内文件排列。

### （一）案卷排列

案卷排列方法见图 5-13。

### （二）卷内文件排列

（1）卷内文件排列按文件的形成规律、问题、重要程度、时间、阶段顺序排列，如调度运行档案卷内文件一般按时间顺序排列；监理卷内文件按问题、时间顺序排列；报审表按表格顺序号排列；线路验评表按塔号顺序排列。

（2）卷内文件印件在前，定稿在后；正文在前，附件在后；批复在前，请示在后；译文在前，原文在后；审批文件在前，报审文件在后；文件在前，图纸在后排列。

（3）施工图、竣工图按图号顺序排列。

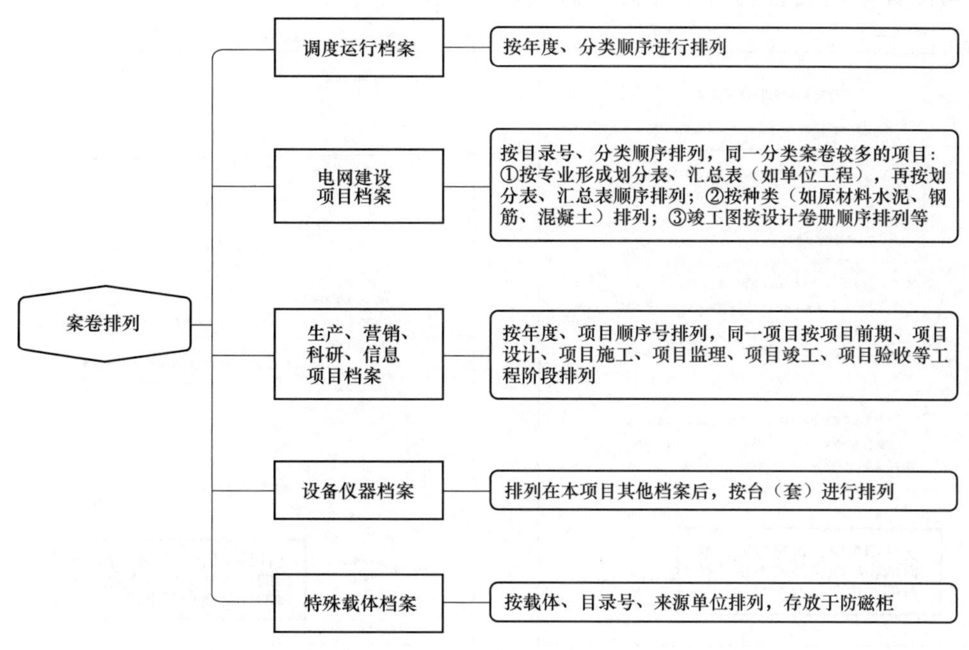


图 5-13　案卷排列方法

（4）设计变更通知单按编号排列， 卷内文件按设计变更通知单一览表、设计变更通知单、附件（预算书、附图）、设计变更申请单或变更依据排列。

（5）材料出厂、进场、复试材料分专业按材料种类、时间顺序排列，卷内文件按原材料跟踪管理记录、原材料进场报审表、出厂质量证明文件、材料复试报审材料等顺序排列。

（6）单位工程文件应按单位工程开工报审、单位工程验收记录、施工记录、相关试验报告及单位工程、分部、分项、检验批质量验收记录等顺序排列。

（7）设备文件按装箱单、质量证明文件、设备技术文件及随机图纸顺序排列，卷内文件应文字在前，图纸在后。

（8）照片、光盘等特殊载体按阶段、时间顺序排列。

## 四、编目

编目是指按照一定的规则进行档案著录的过程。

### （一）文件编页

（1）应在有效内容的页面上编写文件页号。页号位置：单面的，在文件右下角；双面的，正面在右下角，反面在左下角。文件编页示例，见图 5-14。

（2）应按装订形式分别编写页号。按卷装订的，卷内文件应从“1”开始连续编写页号；按件装订的，每份文件从“1”编写页号，件与件之间页号不连续。

（3）装订成册的图样或印刷成册的项目文件，已有页号的，不必另行编写页号。

（4）施工图、竣工图不另行编写页号。

（5）案卷封面、卷内目录、卷内备考表不编写页号。

（6）页码位置不随文件内容书写方向改变而改变。

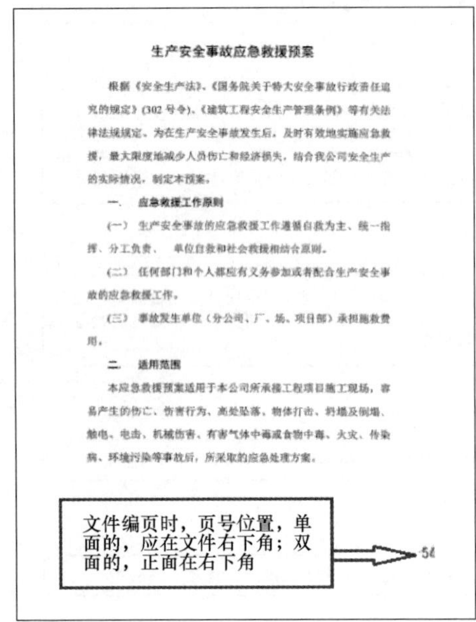

**生产安全事故应急救援预案**

根据《安全生产法》、《国务院关于特大安全事故行政责任追究的规定》(302 号令)、《建筑工程安全生产管理条例》等有关法律法规规定，为在生产安全事故发生后，及时有效地实施应急救援，最大限度地减少人员伤亡和经济损失，结合我公司安全生产的实际情况，制定本预案。

一、 应急救援工作原则

（一） 生产安全事故的应急救援工作遵循自救为主、统一指挥、分工负责、 单位自救和社会救援相结合原则。

（二） 任何部门和个人都应有义务参加或者配合生产安全事故的应急救援工作。

（三） 事故发生单位（分公司、厂、场、项目部）承担施救费用。

二、 适用范围

本应急救援预案适用于本公司所承接工程项目施工现场，容易产生的伤亡、伤害行为、高处坠落、物体打击、坍塌及倒塌、触电、电击、机械伤害、有害气体中毒或食物中毒、火灾、传染病、环境污染等事故后，所采取的应急处理方案。

文件编页时，页号位置，单面的，应在文件右下角；双面的，正面在右下角

54

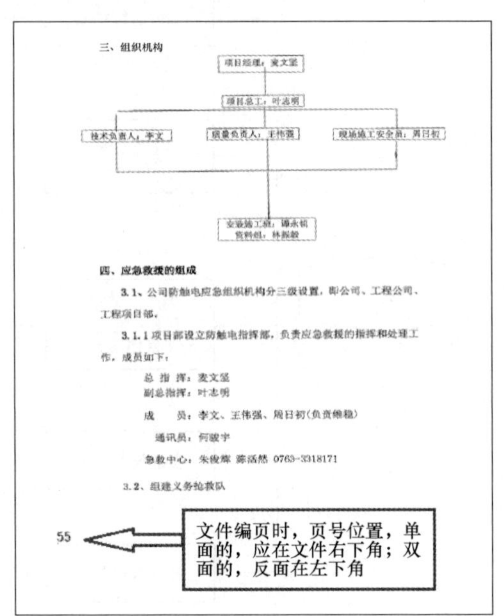

三、组织机构

项目经理：麦文坚

项目总工：叶志明

技术负责人：李文　质量负责人：王伟强　现场施工安全员：周日初

安装施工班：谭永锐
资料组：林振毅

**四、应急救援的组成**

3.1、公司防触电应急组织机构分三级设置，即公司、工程公司、工程项目部。

3.1.1 项目部设立防触电指挥部，负责应急救援的指挥和处理工作，成员如下：

总 指 挥：麦文坚
副总指挥：叶志明
成　　员：李文、王伟强、周日初(负责维稳)
通讯员：何骏宇
急救中心：朱俊辉 陈浩然 0763-3318171

3.2、组建义务抢救队

55

文件编页时，页号位置，单面的，应在文件右下角；双面的，反面在左下角

图 5-14　文件编页注意事项

## （二）档号章编制

按件装订的文件，卷内每件文件首页上方空白处加盖档号章，档号章位置不随文件内容书写方向改变而改变；按卷装订的案卷，可不加盖，图纸档号章应加盖在图样标题栏的右上方或空白处，“档号”填写本案卷的档号，“序号”填写本卷内文件顺序号。档号章格式见图 5-15。

## （三）案卷封面编制

案卷封面采用案卷内封面（大封面）形式，装订的案卷需将案卷封面装订在卷内目录前，不装订的案卷需打印案卷封面放在盒内最前面，档案盒不需再粘小封面。案卷封面编制内容包括档号、案卷题名、立卷单位、起止日期、保管期限及密级。

35　15

| 档　号 | 序号 |
| --- | --- |
| | |

10　10

图 5-15　档号章编制格式

单位：毫米

（1）档号填写本案卷的档号。

（2）案卷题名应简明准确反映卷内文件的内容，主要包括科研课题、建设项目、设备仪器名称或代字（号）、结构、阶段名称、文件类型名称等。项目名称应与批核准名称或调度命名相符；归档外文资料的题名及主要内容应译成中文。监理文件，如监理工程师通知单、监理工作联系单是按专业编号组卷；而监理日志、监理月报、会议纪要等文件是按专业及时间组卷，案卷题名的拟写往往会因卷内文件内容相同而笼统。为了避免题名过于笼统，案卷题名的拟写应标明文件的专业、卷内文件编号的起止段，或时间的起止段等以区别。因项目核准名称过长，造成较薄案卷脊背打印不下，不能反映案卷内容时，可在立卷说明中统一规定标准简化的项目名称。

（3）立卷单位应填写项目文件整理组卷单位的全称或规范化简称。

（4）起止日期应填写案卷内全部文件材料形成的起止日期，包括年、月、日（年度应填写四

位数字）。

（5）保管期限分为永久、定期，其中定期分为 30 年、10 年。

（6）密级，应填写卷内文件的最高密级。

案卷封面具体格式见图 5-16。

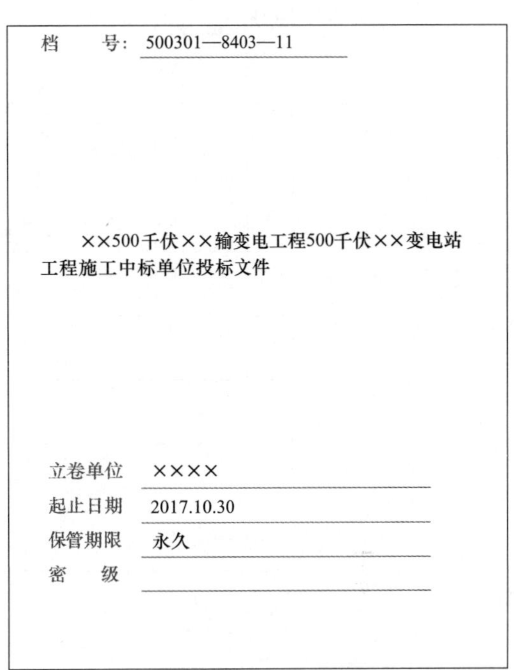


图 5-16　案卷封面具体格式

## （四）卷内目录编制

卷内目录应排列在卷内文件首页之前，卷内目录编制内容包括序号、责任者、文件编号、文件材料题名、日期、页号/页数、备注。《电网建设项目文件归档与档案整理规范》（DL/T 1363—2014）指出，竣工图或印刷成册的项目文件，卷册中有目录的，可不重新编写卷内目录，以原目录代替；卷册中无目录的，应编制卷内目录，但在实际工作中建议全部案卷编制卷内目录。

（1）序号：以一份文件为单位，用阿拉伯数字从“1”起依次标注，各案卷之间的序号不得连续。

（2）责任者：填写文件的直接形成单位（即公章的单位）或个人，应填写文件形成单位的全称或规范化简称。例如，“××供电局”的文件，责任者处不能简单填写为“××局”，有多个责任者时，选择主要责任者或第一责任者，其余用“等”代替。竣工图的“责任者”应填写设计单位，合同文件对签署合同的双方（或多方）具有法律约束力，填写“责任者”时，应填写合同双方的单位名称，若是三方或多方签署的合同，应填写合同主要责任者的全称。报验文件宜填写报验责任单位。

（3）文件编号：应填写文件文号或图样的图号，如公文应填写公文的文号、报审表及验评表应填写表单号、竣工图填写图号、合同填写合同编号、相关证件填写证件编号等。若文件没有编号，可不填写。

（4）文件题名：也称文件标题，填写单份文件材料标题的全称。一般要按文件标题照实抄录，不得随意更改和简化。如没有标题的文件要重新拟写标题，重新拟写的题名应用括号“[　]”括起来；标题不能说明文件内容的，要在标题后用括号“[　]”标注文件提要。建议在单位工程卷内文件题名前加单位工程名称及分部、分项工程、检验批的名称，以方便查询利用。

（5）日期：填写文件最终形成的日期。例如，竣工图日期应填写竣工图章上的日期，验评应以验评程序最后一级责任人签署的时间为最终时间，而原材料复试报告应以出报告的日期为准，不得随意填写。

（6）页号/页数：应按装订形式分别编写；装订成卷的，应填写每份文件起始页号，最后一个文件填写起止页号；按件装订的，应按件填写每份文件的总页数。

（7）备注：可根据实际填写需注明的情况。例如，复印件归档，应注明原件存放位置。

卷内目录具体格式见图 5-17。

卷　内　目　录

档号500003—8534—1

| 序号 | 文件编号 | 责任者 | 文件题名 | 日期 | 页号 | 备注 |
|---|---|---|---|---|---|---|
| 1 | | ××× | 导、地线展放施工检查及评级记录 | 2017-10-23 | 1 | |
| 2 | | ××× | 导、地线直线液压管施工检查及评级记录 | 2017-10-29 | 146 | |
| 3 | | ××× | 导、地线耐张液压管施工检查及评级记录 | 2017-11-3 | 278-420 | |
| | | | | | | |
| | | | | | | |
| | | | | | | |

（a）

卷　内　目　录

档号 500301—8403—11

| 序号 | 文件编号 | 责任者 | 文件题名 | 日期 | 页数 | 备注 |
|---|---|---|---|---|---|---|
| 1 | | ××× | ××500千伏××输变电工程500千伏××变电站工程报价文件[中标单位] | 2017-10-30 | 226 | |
| 2 | | ××× | ××500千伏××输变电工程500千伏××变电站工程商务文件[中标单位] | 2017-10-30 | 154 | |
| 3 | | ××× | ××500千伏××输变电工程500千伏××变电站工程技术文件[中标单位] | 2017-10-30 | 156 | |
| | | | | | | |
| | | | | | | |
| | | | | | | |

（b）

图 5-17　卷内目录具体格式

（a）卷内目录具体格式 1；（b）卷内目录具体格式 2

### （五）备考表编制

备考表编制内容包括档号、说明、立卷人、立卷日期、检查人、检查日期及互见号。

（1）说明：主要标明卷内文件的件数、总页数、各类文件页数（照片张数），以及立卷单位对案卷情况的说明。一般参考“××（档号）卷共有文件（图纸）××件××页”说明案卷情况，特别情况如原材料进厂报审日期早于复检报告日期，应在此说明原因，移交科技文件存在划改情况，如数量较多，原因一致，可在此处说明，另外，存在销毁、移出等，应加以说明。

（2）立卷人应由该案卷组卷人员签名。

（3）立卷日期应填写该案卷组卷完成日期。

（4）检查人应由案卷质量审核者签名。

（5）检查日期应填写审核的日期。

（6）互见号应填写反映同一内容而形式不同且另行保管的档案保管单位的档号，档号后应注明档案载体形式，并用括号括起。

备考表具体格式见图 5-18。

**（六）脊背编制**

案卷脊背编制内容包括保管期限、档号及案卷题名。可根据案卷厚度选择相应尺寸的脊背，一般有 2 厘米、3 厘米、4 厘米、5 厘米、6 厘米，案卷的厚度应充分考虑文件形成的规律和特点，保持卷内文件的有机联系和内容完整，不应为了统一卷盒的厚度对卷盒内容进行拆分。必须使用白乳胶粘贴脊背，不可使用浆糊或胶水，粘贴要求平整、牢固、不起皱。

脊背编制具体格式见图 5-19。

备 考 表

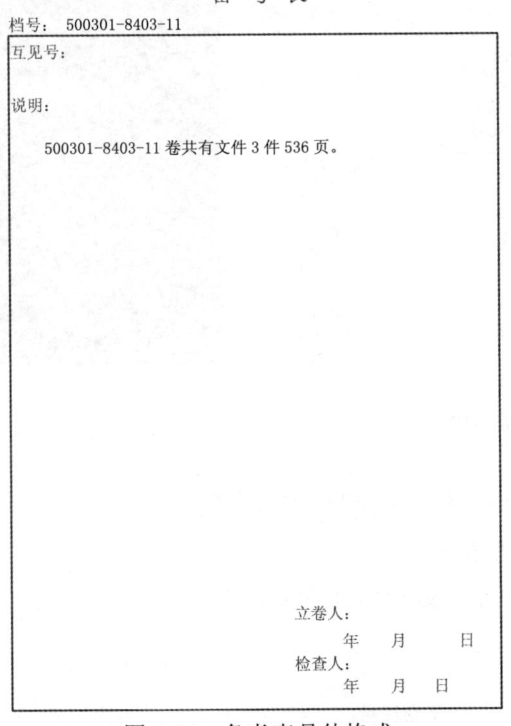
档号： 500301-8403-11

互见号：

说明：

500301-8403-11 卷共有文件 3 件 536 页。

立卷人：

年　月　日

检查人：

年　月　日

图 5-18　备考表具体格式

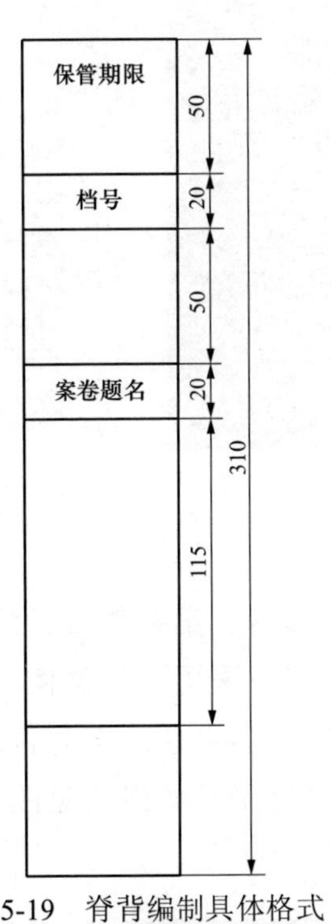


图 5-19　脊背编制具体格式

单位：毫米

## 五、装订

案卷内文件可采用整卷装订或以件为单位装订。案卷装订的顺序是：案卷封面—卷内目录—文件材料—备考表。以件为单位装订的，其科技文件材料要按卷内目录的编排次序排列有序。装订时，应去掉塑胶封皮、金属物（如订书针、大头针等），做到右下齐、无倒面、不漏订，装订在案卷左边。装订要求结实、整齐、美观。可采用直角装订法、“三孔一线”装订法等（具体装订方法参见“综合类档案”）。

## 六、装盒

按件为单位装订文件装盒的先后顺序应为案卷封面、卷内目录、案卷内文件、卷内备考表。

按卷装订的，直接将装订好的案卷装入盒内。案卷脊背根据案卷厚度进行裁切，裁切位置宜在切线内侧，案卷脊背应粘贴在档案盒侧面。文件装盒顺序见图 5-20。

## 七、全引目录编制

全引目录的编制包括立卷说明、案卷目录及对应案卷目录中的卷内目录。

（1）立卷说明应包含下列内容：

1）工程概况：包括工程名称、开工时间、竣工时间、建设单位、设计单位、施工单位、监理单位、运行维护单位、工程造价、工程项目曾用名等。

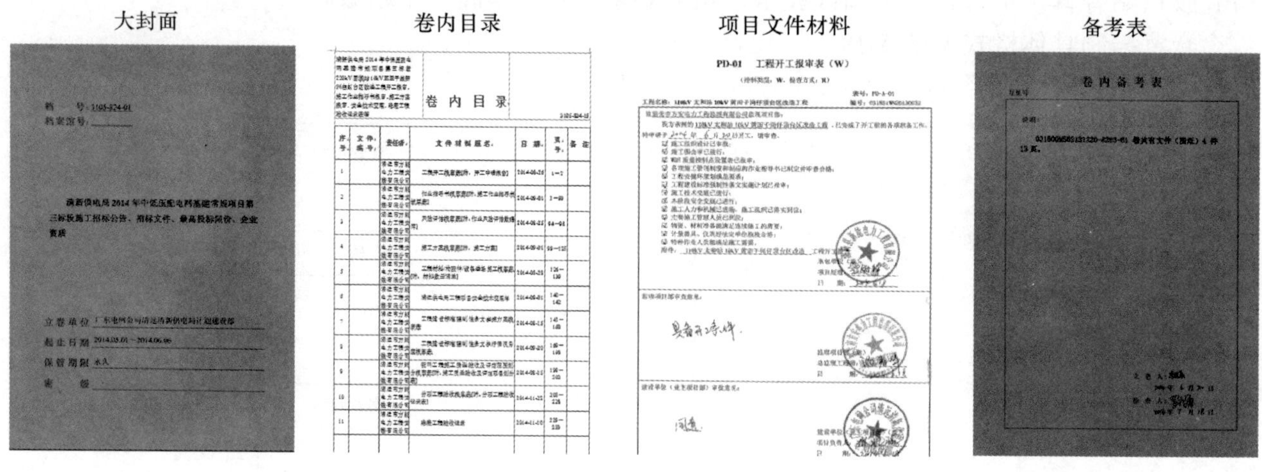


图 5-20　文件装盒顺序

2）立卷依据、案卷数量、信息化程度及保管条件、档案编制有关人员等。

3）标题字体采用二号黑体、正文字体采用三号仿宋体。

（2）编制案卷目录：案卷目录中各项目内容填写需与案卷封面内容一致。

编制案卷目录具体格式见图 5-21。

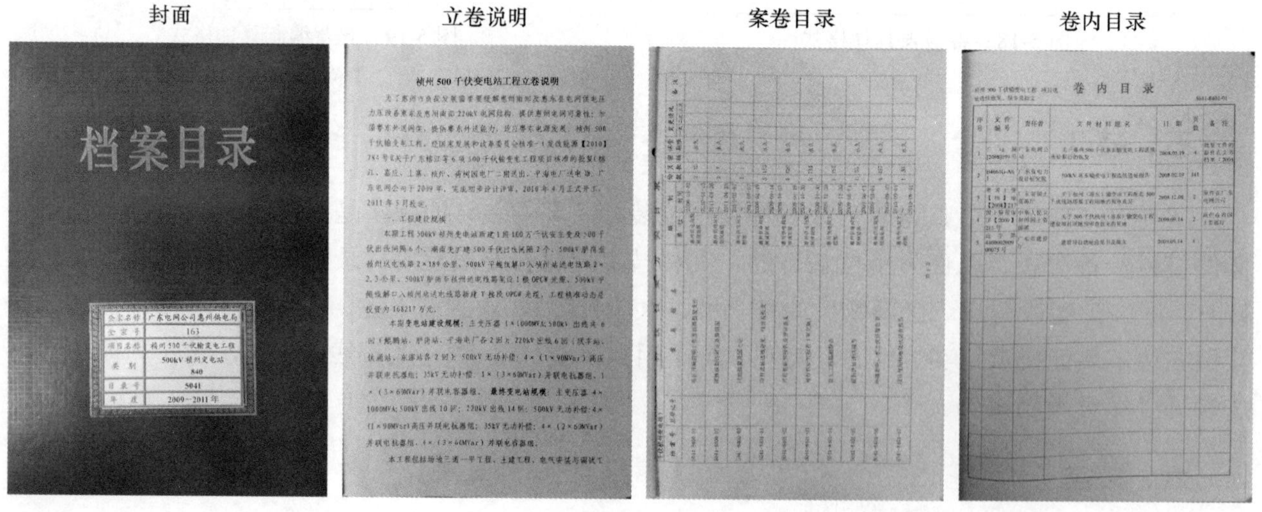


图 5-21　编制案卷目录具体格式

# 第三节　科技档案特殊载体整理

## 一、照片整理

照片档案的整理应保持照片档案的有机联系，区分不同的价值，便于保管和利用。照片档案由底片、照片和文字说明构成。

### （一）收集范围、分类

项目建设原始地形地貌、重大事件及活动中拍摄的具有保存价值的照片、项目建设过程的工程照片列入收集范围。电网建设项目照片主要归档范围及分类见《电网建设项目文件归档与档案整理规范》（DL/T 1363—2014），修理技改、科研、信息项目可参照执行。

### （二）组卷

按照片来源或问题统一进行组卷。

### （三）编目

（1）参照项目纸质文件分类方案和排列顺序，逐张整理编写档号，并可在档号后加照片标识代码 Z 及组号。供电企业照片分调度运行和电网建设项目两种编目。

调度运行档案照片编目如下：

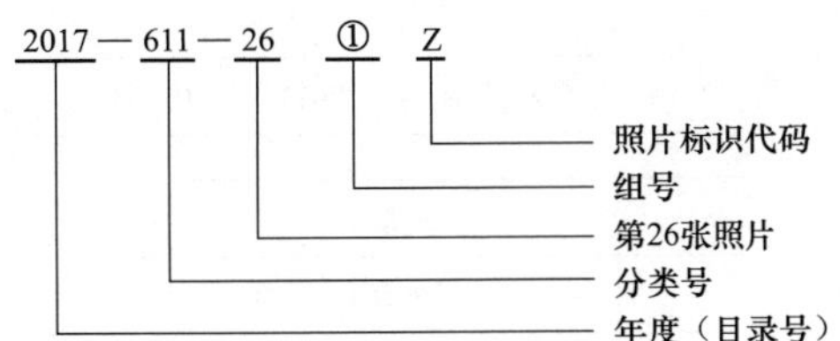


电网建设项目档案照片编目如下：

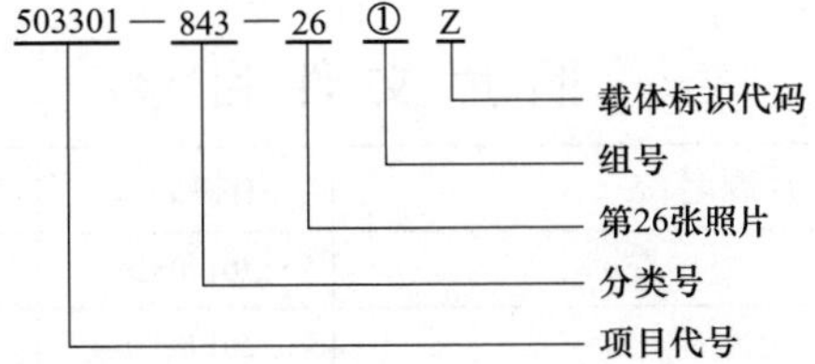


（2）纸质照片档案应按张编目，并在册内标签中著录，填写题名、照片号、互见号，时间、摄影者、备注等，具体内容如下：

1）题名应填写本张照片的主题内容。

2）照片号应填写每张照片的档号。

3）互见号应填写与照片有关联的其他载体的档号。

4）时间应填写拍摄的具体时间。

5）摄影者应填写拍摄人的姓名。

6）备注应填写其他需要说明的内容。

（3）移交单位在每组、册照片前编写本组、册照片的文字总说明，反映本组本事件或工程进度质量的主题内容，文字说明要求简洁、完整、明了，应综合运用事由、时间、地点、人物、背景、摄影者等要素，概括揭示照片影像所反映的全部信息或仅对题名未及内容作出补充。其他需要说明的事项也可在此栏表述，如照片归属权不属于本单位的，应注明照片版权、来源等，一般不超过 200 字。

（4）每册照片档案应编制备考表和册内照片目录，格式见图 5-22～图 5-27。

| 题　名 | 站址原地貌 | 照片号/底片号 | 500501—84—1Z | 光盘号 | | 参见号 | |
|---|---|---|---|---|---|---|---|
| 时　间 | 2014—05—26 | 地点 | ××市××县××镇××村 | 摄影者 | 张三 | 张 数 | 1 |
| 文字说明 | 500 千伏××变电站站址（××市××县××镇××村）地貌 | | | | | | |

图 5-22　照片题名卡说明

| ×××供电局 | | |
|---|---|---|
| 500 千伏××变电站 | | |
| 500501—84—1 卷照片档案收集了 500 千伏××变电站自 2014 年 05 月 28 日开工至 2017 年 01 月 15 日工程竣工投产期间的工程建设照片 60 张，包括基础坑开挖、回填、钢筋绑扎、验模、混凝土浇筑、焊接、监理旁站、见证、成品保护、领导检查、中间验收、安全检查、交安、设备安装调整、电气距离、试验、接地体的焊接、质监大会、竣工投产等工程全过程照片 | | |
| 案 卷 号 | 500501—84—1 | 卷 内 照 片 共 60 张 |
| 保 管 期 限 | 30 年 | |
| 自 2014 年 05 月 起 至 2017 年 01 月 止 | | |

| 全宗号 | 目录号 | 案卷号 |
|---|---|---|
| ××× | 500501 | 1 |

图 5-23　相册首页

## 照 片 文 件 目 录

| 照片号 | 照片题名 | 拍摄时间 | 照片所在页号 | 底片号 | 备注 |
|---|---|---|---|---|---|
| 500501—84—1Z | 站址原地貌 | 20140526 | 1 | | |
| 500501—84—2Z | 站址原地貌 | 20140526 | 1 | | |
| 500501—84—3Z | 首次工程协调会会场 | 20140526 | 2 | | |
| 500501—84—5Z | 首次工程协调会业主项目部经理（左一）讲话 | 20140720 | 2 | | |
| 500501—84—6Z | A 区土方回填碾压施工检查 | 20141118 | 3 | | |
| 500501—84—7Z | 施工图纸会审 | 20150605 | 3 | | |
| 500501—84—8Z | 工程协调会 | 20150610 | 4 | | |
| 500501—84—9Z | 管桩试桩施工检查 | 20150707 | 4 | | |
| 500501—84—10Z | 临建区域概貌 | 20150916 | 5 | | |
| 500501—84—11Z | 高应变检测施工检查 | 20151008 | 5 | | |

图 5-24　照片文件目录

| 照片档案总说明 |
| --- |
| 工程名称：500千伏××变电站 |
| 建设单位：××公司××局 |
| 监理单位：××监理公司 |
| 设计单位：××设计研究院 |
| 施工单位：××公司<br>××公司 |
| 检测单位：××公司 |
| 建设规模：<br>1）500千伏××站按最终规模一次征地，总征地面积10.458 7万平方米，站区围墙内用地5.3701万平方米。<br>2）电气工程：主变压器本期投入2台（2×1000兆伏安）；500千伏接线采用3/2断路器接线方式，本期出线4回；220千伏接线采用双线母线接线方式，上齐备用间隔母侧隔离开关，本期出线10回；35千伏无功补偿采用单母线单元接线，设总断路器，电容器组：2×（3×60兆乏）、电抗器组：2×（2×60兆乏）。<br>工程自2014年05月28日开工至2017年01月15日竣工投产，为了反映工程设过程情况，挑选了60张作为工程档案照片。其中，原貌2张、会议17张、文隐明施工20张、安全检查3张、隐蔽工程11张、全景2张、竣工验收投产2张、领导检查工作3张 |

图5-25　照片档案总说明

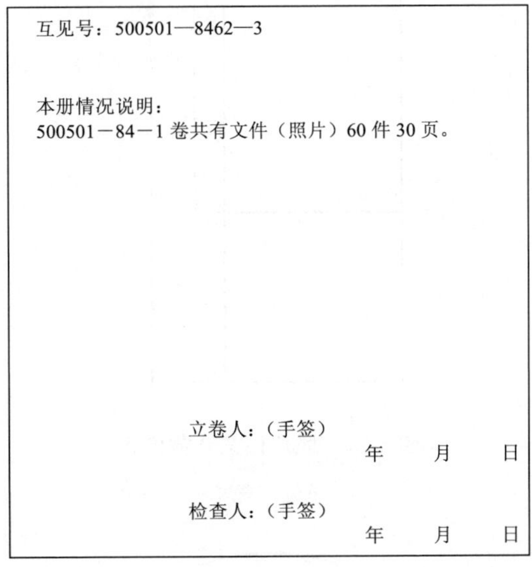

备　考　表

档号：500501—84—1

互见号：500501—8462—3

本册情况说明：

500501－84－1卷共有文件（照片）60件30页。

立卷人：（手签）

年　　月　　日

检查人：（手签）

年　　月　　日

图5-26　备考表

## 二、电子文件整理

归档的电子文件应与纸质文件保持一致（保密件除外），电子文件、系统上报数据及其形成的技术环境、相关软件、版本、数据类型、格式、被操作数据、检测数据等相关信息脱机存储在耐久性好、可长期储存的只读光盘、一次性写入光盘中，归档光盘技术要求应符合《电子文件归档光盘技术要求和应用规范》（DA/T 38—2008）的规定。储存载体按“目录号—分类号（到二级类目）—光盘顺序号”编号并进行标识，注明编号、保管期限、制作日期等信息。光盘档案编制见图5-28～图5-30。

如果项目光盘数量多或者整个输变电工程光盘统一组卷时，可采用光盘档案盒存放（容放 20 张），光盘册首页、册内光盘目录、总说明、备考表、脊背格式及说明参照照片档案，卷号可随照片之后。光盘题名卡见图 5-32。

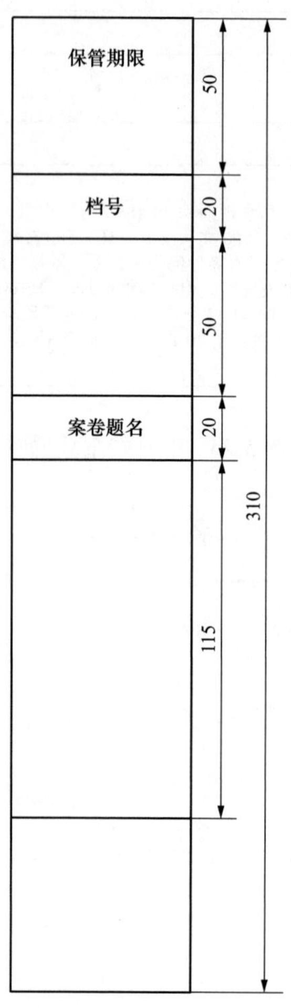


图 5-27　照片档案脊背样式

单位：毫米

图 5-28　光盘盘面

## 三、录音、录像整理

科技项目过程形成的录音、录像需整理归档，按“目录号—分类号（到二级类目）—录像（录音）顺序号”编号并进行标识，注明编号、保管期限、制作日期等信息。磁性载体文件目录清单见图 5-32。

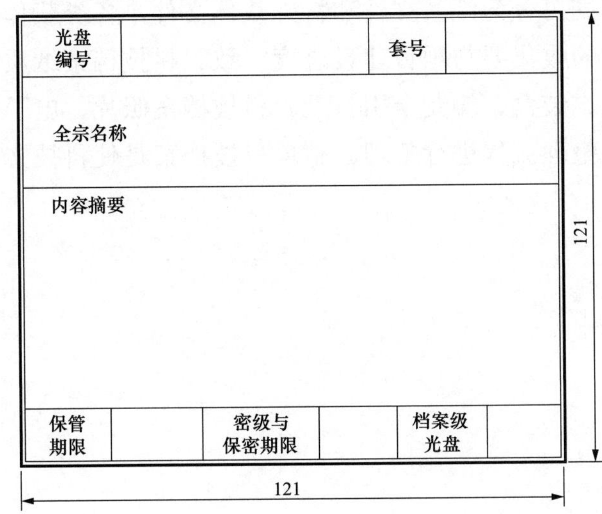


图 5-29　盘盒纸封面标签

单位：毫米

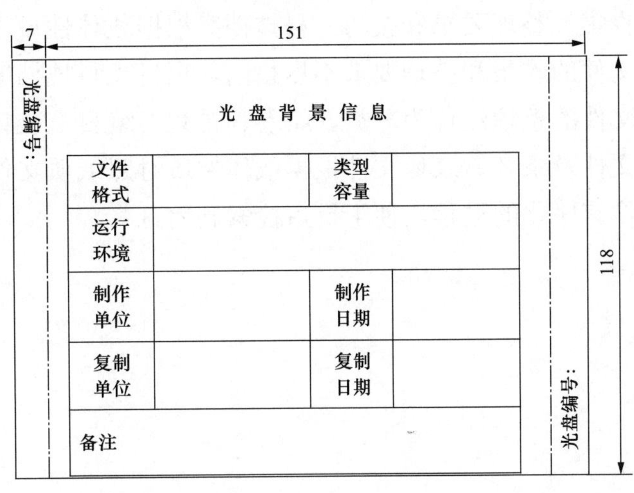


图 5-30　盘盒纸封底标签

单位：毫米

| 全宗号 | |
|---|---|
| 目录号 | 500501 |
| 分类号 | 84 |
| 卷 号 | 2 |
| 盘 号 | 10 |
| 光盘名称 | 500千伏××变电站电气部分竣工图 |
| 刻录人 | ××× |
| 刻 录 时 间 | 20170326 |

注：①盘号为光盘的顺序号；②刻录人署上单位名称。

图 5-31　光盘说明（光盘盒）

磁性载体文件目录清单

盘带号：

| 序 号 | 文 件 名 | 题 名 | 档 号 |
|---|---|---|---|
| | | | |

图 5-32　磁性载体文件目录清单

## 本章小结

本章介绍了科技档案的收集和整理过程。通过学习本章，我们能够了解供电企业科技档案的收集、整理要求和技巧。科技档案根据载体性质不同可分为纸质文件和特殊载体文件，各类载体文件的收集和整理要求不尽相同，项目类科技档案的收集要与项目建设进度一致。科技档案纸质文件的整理流程为分类、组卷、排列、编目、装订、装盒、编制全引目录。科技档案照片、电子文件及录音、录像文件根据载体性质对照纸质文件整理流程进行整理。整理科技档案是使科技文件有序化的过程，便于日后检索利用。

# 第六章　科技档案常见问题与解决办法

## 第一节　科技档案收集的常见问题与解决办法

### 一、项目前期文件的收集

项目前期文件一直是项目文件收集的难点之一，特别是建设项目，生产项目、营销项目需要施工的，也需要参考建设项目拿到相关前期文件。由于前期文件是项目合法合规的依据，因此前期文件也是项目文件收集的重点。根据实际情况，项目前期文件收集主要有几个问题：①由于项目前期需要与政府规划部门、住建部门、环保部门、水利部门、国土部门等多个部门有公文往来，办理各种证件、批复，因此文件办理难度大；②各个政府部门都有乡镇、县（区）、市、省等多个层级，因此办理前期文件的回复周期较长；③各种政策不仅时常变化，而且各地方要求会不同，导致没有统一固定的收集范围可以参考；④多种往来文件出于减少公司内部流转周期的考虑，多走系统外流程，导致文件收集范围较广，加大收集难度。因此，项目前期文件多存在收集不齐全的问题。

#### （一）重点关注

（1）必不可少的前期工作产生的文件有无归档。计划部门开展的前期工作包括选址选线、可行性研究、环境影响评价、水土保持、用地预审、节能评估、社会稳定风险评估、备案/核准。备案/核准后，项目移交给基建部门跟进办理工程建设许可及用地等有关文件。

（2）文件是否闭环。批复文件必须有对应的请示文件。文件附件必须齐全，附件中的文件已经在其他卷归档的，需要在卷内备考表中说明。文件正文中提到的其他相关文件必须收集。文件正文中提到的问题必须闭环。

（3）证件办理、开工时间是否在批复文件有限期内。证件办理、开工时间的有效期见表 6-1。

表 6-1　　证件办理、开工时间的有效期

| 前期项目 | 办理时间 | 有效期 |
| --- | --- | --- |
| 环境影响评价 | 1．500 千伏项目可研批复后 40 个工作日内完成环评报告；<br>2．220 千伏及以下项目在可研批复后开展环境评价工作 | 批复后 5 年内开工有效 |
| 水土保持 | 1．500 千伏项目可研批复后 40 个工作日内完成水土保持报告；<br>2．220 千伏及以下项目在可研批复后开展水土保持工作 | |
| 用地预审 | | 预审批复后 2 年内办理用地报批有效 |

续表

| 前期项目 | 办理时间 | 有效期 |
|---|---|---|
| 节能评估 | 500 千伏、220 千伏及以下跨地市项目在可研批复后开展节能评估工作 | 与项目核准或备案有效期一致 |
| 备案 | 1. 500 千伏、220 千伏及以下跨地市项目在可研批复后上报省发改委备案；<br>2. 220 千伏及以下非跨地市项目在可研批复后上报地市发改委备案 | 备案证批准后 2 年内开工有效，有效期届满前 30 日前申请延期 |
| 核准 | 1. 500 千伏、220 千伏及以下跨地市项目在可研批复后上报省发改委核准；<br>2. 220 千伏及以下非跨地市项目在可研批复后上报地市发改委核准 | 核准批复后 2 年内开工有效，有效期届满前 30 日前申请延期 |

**注** 表中数据因政策变化而变动。

## （二）操作方法

（1）组卷：前期文件按照问题结合来源组卷，文件较少的可将几个来源组成一卷，以电网建设项目为例，前期文件的来源见表 6-2。

**表 6-2** 前期文件的来源

| 分类号 | 前期项目 | 500 千伏以上跨省 | 500 千伏、220 千伏及以下跨地市 | 220 千伏非跨地市 | 110 千伏以下及非跨地市 |
|---|---|---|---|---|---|
| 8X01 | 备案（发改部门） | 1. 项目备案证；<br>2. 招标意见 | 1. 项目备案证；<br>2. 招标意见 | 1. 项目备案证；<br>2. 招标意见 | 1. 项目备案证；<br>2. 招标意见 |
| 8X01 | 核准（发改部门） | 1. 核准申请报告；<br>2. 核准请示文；<br>3. 核准批复 | 1. 核准申请报告；<br>2. 核准请示文；<br>3. 核准批复 | 1. 核准申请报告；<br>2. 核准请示文；<br>3. 核准批复 | 1. 核准申请报告；<br>2. 核准请示文；<br>3. 核准批复 |
| 8X01 | 工程建设许可 | 1. 建设工程规划许可证；<br>2. 建设用地规划许可证；<br>3. 施工许可证 | 1. 建设工程规划许可证；<br>2. 建设用地规划许可证；<br>3. 施工许可证 | 1. 建设工程规划许可证；<br>2. 建设用地规划许可证；<br>3. 施工许可证 | 1. 建设工程规划许可证；<br>2. 建设用地规划许可证；<br>3. 施工许可证 |
| 8X01 | 用地（国土部门） | 1. 用地批准文件；<br>2. 土地使用证、产权证 | 1. 用地批准文件；<br>2. 土地使用证、产权证 | 1. 用地批准文件；<br>2. 土地使用证、产权证 | 1. 用地批准文件；<br>2. 土地使用证、产权证 |
| 8X02 | 选址选线（住建部门审批） | 1. 选址选线报告（审定版）；<br>2. 选址选线报告的审查会议纪要；<br>3. 住建部门的选址批复；<br>4. 选址意见书及附图；<br>5. 线路路径批复 | 1. 选址选线报告（审定版）；<br>2. 选址选线报告的审查会议纪要；<br>3. 住建部门的选址批复；<br>4. 选址意见书及附图；<br>5. 线路路径批复 | 1. 选址选线报告（审定版）；<br>2. 选址选线报告的审查会议纪要；<br>3. 住建部门的选址批复；<br>4. 选址意见书及附图；<br>5. 线路路径批复 | 含在可研报告中 |
| 8X02 | 可行性研究（系统内部审批） | 可行性研究报告（审定版）及批复 | 可行性研究报告（审定版）及批复 | 可行性研究报告（审定版）及批复 | 可行性研究报告（审定版） |
| 8X02 | 环境影响评价（环境部门审批） | 1. 环境影响报告书（报批稿）；<br>2. 广东省辐射检测中心评估意见；<br>3. 沿线各地环境部门初审意见；<br>4. 省环保厅批复文件 | 1. 环境影响报告书（报批稿）；<br>2. 广东省辐射检测中心评估意见；<br>3. 沿线各地环境部门初审意见；<br>4. 省环保厅批复文件 | 1. 环境影响报告书（报批稿）；<br>2. 环境评估机构（需要有资质）评估意见；<br>3. 沿线各地环境部门初审意见；<br>4. 地市环境局批复文件 | 1. 环境影响报告书（报批稿）；<br>2. 环境评估机构（需要有资质）评估意见；<br>3. 沿线各地环境部门初审意见；<br>4. 地市环境局批复文件 |

续表

| 分类号 | 前期项目 | 500千伏以上跨省 | 500千伏、220千伏及以下跨地市 | 220千伏非跨地市 | 110千伏以下及非跨地市 |
|---|---|---|---|---|---|
| 8X02 | 水土保持（水利部门审批） | 1．水土保持方案报告（报批稿）；<br>2．水保批复文件 | 1．水土保持方案报告（报批稿）；<br>2．水保批复文件 | 1．水土保持方案报告（报批稿）；<br>2．水保批复文件 | 1.水土保持方案报告（报批稿）；<br>2．水保批复文件 |
| 8X02 | 用地预审（国土部门审批） | 1．用地（含塔基用地）预审批复；<br>2.站址线路塔基压覆矿产审查意见或查询结果（省、市、县）；<br>3．地质灾害评估报告；<br>4．地质灾害评审意见；<br>5．地质灾害备案证明；<br>6．压覆文物审查意见；<br>7.地震安全性评估报告 | 1．用地（含塔基用地）预审批复；<br>2．站址线路塔基压覆矿产审查意见或查询结果（省、市、县）；<br>3.地质灾害评估报告；<br>4.地质灾害评审意见；<br>5.地质灾害备案证明；<br>6.压覆文物审查意见；<br>7．地震安全性评估报告 | 1.用地（含塔基用地）预审批复；<br>2．站址线路塔基压覆矿产审查意见或查询结果（省、市、县）；<br>3.地质灾害评估报告；<br>4.地质灾害评审意见；<br>5．地质灾害备案证明 | 用地预审批复 |
| 8X02 | 节能评估（发改部门） | 1．节能评估报告；<br>2．节能评估审查意见 | 1．节能评估报告；<br>2．节能评估审查意见 | | |
| 8X02 | 社会稳定风险评估（发改部门） | 1.社会稳定风险评估报告（报批稿）；<br>2.社会稳定评估审查意见 | 1．社会稳定风险评估报告（报批稿）；<br>2．社会稳定评估审查意见 | | |

注　①分类号标准《电网建设项目文件归档与档案整理规范》（DL/T 1363—2014），其中“X”为“1，2，3，4…”；②项目备案或者核准根据规定选择其中之一。

（2）文件排序：正式在OA（Office Automation，办公自动化）系统中运转的收发文，归入文书档案中，在项目档案归档文件关联表，并在前期文件的卷内备考表中对相关文件进行说明。备考表的说明可参考：项目用地预审文件的相关文件，见××卷内的归档文件关联表中序号为×—×的文件。

（3）归档文件关联表：表中文件分类排序应与前期文件组卷顺序一致，相同来源的文件再按照时间先后顺序排列。关联表样式见图6-1。

**归档文件关联表**

| 序号 | 责任者 | 文号 | 文件题名 | 页数 | 档号 | 备注 |
|---|---|---|---|---|---|---|
| | | | | | | |
| | | | | | | |

图6-1　关联表样式

### （三）引用标准

引用标准为《电网建设项目文件归档与档案整理规范》（DL/T 1363—2014）。

## 二、项目招投标文件的收集

所有项目都会产生招投标文件，电网建设项目中涉及的招投标工作主要包括前期工作招标、设计、施工、监理招标和物资招标，分别由计划部、基建部和物资部负责。另外，由于各部门管理差异，不同电压等级或不同项目金额的项目招投标责任主体不同，如某公司电网建设项目 110 千伏的前期工作招标由各建设单位负责，而 110 千伏项目设计、施工、监理单位招标在省级电网公司基建部。各类差异导致在收集招标文件时存在难度，也容易出现收集不齐全等问题。

### （一）重点关注

（1）检查招标文件是否收集齐全，电网建设项目需要随项目归档的包括前期工作招标和设计、施工、监理单位招标、各类其他专项（三通一平、绿化等，非必须）招投标文件。

（2）检查招标文件是否原件归档。

（3）检查施工、监理投标文件中的人员是否与现场人员一致（现场人员签名），特别是总监和项目经理，若不一致是否经建设单位（业务项目部）书面同意。

### （二）操作方法

（1）组卷。建议分为 4 类招投标文件组卷：①前期工作招投标文件，含可研、勘察、选址选线等招投标文件；②设计、施工、监理招投标文件；③专项招投标文件；④物资招投标文件在物流服务部门归档，在项目中归档关联表。

（2）文件排序。建议按照时间顺序对文件进行排序，由于实际工作开展时间问题导致主件和附件必须分开组卷的，建议在备考表中注明附件所在的案卷信息。

（3）招投标文件至少包括：①招标方案审批表；②招标方案及附件；③招标公告（加盖公章）；④招标文件审批表；⑤发售版招标文件及附件；⑥最高限价文件（施工招标）；⑦招标公告（网站截图或报纸）；⑧评标专家抽取结果表；⑨评标报告及附件；⑩中标结果（评标报告）审批表；⑪中标公示（网站截图或报纸）；⑫中标通知书；⑬中标单位投标文件；⑭第一未中标单位投标文件。

### （三）引用标准

引用标准为《电网建设项目文件归档与档案整理规范》（DL/T 1363—2014）。

## 三、项目涉及资金使用的文件

各类项目是审计的重点，审计的重点又是项目资金使用情况，因此在收集项目文件时，要重点关注项目资金使用文件是否收集齐全，并且把好文件真实完整性关口。

### （一）重点关注

（1）涉及施工、占地的，要检查用地补偿文件、青苗赔偿文件是否收集齐全。用地补偿或青苗赔偿工作一般有 3 种开展方式：第一种是由建设单位委托给当地政府部门开展，这样的方式必须收集委托协议，并按照协议规定收集其他文件；第二种是由建设单位委托施工单位开展，这样的方式必须收集委托协议，并且建议在协议中写明施工单位需要将与村民（或村委会）的协议、相关人员的身份证复印件、收据和资金使用明细一并移交建设单位；第三种是由建设单位自行开展，这样的方式必须收集与村民（或村委会）签订的协议，相关人员的身份证复印件和收据。

（2）招投标文件、合同、建设单位结算中的工程量是否一致，不一致的需要有合法的支撑文件。

（3）“五算”是否符合逻辑：决算金额不大于结算金额，结算金额不大于施工图预算金额，施工图预算金额不大于初步设计概算金额，初步设计概算金额不大于可研估算金额。凡有超出需要经过相应的调整流程。特别是超可研估算的，要计划部门调整可研，基建部门调整初设批复。

（4）进度款支付文件是否收集齐全，支付方式是否与合同约定一致，每笔支付金额是否经过工程量完工确认。

（5）监理单位审核进度款支付文件不宜采用直接划改方式，应在已完工工程量统计清单及工程价款计算书中增加监理单位审核列，若监理无修改意见可直接划去空格，若监理单位有修改意见，则将修改后的内容填入审核列中，并出具工程款支付证书。

（6）结算文件中的设计变更单、工作量签证单等与归档的是否一致，包括数量、金额和内容等。

### （二）操作方法

以电网建设项目为例。

（1）组卷。

1）用地补偿协议和青赔协议存入合同档案，在项目档案中归档合同关联表，并在用地补偿文件和青赔文件的卷内备考表中注明合同关联表所在的案卷和相关协议的序号。

2）所有结算文件要尽量组在连续的案卷中。工程总体结算报告放入变电站工程中。

3）归档的进度款支付文件或结算文件若有手改痕迹，应在案卷卷内备考表中说明修改情况，并经责任人签字确认。

（2）文件排序。

1）用地补偿文件和青赔文件形成明细表放在最前面，青赔文件按照塔基顺序排列，并将一个村的放在一起。

2）进度款支付文件按照支付时间顺序排列。

### （三）引用标准

引用标准为《电网建设项目文件归档与档案整理规范》（DL/T 1363—2014）。

## 四、土建原材料质量文件的整理

由于工程土建原材料材料数量多、种类杂，不方便跟踪使用情况，但是原材料的质量直接影响到工程质量，因此对原材料质量证明文件真实性的把握很重要。但在原材料质量证明文件的收集过程中经常出现以下几个问题：①各类原材料报审混在一起，导致无法准确查找到某类材料的报审记录；②每类原材料未按批次组在一起，导致无法确认所有进场使用的原材料报审文件是否收集齐全。

### （一）重点关注

（1）原材料使用跟踪记录表中的原材料是否都已经按要求报审。

（2）原材料复检报告中的数量、型号、使用部门与报审文件是否一致。

（3）原材料报审时间与自检时间、复检报告、监理见证时间逻辑是否正确，正确的顺序应该是自检时间早于监理见证时间、早于复检报告时间、早于进场报审时间。

（4）检测单位资质是否报审，检查复检报告是否加盖检测单位专用章和 CMA（Certified Management Accountant，美国注册管理会计师）计量认证章。

（5）水泥复检报告是否 3 天、28 天均已归档。

（6）混凝土砂浆配合比试验报告是否 7 天、28 天均已归档。

（7）混凝土试压件报告同条件养护和标准养护均已归档。

（8）原材料送检时间与监理单位见证取样时间是否一致，原材料进场时间是否与材料使用时间（检验批时间）一致。

（9）原材料质量证明文件是否加盖供应商红章。

（10）原材料供货商资质有无报审。

（11）见证取样送检记录与试品/试件试验报告是否一一对应。

### （二）操作方法

（1）规范报审文件编号。根据基建部门的编号规则进行编号，例如，变电站工程第一份水泥供货单位资质报审表，编号为BD—×××（工程编号）—水泥—0001。

（2）组卷。建议涉及原材料报审可以分为3类组卷，主要是：

1）试验/供货单位资质报审。每类原材料供应商放在一起。

2）原材料报审。每类原材料按照种类放在一起，每个种类中再按照批次排序。

3）土建原材料检测/试验报告。主要包括回填土压实系数检测报告、回填土含水率检测报告、混凝土砂浆配合比试验报告、混凝土试压件报告、钢筋接头模拟焊接试验报告、钢筋焊接试验报告、钢结构摩擦面的抗滑移系数检测报告、结构实体钢筋保护层厚度检测报告、外墙饰面砖黏结强度检测报告。每类检测/试验报告放在一起，每个种类中再按照批次顺序排列。

如果文件较多，每类文件可分多卷，并在案卷题名中写明是哪些原材料的文件。例如，钢筋和水泥的进场报审文件组为一卷，那么建议此卷的案卷题名为：××输变电工程××工程钢筋、水泥进场使用报审文件。其他原材料文件类似。

（3）文件排序。每类原材料进场报审文件卷内文件的排序建议如下：

1）构/配件、成品/半成品进场报审文件，出厂质量证明文件，自检报告，复试报告。

2）钢筋、水泥、商品混凝土、沙石原材料使用跟踪记录表，一个种类一份，放在此类所有批次原材料进场报审文件的最前面，接着是原材料进场报审文件、出厂合格证、出厂质量证明文件、自检报告、复检报告。

3）防水材料、防火材料、保温材料进场报审文件，出厂质量证明文件，自检报告，复检报告。

4）门窗、玻璃、石材、饰面砖、涂料、黏结材料、焊接材料、幕墙用铝塑板、低压配电电缆、节能环保材料进场报审文件，出厂质量证明文件，自检报告，复检报告。

### （三）引用标准

引用标准为《电网建设项目文件归档与档案整理规范》（DL/T 1363—2014）。

## 五、判断工程验评文件是否齐全的方法

工程验评文件的产生由单位（子单位）工程、分部（子分部）工程、分项工程及检验批组成。其中，检验批批次较多存在区域划分不齐全或验评划分不到位，容易造成收集不齐全现象。

### （一）重点关注

（1）施工图或竣工图。

（2）土建工程质量验收及评定项目划分。

（3）变电电气工程（电气安装、电气试验、继电保护）质量验收及评定项目划分。

（4）通信工程质量验收及评定项目划分。

（5）线路工程质量验收及评定项目划分。

### （二）操作方法

（1）根据各专业已审批的质量验收及评定项目划分表，对应每个单位（子单位）工程、分部（子分部）工程、分项工程及检验批逐项对应检查是否收集齐全。

（2）以图纸核对质量验评划分表。

（3）根据施工合同确认工程范围有多少个专业，如土建、电气、通信、消防等。

### （三）引用标准

引用标准为《10～500kV 输变电及配电工程质量验收与评定标准》。

## 六、检查竣工图真实完整性的方法

竣工图是后续利用率最高的档案之一，是支持运行检修的重要材料，但是在实际工作中，现场情况复杂，竣工图有可能未修改到位，因此在归档竣工图时认真核查是否修改到位至关重要。

### （一）重点关注

（1）与图纸相关的各类文件，包括但不限于：施工图审查、设计变更通知单、设计变更联系单、工作联系单、各类会议纪要、现场验收记录、调试记录中凡是涉及需要修改竣工图的，需要一一核对竣工图是否按要求修改到位。特别是容易遗忘的工作联系单和会议纪要。

（2）各类设备型号、数量、规格重点检查，如施工图（设备材料清册）是否与竣工图一致、不一致的是否有支撑文件。

（3）涉及隐蔽工程的重点检查，如管道位置、长度等是否修改到位，特别是细致的变化点。

（4）设计变更通知单是否含变更前后的预算书，以方便对照变更费用。

（5）竣工图是否有竣工图编制总说明和各专业的编制说明。

（6）设计变更联系单是否都有对应的设计变更通知单。

（7）设计变更的审批流程是否合法。各单位按要求签署并加盖公章，重大设计变更需监理单位技术负责人签字。设计变更类型、变更金额要求、批复主体见表 6-3。

**表 6-3　设计变更类型、变更金额要求、批复主体**

| 设计变更类型 | 变更金额要求 | 批复主体 |
|---|---|---|
| 重大设计变更 | 1．20 千伏及以下变更金额大于等于 50 万元；<br>2．110 千伏及 35 千伏变更金额大于等于 100 万元；<br>3．220 千伏变更金额 200 万元；<br>4．500 千伏及以上变更金额大于等于 400 万元 | 1．110 千伏及以下，建设单位主任或技术主管批复；<br>2．500 千伏省内、220 千伏及跨地市项目，省级电网公司分管领导批复；<br>3．500 千伏跨地市及以上省级电网公司的上级主管单位批复 |
| 一般设计变更 | 1．20 千伏及以下变更金额 10 万～50 万元；<br>2．110 千伏及 35 千伏变更金额 20 万～100 万元；<br>3．220 千伏变更金额 30 万～200 万元；<br>4．500 千伏及以上变更金额 40 万～400 万元 | 建设单位主任或技术主管 |
| 小型设计变更 | 1．20 千伏及以下变更金额小于等于 10 万元；<br>2．110 千伏及 35 千伏变更金额小于等于 20 万元；<br>3．220 千伏变更金额小于等于 30 万元；<br>4．500 千伏及以上变更金额小于等于 40 万元 | 业主项目部项目经理 |

注　此表以某公司的规定为例。

### （二）操作方法

1. 设计变更通知单管理

（1）规范设计变更通知单编号，并且不断号。

（2）设计单位出具一份设计变更与竣工图修改对照一览表（适用于设计单位），施工单位出具一份设计变更与竣工图修改对照一览表（适用于施工单位），一览表上需要注明竣工图编号。

（3）文件排列顺序：设计单位出具的设计变更与竣工图修改对照一览表（适用于设计单位），施工单位出具的设计变更与竣工图修改对照一览表（适用于施工单位），设计变更通知单（按编号顺序）、设计变更通知单附件、设计变更联系单（如有）。

2. 工程联系单管理

（1）工程联系单不断号。

（2）形成工程联系单一览表，有涉及竣工图修改的需要在一览表中注明竣工图号，没有的用“/”划掉。

### （三）引用标准

引用标准为《电力工程竣工图文件编制规定》（DL/T 5229—2016）。

## 七、项目设备监造文件未归档

目前，主要设备采购按要求需要组建监造项目部，派驻专人进行监造，并形成监造工作方案、实施监造、编制监造报告等，并在监造完成后归档备案监造结果。但是，在项目档案中却未归档相关设备监造文件，造成设备监造文件的整体缺失，对项目档案的完整性极为不利。

### （一）重点关注

项目是否按进度施工、监造单位是否确定、工程物资到货通知单是否下达。

### （二）操作方法

基建部门根据项目进度，形成××供电局物资到货通知单发给物流部门依据通知单进行招标或自行监造，档案部门可按通知单监控该项目监造资料归档。

### （三）引用标准

引用标准为《电网建设项目文件归档与档案整理规范》（DL/T 1363—2014）。

## 八、项目科技创新、奖项文件未归档

项目竣工验收后，各项评优工作陆续开展，但是对科技创新文件和奖项文件收集不及时，导致后期无法查阅到项目中的新技术，或追溯项目的各种奖励。

### （一）重点关注

（1）项目中使用的新技术、新工作、新流程、新装备等文件，需要注意收集。特别是项目申请的各种专利、科技成果、优秀设计成果、QC（quality control，质量控制）成果等。

（2）奖项文件至少应该归档评奖报告和奖项批复文件，并与荣誉实物档案建立互见关系。

（3）目前电网建设项目评优主要包括电力优质工程奖、国家优质工程奖、鲁班奖。项目档案方面的奖项包括广东省重大建设项目档案金册奖。

### （二）操作方法

（1）在各类评奖结束后，评奖相关文件建议在 7 个工作日内归档。

（2）档案室接收荣誉实物档案时，建议明确文字材料是否已经随项目归档。

### （三）引用标准

引用标准为《电网建设项目文件归档与档案整理规范》（DL/T 1363—2014）。

## 九、避免代签名情况

同一人员的签名字迹不一致，或不同人员的签名笔迹相似，均可判断为代签名。签名是本人的身份标识，体现当事人的责任，必须亲笔签名才有效力。

代签名示例见图 6-2。

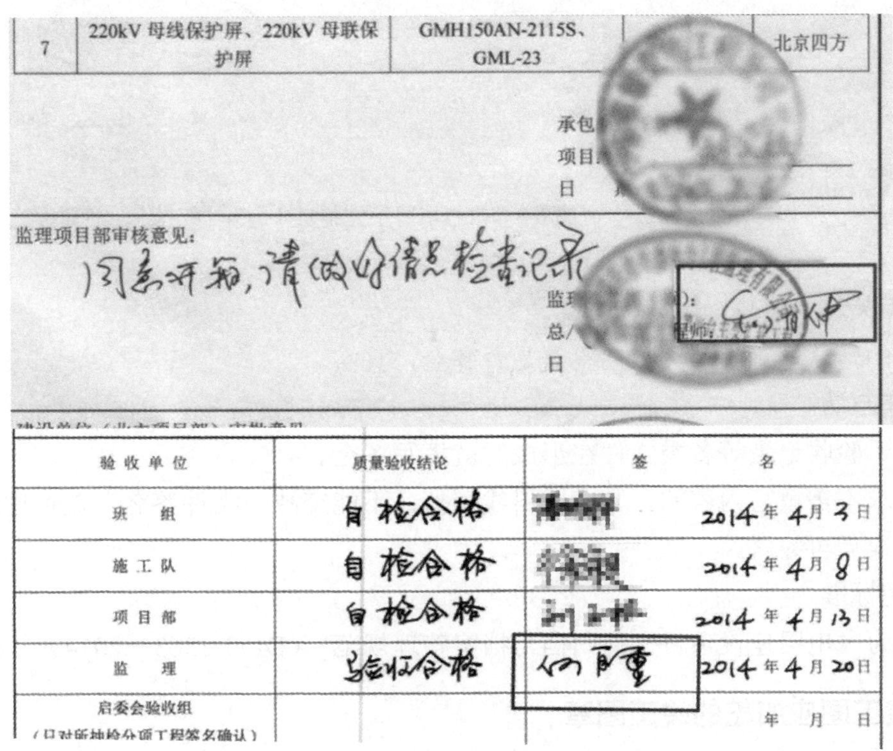

| 7 | 220kV 母线保护屏、220kV 母联保护屏 | GMH150AN-2115S、GML-23 | | 北京四方 |
|---|---|---|---|---|

监理项目部审核意见：

| 验收单位 | 质量验收结论 | 签名 |
|---|---|---|
| 班组 | 自检合格 | 2014年4月3日 |
| 施工队 | 自检合格 | 2014年4月8日 |
| 项目部 | 自检合格 | 2014年4月13日 |
| 监理 | 验收合格 | 2014年4月20日 |
| 启委会验收组 | | 年　月　日 |

图 6-2　代签名示例

### （一）重点关注

比对同一人员在不同文件中的签名字迹。

### （二）操作方法

根据投标文件、现场管理人员名单，在档案交底时制作签名对照样板，方便检查时比对。

### （三）引用标准

引用标准为《电网建设项目文件归档与档案整理规范》（DL/T 1363—2014）。

## 十、文件表格填写不完整

签名、日期等文件内容填写不完整，各类表格的编号、测试验收数据等内容空缺未填，或所填（盖章）内容与应填内容不符。内容填写不完整的例子见图 6-3。

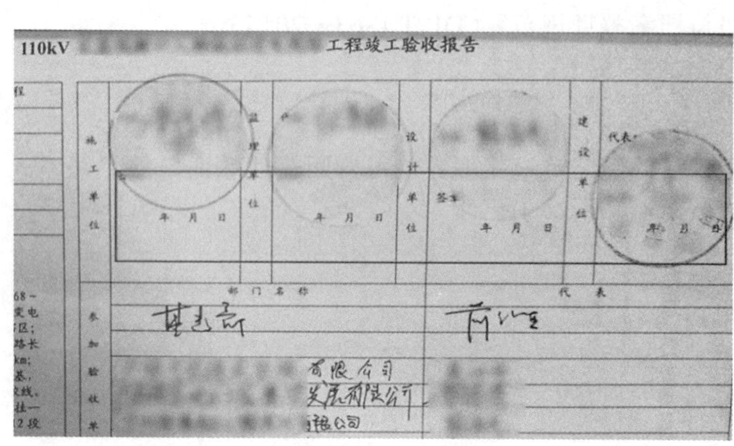

110kV 工程竣工验收报告

| 施工单位 | 年 月 日 | 监理单位 | 年 月 日 | 设计单位 | 签字 年 月 日 | 建设单位 | 代表 年 月 日 |
|---|---|---|---|---|---|---|---|

| 参加验收单位 | 部门名称 | 代表 |
|---|---|---|

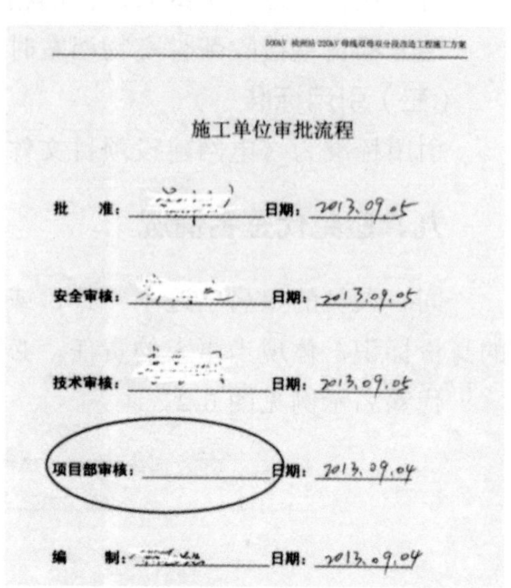

施工单位审批流程

批　准：____________ 日期：2013.09.05

安全审核：____________ 日期：2013.09.05

技术审核：____________ 日期：2013.09.05

项目部审核：____________ 日期：2013.09.04

编　制：____________ 日期：2013.09.04

图 6-3　内容填写不完整

### （一）重点关注

检查文件的落款位置姓名、日期签署是否齐全，真实。

### （二）操作方法

（1）报表、验收记录等各类文件在形成时就填写齐全。

（2）按要求不需填写内容的，则应用斜线划掉，不能空缺。文件签名、盖章过程中，签署人要仔细核对无误后再签署。

### （三）引用标准

引用标准为《电网建设项目文件归档与档案整理规范》（DL/T 1363—2014）。

## 十一、竣工图应加盖的竣工图章

档案行业和电力行业规定的竣工图章不同，各个公司内部对竣工图章的要求与规范不同，目前项目类竣工图到底应该盖哪些图章？

### （一）重点关注

（1）目前有明确规定的竣工图章有 4 个，即设计单位的竣工图章、设计单位的出图专用章、监理施工单位的竣工图章、监理单位的审查图章。

（2）竣工图标中是否从“S”改为“Z”。

（3）竣工图章不能覆盖有效内容，如果竣工图正面没有空白位置，可加盖到图纸背面。

### （二）操作方法

（1）若是施工单位重新编制竣工图的，图章样式可以选择下面任何一个（见图 6-4）。小型基建项目一般选用国家建设部规定的竣工图章样式。

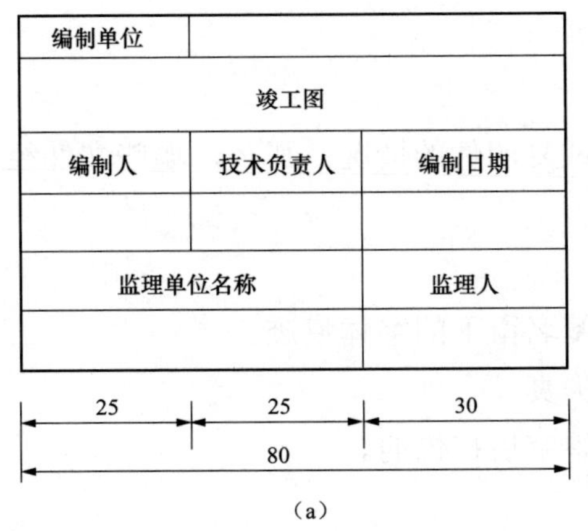


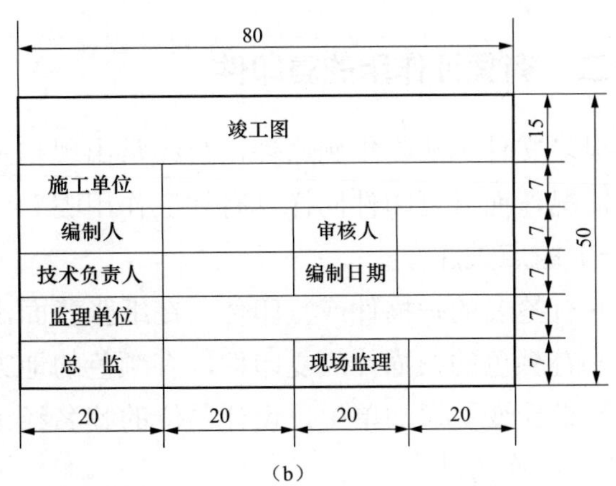


图 6-4　图章样式

（a）施工单位及监理单位签署的竣工图章（国家档案局规定的格式）；

（b）施工单位及监理单位签署的竣工图章（国家建设部规定的格式）

单位：毫米

（2）若是施工图没有变更，直接变为竣工图归档的，需要加盖监理单位的审查图章见图 6-5。

（3）其他小型项目，若没有监理单位的，如小型生产项目、营销项目，可直接加盖编制单位竣工图章见图 6-6。

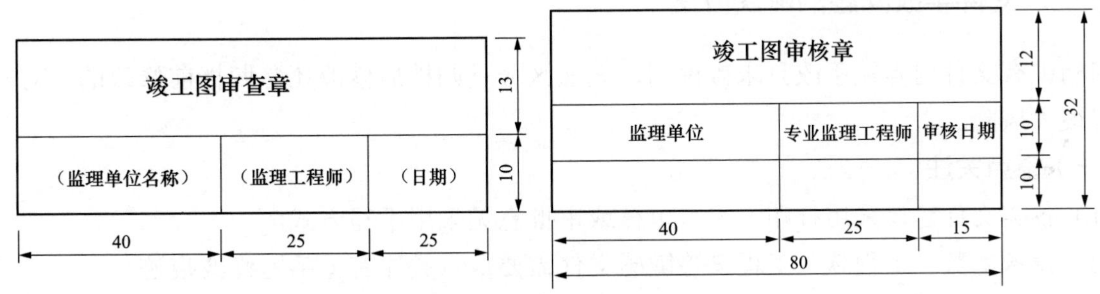


图 6-5　监理单位审查图章

单位：毫米

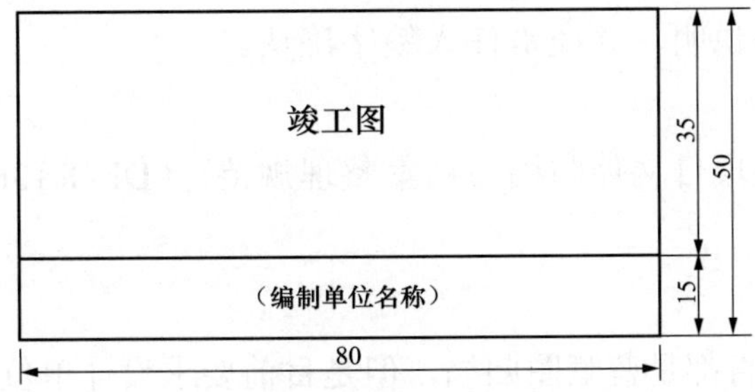


图 6-6　编制单位竣工图章

单位：毫米

## （三）引用标准

引用标准为《电网建设项目文件归档与档案整理规范》（DL/T 1363—2014）和《建设项目档案管理规范》（DA/T 28—2018）。

## 十二、有凭证作用的复印件

有很多文件无法收集到原件，会经常出现扫描件或复印件的情况。那么，哪些文件经常出现非原件情况，而其复印件同样具有凭证作用呢？

### （一）重点关注

（1）有签名的扫描件或复印件，在纸张背面没有签名留下的字体痕迹。

（2）有颜色的扫描件或复印件，有颜色的地方会失真。

（3）设计变更通知单中，设计单位的签名经常是签字后扫描的。

### （二）操作方法

（1）除项目前期文件、招投标文件和原材料质量证明文件外，原则上所有归档文件都应该为原件归档。

（2）前期文件和招投标文件确实无法收到原件的，应该在卷内备考表中备注原件所在单位。

（3）原材料质量证明文件应该加盖供应商红章，不可归档已经盖有供应商章的复印件（供应商章是复印的）。

### （三）引用标准

引用标准为《电网建设项目文件归档与档案整理规范》（DL/T 1363—2014）。

## 十三、文件手改问题的解决办法

归档中有文件内容被手改且未做说明，无法区分是归档后修改还是归档前修改的，对档案员来说有很大风险。

### （一）重点关注

（1）各类文件建议采用打印方式，审核或审批意见采用手写方式。

（2）设备参数、工程款、工程量等敏感文件需要重点关注有无手写修改痕迹。

### （二）操作方法

（1）归档的文件应尽量避免手改。

（2）已经产生的文件有手改痕迹的，归档前，个别修改可在修改处附近由修改人亲笔签字确认，批量修改应在备考表中说明，并经责任人签字确认。

### （三）引用标准

引用标准为《电网建设项目文件归档与档案整理规范》（DL/T 1363—2014）。

## 十四、白图的归档

前期，电网建设项目一直都是蓝晒图归档，但是目前要求设计单位出蓝晒图越来越难，甚至已经出现了所谓“伪蓝图”的数码蓝图。目前，是否可以接收设计院出的白图进行归档？

### （一）重点关注

（1）在设计合同中是否已经明确，如果采用非蓝晒图归档，应该明确纸张为 80 克以上，打印使用原装耗材，并且规定若图纸出现质量问题应由设计单位重新出图。

（2）判断真伪蓝图的办法是：蓝晒图的蓝色会出现不均匀的情况，并且有氨水味。数码蓝图蓝色均匀，且没有氨水味。

（二）操作方法

（1）签订合同明确白图质量和设计单位责任。

（2）在归档审查时，需要着重检查竣工图的纸张和打印质量。特别是对于比较小的设计单位，需要在竣工图出图前检查竣工图打印设备和纸张。

（三）引用标准

引用标准《建设项目档案整理规范》（DA/T 28—2018）、《电力工程竣工图文件编制规定》（DL/T 5229—2016）、《电网建设项目文件归档与档案整理规范》（DL/T 1363—2014）。

### 十五、项目照片的归档

项目每阶段形成的照片分类号不相同，档号也就不同，零星的照片该如何组卷？

（一）重点关注

按照电网建设项目照片归档范围参照表及照片整理规定。

（二）操作方法

按照《电网建设项目文件归档与档案整理规范》（DL/T 1363—2014）收集项目照片，组卷时分类号采用二级类目（如变电站为 84、线路为 82），以此统一照片档号，案卷档号为目录号—分类号（82/83/84）—×；卷内每张照片按时间顺序排列、张号为盒内大流水号后加 Z。

（三）引用标准

引用标准《电网建设项目文件归档与档案整理规范》（DL/T 1363—2014）和《照片档案管理规范》（GB/T 11821—2002）。

### 十六、执行现行文件规定

工程执法的法规、标准清单无动态管理记录。

解决方法：工程建设期间，法规、标准清单每半年做一次动态管理记录，施工、监理、业主做好审核把关。

## 第二节　科技档案整理常见问题与解决办法

### 一、拟写案卷题名

经常有参建单位直接根据归档范围表的文件描述起案卷题名，导致卷内文件内容不能反映出来，或者直接把卷内所有文件写在案卷题名上，造成字数太多，脊背无法打印。如何拟写案卷题名才够规范呢？

（一）重点关注

（1）案卷题名应包括项目名称、单位/单项工程名称、文件名称等要素。

（2）案件题名应尽量简明、准确。

（二）操作方法

（1）案卷题名应主要由“项目名称、单位/单项工程名称、文件名称”组成，项目名称应与项目核准（备案）名称一致，文件名称应能概括卷内文件内容。例如，110 千伏××输变电工程 110 千伏××变电站 10 千伏配电装置安装单位工程施工记录及质量验评表。

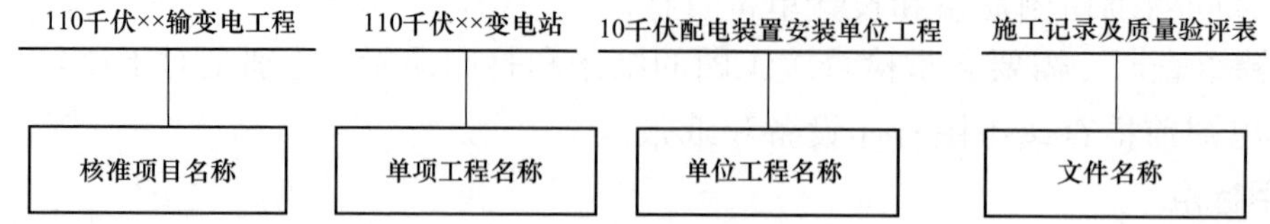


（2）一个案卷内有太多类文件，实在没办法提炼简单的案卷题名时，建议将文件分开组卷。

（三）引用标准

引用标准《电网建设项目文件归档与档案整理规范》（DL/T 1363—2014）。

## 二、备考表中案卷检查人的签名

卷内备考表中的案卷检查人应该是施工单位项目负责人、建设单位项目负责人、建设单位文档管理员、建设单位档案人员中哪一个？

（一）重点关注

（1）案卷检查人是对案卷形成质量和整理质量的检查，因此责任主体是立卷单位。

（2）检查日期是否在立卷日期之后。

（二）操作方法

检查人一般应为立卷单位项目负责人（项目经理）负责检查案卷的形成质量和整理质量。

（三）引用标准

引用标准《电网建设项目文件归档与档案整理规范》（DL/T 1363—2014）。

## 三、区分责任者、立卷单位、编制单位

卷内目录中需要填写责任者，案卷封面上需要填写立卷单位，竣工图章中有编制单位，各种名称应该如何区分？分别指的是什么？

（一）重点关注

是否将各类称呼理解错误，并使用在错误的位置上。

（二）操作方法

各类单位使用的地方不同，责任者和编制单位是指文件形成者，立卷单位是案卷的整理单位（参建单位或建设单位各部门）。

（1）“责任者”主要通过文件落款、印章和文件来源判断。例如，项目期间的各种正式公文的责任者一般为发文机关，设计文件、竣工图等的责任者一般为设计单位，施工记录的责任者一般为施工单位；有多个责任者时填写主要责任者；合同文件的责任一般为合同双方。

（2）立卷单位：前期管理文件、设计文件、施工文件、监理文件等一般由相应形成部门或单位组卷，合同中另有约定的以合同为准。

（3）编制单位：文件的编写制作单位，如设计单位为竣工图的编制单位。

（三）引用标准

引用标准《电网建设项目文件归档与档案整理规范》（DL/T 1363—2014）。

## 四、编制项目目录号

项目目录号是档案部门管理档案的重要方面，如何编制目录号才符合国家规范要求？

### （一）重点关注

目录号位数、编码与项目实际是否相符。

### （二）操作方法

2014年10月，国家能源局发布了《电网建设项目文件归档与档案整理规范》（DL/T 1363—2014），并于2015年3月实施。该规范规定："档号由项目代号、分类号、案卷顺序号3组代号构成，一般用阿拉伯数字标识。各组代号之间用"—"分隔"。档号结构如下：

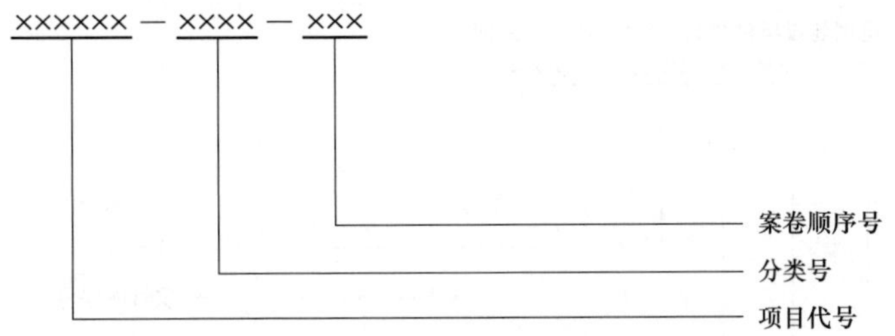


其中，项目代号根据不同工程类别，分别由电压等级代码、项目顺序号、工期号、项目竣工年度中的2～3个要素组成，用6位阿拉伯数字标识，中间无分隔符号。注意，施行此编号规则后，根据电压等级确定项目顺序号的项目，项目顺序号不是从1开始编制，而应该在本单位已有的项目顺序号后加1开始编制。电压等级代码标识见表6-4。

表6-4　电压等级代码标识

| 电压等级代码 | 表示的电压等级 |
|---|---|
| 0 | 30千伏以下 |
| 1 | 大于等于100千伏小于200千伏 |
| 2 | 大于等于200千伏小于300千伏 |
| 3 | 大于等于30千伏小于100千伏 |
| 4 | 大于等于300千伏小于500千伏 |
| 5 | 大于等于500千伏小于600千伏 |
| 6 | 大于等于600千伏小于700千伏 |
| 7 | 大于等于700千伏小于800千伏 |
| 8 | 大于等于800千伏 |

项目代号标识方法如下：

（1）区分工期的项目，用电压等级代码、项目顺序号、工期号标识，如84变电站工程。

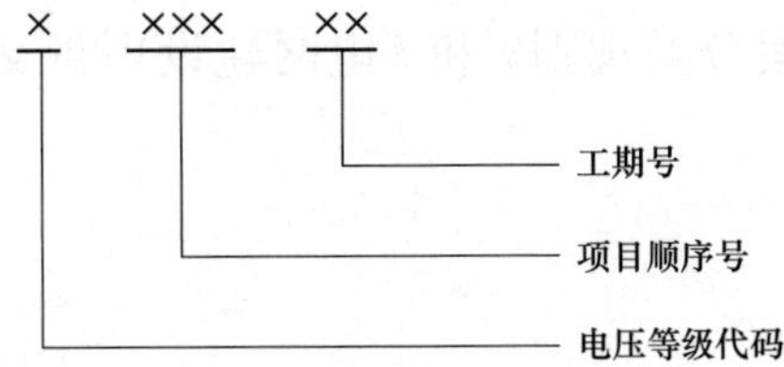


说明：项目代号第一位表示电压等级代码，第二至四位表示项目顺序号，第五至六位表示建

设工期，一期工程用“01”表示。

（2）不区分工期的项目，用电压等级代码、项目顺序号标识，如 82 交流输电线路、83 电力电缆线路、890 配电网工程等。

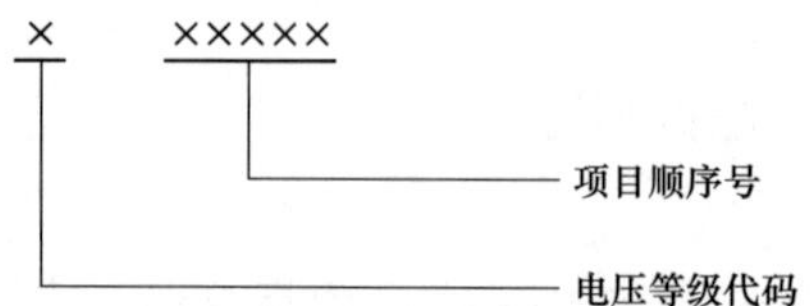


说明：项目代号第一位表示电压等级代码，第二至六位表示项目顺序号。

但是配电网工程由于项目数量较多，目录号建议采用以下编制方法：

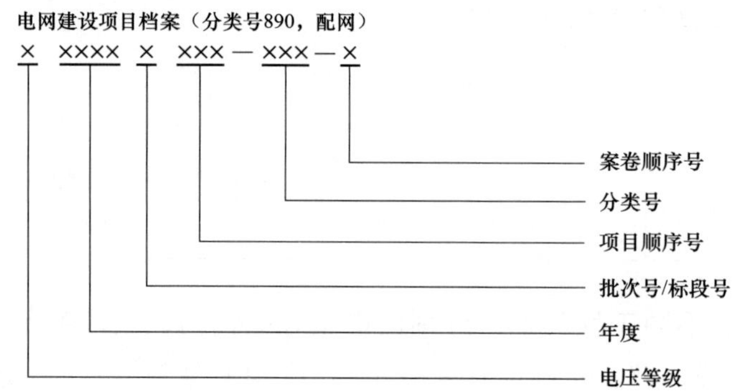


说明：

1）目录号共 9 位，第一位电压等级，第二至五位表示年度，第六位表示批次号或标段号，后一位为该年度该批次/标段下项目顺序号，000 为综合文件。

2）分类号为 890。

（3）采用项目竣工年度、项目顺序号标识，如 81 调度自动化、通信工程，87 小型基建工程，88 信息化建设工程等。其他如生产项目、营销项目、信息化项目、可研项目等都可采用这种目录号编制方法。

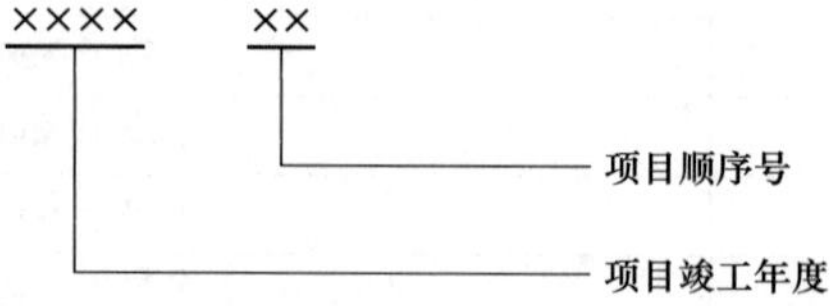


说明：项目代号第一至四位表示竣工年度，第五至六位表示该年度下的项目顺序号。

（4）调度运行档案的目录号直接采用调度文件产生的年度。

### （三）引用标准

引用标准《电力工业企业档案分类规则》和《电网建设项目文件归档与档案整理规范》（DL/T 1363—2014）。

## 五、页数与页号的区别

编制卷内目录时，到底应该使用页数还是页号？

## （一）重点关注

案卷装订不同会影响页数和页号的使用。

## （二）操作方法

（1）整卷装订的，卷内目录使用页号。卷内文件从“1”开始连续编写页号，卷内目录填写每份文件的起始页号，最后一份文件填写起止页号见图 6-7。

（2）按件装订的（如竣工图纸、设备厂家资料等），卷内目录使用页数。每份文件从“1”开始单独编写页号，卷内目录填写每份文件的总页数见图 6-8。

**卷　内　目　录**

档号 500003–8534–1

| 序号 | 文件编号 | 责任者 | 文件题名 | 日期 | 页号 | 备注 |
|---|---|---|---|---|---|---|
| 1 | | ×××× | 导、地线展放施工检查及评级记录 | 2017–10–23 | 1 | |
| 2 | | ×××× | 导、地线直线液压管施工检查评级记录 | 2017–10–29 | 146 | |
| 3 | | ×××× | 导、地线耐张液压管施工检查及评级记录 | 2017–11–3 | 278–420 | |
| | | | | | | |
| | | | | | | |
| | | | | | | |

图 6-7　整卷装订

**卷　内　目　录**

档号 500301–8403–11

| 序号 | 文件编号 | 责任者 | 文件题名 | 日期 | 页数 | 备注 |
|---|---|---|---|---|---|---|
| 1 | | ×××× | ××500千伏××输变电工程500千伏××变电站工程报价文件[中标单位] | 2017–10–30 | 226 | |
| 2 | | ×××× | ××500千伏××输变电工程500千伏××变电站工程商务文件[中标单位] | 2017–10–30 | 154 | |
| 3 | | ×××× | ××500千伏××输变电工程500千伏××变电站工程技术文件[标单位] | 2017–10–30 | 156 | |
| | | | | | | |
| | | | | | | |
| | | | | | | |

图 6-8　按件装订

## （三）引用标准

引用标准《电网建设项目文件归档与档案整理规范》（DL/T 1363—2014）。

# 附　　录

## 附录A　文书档案归档范围及保管期限表

文书档案归档范围及保管期限表见表A。

**表A　　文书档案归档范围及保管期限表**

| 序号 | 归　档　范　围 | 保管期限 |
|---|---|---|
| 1 | 党群工作 | |
| 1.1 | 党建、团委等工作制度和规定；<br>党代会、职代会、团代会形成的相关文件材料；<br>党员领导干部民主生活会相关文件材料；<br>党委、工会、团委机构设置、调整、人员编制等方面的文件、党员、工会、团委干部任免文件、入党（团）、转正、退党（团）等决定及党（团）员名册、党（团）组织关系的介绍信及存根；<br>党、工、团统计年报及名册；<br>省（部）级及以上党、工、团评先表彰文件；<br>党内表彰和党内激励、关怀、帮扶等文件材料；<br>工会、女工制度、规定等文件材料 | 永久 |
| 1.2 | 党建规划等管理办法、业务指导书等文件材料；<br>年度党务会议文件材料；<br>党员学习教育活动、党政研究工作、组织工作、共青团工作、职工生活、举办和参加的各种技能竞赛等文件材料；<br>对下属单位关于党群工作的请示与本单位的批复 | 30年 |
| 1.3 | 党、团、工会议的小组发言、会议记录；<br>党（团）学习教育活动、精神文件建设、有关职工民主管理、表彰先进、劳保福利、职工维护权、财务管理、女工工作、劳动竞赛、文体活动、计划生育等一般的文件材料；<br>本企业向上级机关和主管单位的请示、报告及无批复的一般事项 | 10年 |
| 2 | 行政管理 | |
| 2.1 | 本企业设立、变更、解散、设立登记有关证照、启用与废止印章、股东会、董事会、监事会构成及变更文件材料、党组会、董事会、总经理办公会、领导班子党政联席会、工作会等文件材料；<br>本企业涉及本企业主营管理和其他重要事项，本单位向有关机关、上级主管单位的请示、报告及有关机关、上级主管单位的批复、批示；<br>文秘、档案、机要、保密、印章工作等各类行政业务管理规章制度、标准规范文件材料；<br>有关机关、上级主管领导、社会知名人士检查、视察、调研本单位工作形成的文件材料、工作汇报、媒体宣传报道、录音、录像等材料；<br>失涉密事件调查、处理文件材料；<br>主办的人大议案办理、政协提案的答复等文件材料；<br>工作报告和经营管理情况分析等重要文件材料 | 永久 |
| 2.2 | 文秘、档案、保密、印章等工作的年度计划、总结、业务指导书、编制的出版物、大事记、组织沿革、重要庆典活动、竞赛表彰活动、安全、消防、电力设施保护检查、调查方案、记录、通报等文件材料；<br>涉及本企业一般事项、无批复重要事项，单位向有关机关、上级主管单位的请示、报 | 30年 |

续表

| 序号 | 归 档 范 围 | 保管期限 |
| --- | --- | --- |
| 2.2 | 告及有关机关、上级主管单位的批复、批示；<br>涉及本企业经营管理重要事项和有领导批示的上级机关收文和有关单位的文件 | 30 年 |
| 2.3 | 月度会议纪要、一般行政事务、人防工作，交通、治安、医疗卫生、计划生育及其他后勤服务、新闻宣传、舆情监测、档案、保密、督查督办等信息系统实施、推广、安全、消防、电力设施保护、史志年鉴等一般文件材料；<br>本企业协办的人大议案办理、政协提案的答复等文件材料 | 10 年 |
| 3 | 规划基建 | |
| 3.1 | 本企业中长期规划及滚动计划、方案、审批意见、工程项目的可行性研究评估、审查意见、核准、固定资产投资项目的可研、环评、水保、选址、审批、征地、路径规划等文件材料；<br>工程项目质量、安全重要文件材料；<br>重大项目质量、安全事故调查、结论、通报、项目方面重大问题的协调和处理等文件材料；<br>本企业规划、基建、物资等业务获（省）级以上表彰性文件材料；<br>优质工程评定文件材料；<br>本企业规划发展、基建项目、节能环保管理制度、办法等文件材料 | 永久 |
| 3.2 | 本企业规划、基建、物资管理等业务年度要点、业务指导书、对下属单位中长期规划及滚动计划的审查、审批文件等文件材料；<br>工程项目采购管理、项目质量、安全的一般文件材料；<br>物资质量监督和供应商管理、物资采购供应计划、监管指导、物资合同管理、仓储管理、应急物资管理、废旧物资处置等文件材料 | 30 年 |
| 3.3 | 本企业计划、统计、基建、物资一般性、普发性推广等管理文件材料 | 10 年 |
| 4 | 市场农电 | |
| 4.1 | 本企业市场交易、计量、电费、新能源、营销、客户服务的规定、办法、统计报表等文件材料 | 永久 |
| 4.2 | 营销、农电计划的要点和总结、供电可靠率、电压合格率、用电监察、重要客户管理等文件材料 | 30 年 |
| 4.3 | 电力计量、关口管理，负荷管理、有关能源、新能源、充电桩、绿色电网管理、营配信息、农电信息等一般的文件材料 | 10 年 |
| 5 | 调度运行及通信 | |
| 5.1 | 电力调度工作规则、运行管理规定、调度员任职文件、调度命名、年度运行方式及其他电力调度工作重要文件材料和报表 | 永久 |
| 5.2 | 调度年度工作计划、要点、总结、本级调度生产日（月）报、调度日志、电网设备实测参数报告及调度工作管理一般性文件材料 | 30 年 |
| 5.3 | 重大反事故演习及重大事件保供电预案、继电保护年度报告、对下属单位的批复及有关电力调度的一般的文件材料 | 10 年 |
| 6 | 安全生产 | |
| 6.1 | 安全监察、应急管理工作、生产技术的规章制度、标准规范文件材料、生产技改项目请示、批复、通知、审查意见；安全生产工作、质量监督、设备管理等其他重要文件材料 | 永久 |
| 6.2 | 安全监察、质量管理、应急管理工作、生产技改项目计划、要点、总结，对下属单位的批复、事故调查分析、报告、应急管理文件材料及安全生产工作、质量监督、设备管理等其他一般性文件材料 | 30 年 |
| 6.3 | 迎峰度夏（冬）、反事故、保供电措施、安全问题分析、报告等一般文件材料 | 10 年 |
| 7 | 科技信息 | |

续表

| 序号 | 归 档 范 围 | 保管期限 |
|---|---|---|
| 7.1 | 科技信息、专利成果工作制度、标准规范、科研经费、重大科研项目全过程材料、技术发展、创新管理等方面表彰先进（获得奖励）及技术管理、科技项目管理、信息化工作等其他重要文件材料的文件材料 | 永久 |
| 7.2 | 科技信息、信息化年度规划、要点、总结，信息化项目立项、审批、信息化总体设计方案、开发等文件材料及技术管理、科技项目管理、信息化工作等其他一般性文件材料 | 30年 |
| 7.3 | 技术服务管理、科技成果应用等文件材料及科技、信息化规划、信息安全、信息系统运行维护一般的文件材料 | 10年 |
| 8 | 财务审计 | |
| 8.1 | 资产管理、审计工作、风险管理制度、办法、规定、总结、预算决算、特许经营权证文件材料、资质认证、信用评级、资产处置方案、审计意见、报告、决定及其他重要的财物管理和审计管理文件材料等文件材料 | 永久 |
| 8.2 | 资产管理、审计工作、风险年度计划、重点、财务分析、风险管理、电价电费监管、企业年度工作报告、审计通知、批复及其他重要的财务、审计文件和年度报表等文件材料 | 30年 |
| 8.3 | 资金及预算管理、有关电费、电价、审计、税务工作及财务、审计信息系统实施、推广等一般文件材料 | 10年 |
| 9 | 人事人资 | |
| 9.1 | 人事干部管理、组织机构和用工管理制度、规定、办法、总结、干部任免职的通知和批复、人员录用、转正、职称评聘、辞职、离退休、抚恤、安置、人员薪酬、待遇、员工福利制度及其他人事管理、用工管理等重要的文件材料等文件材料 | 永久 |
| 9.2 | 干部人事、人力资源管理工作规划、要点和总结、干部员工教育培训、有关组织机构和用工管理重要的文件材料；校园招聘、复转军人安置、人员调配、离退休管理及其他人事管理、用工管理等一般性的文件材料 | 30年 |
| 9.3 | 领导干部、员工因私出国（境）审批文件、教育培训、薪酬、绩效管理及人事、人资、教育培训信息系统实施、推广等一般文件材料 | 10年 |
| 10 | 法律纪检监察 | |
| 10.1 | 纪检、廉政工作、法律工作制度、规定、办法、总结、党风建设、纪检工作、效能监察、重大项目的法律咨询和服务、有关政策、法律问题的答复及其他纪检监察、法律工作重要的统计报表和文件材料 | 永久 |
| 10.2 | 纪检监察、法律工作规划、计划、要点、巡察工作、一般纪检案件的处理情况及其他纪检监察、法律工作一般管理文件材料 | 30年 |
| 10.3 | 一般违纪案件的通报、纪检、法律工作开展的宣传活动、有关廉政、纠风效能工作等一般文件材料 | 10年 |

# 附录B　合同档案归档范围及保管期限表

合同档案归档范围及保管期限表见表B。

**表B　　合同档案归档范围及保管期限表**

| 序号 | 归 档 范 围 | 保管期限 |
|---|---|---|
| 1 | 工程建设合同 | |
| 1.1 | 工程可行性研究、选址选线咨询合同、工程水土保持方案编制咨询合同、工程环境影响评估咨询合同、工程地质灾害危险性评估咨询合同、勘测设计、总承包合同、施工合同、监理合同、土地使用权合同、征地拆迁补偿合同、工程咨询合同及其他建设合同 | 永久 |
| 2 | 市场营销合同 | |
| 2.1 | 并网合同 | 永久 |
| 2.2 | 购售电合同、供用电合同及其他营销合同 | 30年 |
| 3 | 技术合同 | |
| 3.1 | 技术开发合同、技术咨询服务合同、技术服务合同、技术转让合同及其他技术合同 | 永久 |
| 4 | 买卖合同 | |
| 4.1 | 工程类货物买卖合同、非工程类货物买卖合同及其他买卖合同 | 30年 |
| 5 | 金融合同 | |
| 5.1 | 借贷合同、担保合同、支付结算合同、保险合同及其他金融合同 | 永久 |
| 6 | 租赁合同 | |
| 6.1 | 房屋租赁合同、交通工具租赁合同、场地租赁合同及其他租赁合同 | 30年 |
| 7 | 服务合同 | |
| 7.1 | 食堂服务合同、物业服务合同、运行维护合同、承揽合同、宣传服务合同及其他服务合同 | 30年 |
| 8 | 咨询委托合同 | |
| 8.1 | 专项服务合同、咨询服务合同及其他咨询服务合同 | 30年 |
| 9 | 战略合作、投资类合同 | |
| 9.1 | 投资协议、战略合作协议及其他合作合同 | 永久 |
| 10 | 其他商务合同 | |
| 10.1 | 废旧物资合同、劳务合同 | 永久 |
| 10.2 | 保密协议 | 30年 |

# 附录C　审计档案、巡视（巡察）档案、法律案件档案、纪检监察档案、采购档案表单

## C1　案卷封面式样图

案卷封面式样图见图C1。

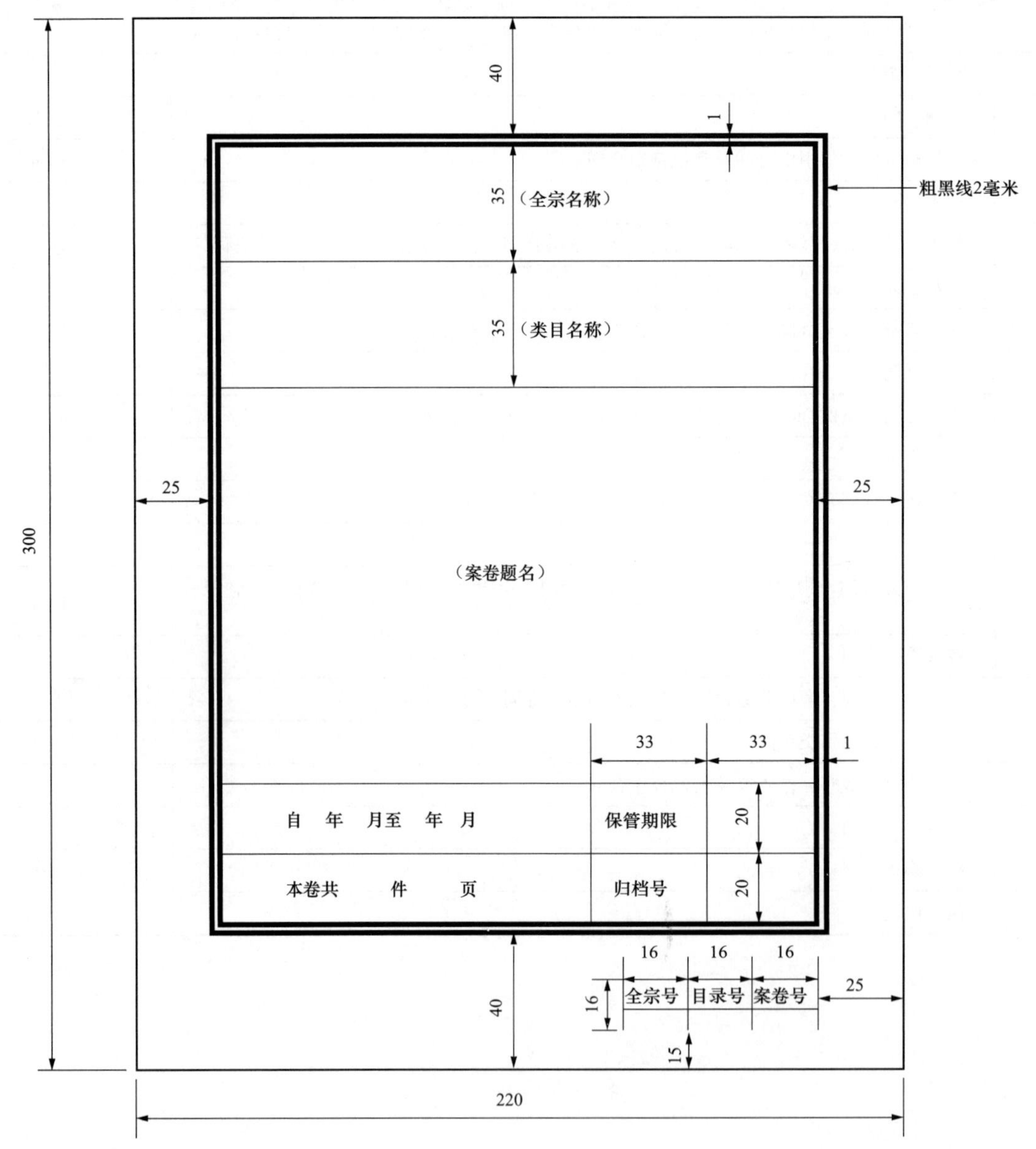


单位：毫米；比例 1:2

图C1　案卷封面式样图

# C2　案卷脊背式样图

案卷脊背式样图见图 C2。

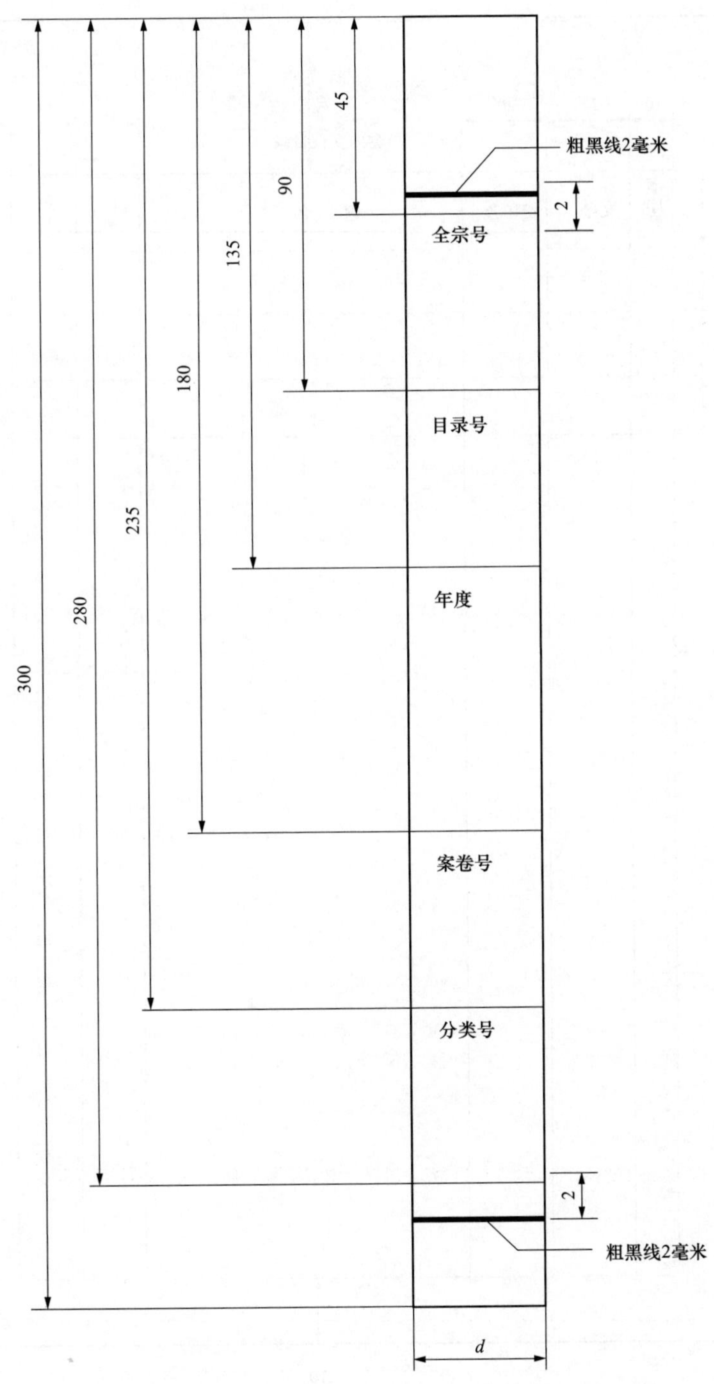


单位：毫米；比例 1:2　$d$=10；$d$=15；$d$=20

图 C2　案卷脊背式样图

# C3 卷内目录式样图

卷内目录式样图见图 C3。

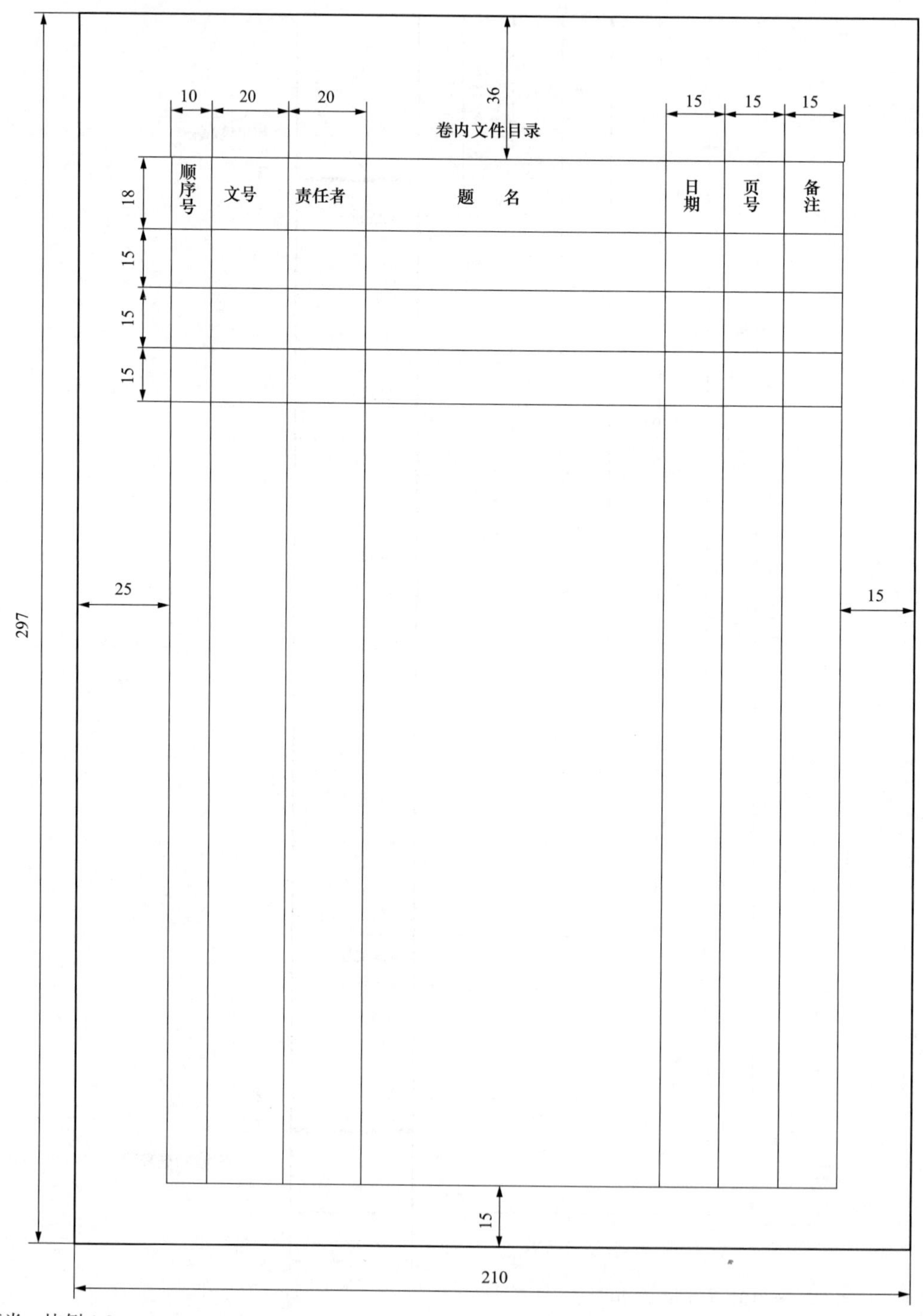


单位：毫米；比例 1:2

图 C3　卷内目录式样图

# C4　档 号 章 格 式

档号章格式见图 C4。

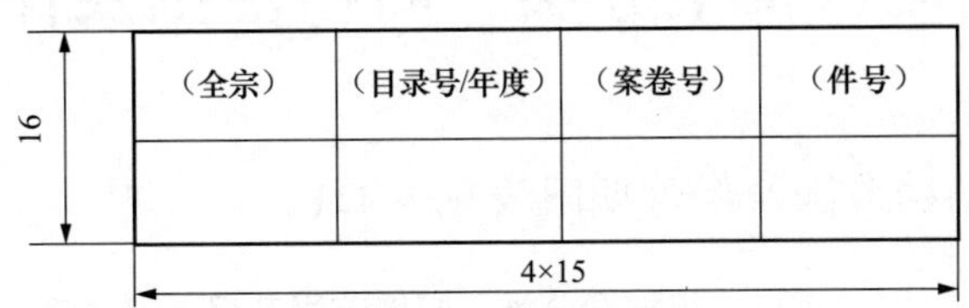


图 C4　档号章格式

单位：毫米

# C5　案卷目录式样图

案卷目录式样图见图 C5。

案　卷　目　录

| 序号 | 档　号 | 案 卷 题 名 | 起止日期 | 总页数 | 保管期限 | 备 注 |
| --- | --- | --- | --- | --- | --- | --- |
| | | | | | | |
| | | | | | | |
| | | | | | | |
| | | | | | | |
| | | | | | | |
| | | | | | | |
| | | | | | | |
| | | | | | | |
| | | | | | | |
| | | | | | | |
| | | | | | | |
| | | | | | | |
| | | | | | | |
| | | | | | | |
| | | | | | | |
| | | | | | | |
| | | | | | | |

图 C5　案卷目录式样图

# 附录D

## D1 调度运行档案分类、归档范围及保管期限表

调度运行档案分类、归档范围及保管期限表见表D1。

表D1 调度运行档案分类、归档范围及保管期限表

| 分类号 | 类目名称 | 归 档 范 围 | 保管期限 | 备注 |
|---|---|---|---|---|
| 61 | 电力系统调度、运行类 | | | |
| 611 | 电力系统调度 | 1. 调度交接班记录、操作票；<br>2. 运行记录、日志和重大系统事故前后的有关记录；<br>3. 统计报表、简报、生产日报、月报、年报、年度新能源调度运行总结分析报告 | 30年 | |
| | | 4. 月度发电调度指导计划；<br>5. 年度水调运行报告 | 10年 | |
| 612 | 电力系统运行 | 1. 年度运行方式；<br>2. 年度系统运行计划；<br>3. 迎峰度夏系统运行方案；<br>4. 月度运行方式；<br>5. 日方式安排（日计划安排、日极限单、设备检修申请票）；<br>6. 保供电方案；<br>7. 年度电网安稳策略研究报告；<br>8. 直调稳控系统调度运行规定；<br>9. 安自统计月报；<br>10. 安自装置定值单、压板定值单及状态变更通知单；<br>11. 直流输电系统并网现场调试方案、调试调度方案及运行相关资料等；<br>12. 年度无功电压运行方案；<br>13. 系统运行计划分析报告 | 30年 | |
| 613 | 继电保护 | 1. 继电保护定值单、整定计算算稿、中性点方式安排、保护软件版本等材料；<br>2. 继电保护运行月报 | 10年 | |
| | | 3. 年度运行方案、年度运行分析报告材料 | 30年 | |
| 614 | 电力通信 | 1. 调度部门编制和使用的通信专业技术标准、规范等；<br>2. 通信网年度运行方式、年度运行总结、应急通信预案等 | 30年 | |
| 615 | 调度自动化 | 调度自动化计划、总结、通知、报表等材料 | 30年 | |
| 616 | 网络安全 | 电力监控系统网络安全计划、总结、报告、报表、图表、技术标准等技术文件 | 30年 | |
| 617 | 电力系统图表 | 1. 地理接线图；<br>2. 系统厂站主接线调度编号图 | 永久 | |
| 619 | 其他 | | | |

# D2　营销项目档案分类、归档范围及保管期限表

营销项目档案分类、归档范围及保管期限表见表D2。

表 D2　　营销项目档案分类、归档范围及保管期限表

| 分类号 | 类目名称 | 归　档　范　围 | 保管期限 | 备注 |
|---|---|---|---|---|
| 62 | 营销项目 | | | |
| 621 | 营销技改项目 | | | |
| 6210 | 项目准备 | 立项、审批、可研、招投标文件、合同等 | 永久 | |
| 6211 | 项目勘测、设计、咨询 | 设计变更、图纸会检等 | 永久 | |
| 6212 | 项目管理 | 项目质量、进度等管理 | 30年 | |
| 6213 | 项目施工 | 1．开（复）工、施工记录、调试记录（报告）、质量检查评定、报验单等施工安装全套文件（配电线路、配电变压器、公用配电所、开闭所、用户分界负荷开关等施工、安装）。<br>2．隐蔽工程记录（停工待检点质量控制记录——附件有基础及隐蔽工程、杆坑、拉线坑隐蔽检查记录）。<br>3．施工记录：<br>A．旁站点（S）质量控制记录表——附件有变压器台架安装、配电房电气安装；<br>B．b见证点（W）质量控制记录表——附件有10千伏架空线路、低压台区安装、10千伏架空线路安装质量检查表、低压台区安装质量检查表、变压器台架安装质量检查表、配网工程安全检查卡；<br>C．质量控制点检查申请表；<br>D．工程材料/构配件/设备进场使用报审表、工程控制网测量/线路复测报审表；<br>E．监理初检缺陷整改通知单；<br>F．工程缺陷清单；<br>G．甲供领料原始记录及凭证；<br>H．自购材料合同、原始记录及相关凭证。<br>4．竣工技术资料：<br>配网工程验收缺陷记录及整改情况表、10千伏架空线路、电缆线路、变压器台架、低压台区、配电室（含开闭所）安装质量及工程量检查验收表、开闭所土建工程施工质量验收表、箱变、电缆分支箱、环网柜验收表、电缆终端、接头中间验收记录表 | 30年 | |
| 6214 | 项目监理 | 监理规划、监理实施细则及审批、采用标准规范清单及其执行计划及记录、监理工程师通知单、监理检查记录等 | 30年 | |
| 6215 | 项目竣工（竣工图） | 工程竣工验收申请表、工程验收项目表、工程验收签到表、工程量确认表、工程验收签证书、财产清册、竣工验收、投产、资产移交等 | | |
| 6216 | 项目设备 | 箱式变压器、配电变压器、柱上开关、环网开关等说明书、合格证等 | 30年 | |
| 6219 | 其他 | | | |
| 622 | 客户受电项目 | | | |

续表

| 分类号 | 类目名称 | 归档范围 | 保管期限 | 备注 |
|---|---|---|---|---|
| 6220 | 客户申请及建设管理 | 1. 申请材料：用电业务办理授权（委托）书，合法身份证明（身份证复印件（法人代表、经办人）、组织机构代码证复印件、营业执照复印件或事业单位法人证书复印件、税务登记证复印件等），产权证明（用电地址物业权属证明材料复印件），双方签署的合同（协议）；<br>2. 建设管理：审批、答复供电方案通知书、招投标文件、合同、项目质量、进度管理等文件材料 | 永久 | |
| 6221 | 项目勘测、设计、咨询 | 初步勘测、设计变更、图纸会检（审查）、咨询报告等 | 永久 | |
| 6222 | 项目施工、测试 | 1. 开（复）工、施工记录、调试记录（报告）、质量检查评定、报验单等施工安装全套文件（配电线路、配电变压器、公用配电所、开闭所、用户分界负荷开关等施工、安装）。<br>2. 隐蔽工程记录（停工待检点质量控制记录——附件有基础及隐蔽工程、杆坑、拉线坑隐蔽检查记录）。<br>3. 施工记录：<br>A. 旁站点（S）质量控制记录表——附件有变压器台架安装、配电房电气安装；<br>B. b 见证点（W）质量控制记录表——附件有 10 千伏架空线路、低压台区安装、10 千伏架空线路安装质量检查表、低压台区安装质量检查表、变压器台架安装质量检查表、配网工程安全检查卡；<br>C. 质量控制点检查申请表；<br>D. 工程材料/构配件/设备进场使用报审表、工程控制网测量/线路复测报审表；<br>E. 监理初检缺陷整改通知单；<br>F. 工程缺陷清单；<br>G. 甲供领料原始记录及凭证；<br>H. 自购材料合同、原始记录及相关凭证。<br>4. 竣工技术资料:<br>配网工程验收缺陷记录及整改情况表、10 千伏架空线路、电缆线路、变压器台架、低压台区、配电室（含开闭所）安装质量及工程量检查验收表、开闭所土建工程施工质量验收表、箱变、电缆分支箱、环网柜验收表、电缆终端、接头中间验收记录表 | 30 年 | |
| 6223 | 项目监理 | 1. 监理规划、监理实施细则及审批、采用标准规范清单及其执行计划及记录；<br>2. 监理工程师通知单、监理检查记录等 | 30 年 | |
| 6224 | 项目设备 | 箱式变、配电变、柱上开关、环网开关等说明书、合格证等 | 30 年 | |
| 6225 | 项目竣工验收（竣工图） | 1. 工程竣工验收申请表、工程验收项目表、工程验收签到表、工程量确认表、工程验收签证书、竣工验收等；<br>2. 竣工图、财产清册 | 永久 | |
| 6226 | 项目资金及财务 | 项目资金收或付凭证、账册、报表，统计表，财务决算 | 永久 | |
| 6227 | 项目运维及客户服务 | 运行、维修记录，设备零部件更换清单 | 30 年 | |
| 6229 | 其他 | | | |
| 623 | 费用性项目 | 实施方案（采购要求）、实施计划、合同、验收、结（决）算文件等 | 30 年 | |
| 624 | 修理项目 | | | |
| 629 | 其他 | | | |

# D3　生产项目档案分类、归档范围及保管期限表

生产项目档案分类、归档范围及保管期限表见表 D3。

**表 D3**　　生产项目档案分类、归档范围及保管期限表

| 分类号 | 类目名称 | 归 档 范 围 | 保管期限 | 备注 |
|---|---|---|---|---|
| 63 | 生产项目 | 具体明细内容参见附录 D5：电网建设项目、设备仪器类档案分类、归档范围及保管期限类 | 参见 8 类、9 类 | |
| 630 | 试验检验项目 | 1．项目准备；<br>2．项目管理；<br>3．项目调试、试验；<br>4．项目竣工验收 | | |
| 631 | 通信项目 | 1．项目准备；<br>2．项目管理；<br>3．项目设计、咨询；<br>4．项目施工、监理；<br>5．项目调试、试验；<br>6．项目竣工验收 | | |
| 632 | 交流线路项目 | | | |
| 633 | 电缆（海缆）项目 | | | |
| 634 | 变电项目 | | | |
| 635 | 直流线路项目 | | | |
| 636 | 换流站项目 | | | |
| 637 | 配网项目 | | | |
| 638 | 修理项目 | | | |
| 639 | 其他 | | | |

# D4 科研项目档案分类、归档范围及保管期限表

科研项目档案分类、归档范围及保管期限表见表 D4。

**表 D4** 科研项目档案分类、归档范围及保管期限表

<table>
<tr><th>分类号</th><th>类目名称</th><th colspan="2">归　档　范　围</th><th>保管期限</th><th>备注</th></tr>
<tr><td>7</td><td colspan="5">科研项目档案</td></tr>
<tr><td>70</td><td>综合</td><td colspan="2"></td><td></td><td></td></tr>
<tr><td rowspan="19">71</td><td rowspan="19">管理科研</td><td rowspan="5">项目准备阶段</td><td>开题报告与课题研究论证材料</td><td>30 年</td><td></td></tr>
<tr><td>任务书、合同、协议</td><td>永久</td><td></td></tr>
<tr><td>课题研究计划、设计</td><td>30 年</td><td></td></tr>
<tr><td>计划执行情况、计划调整或撤销报告</td><td rowspan="2">10 年</td><td rowspan="2"></td></tr>
<tr><td>课题投资和预算材料</td></tr>
<tr><td rowspan="6">研究（研制）试验阶段</td><td>实验、测试、观测、调查、考察的各种原始记录（含关键配方、工艺流程及综合分析材料）</td><td rowspan="3">永久</td><td rowspan="3"></td></tr>
<tr><td>数据处理材料，包括计算机处理材料（如程序设计说明、框图、计算结果）</td></tr>
<tr><td>设计的文字说明和图纸（底图、蓝图、设计图、电子线路图等）</td></tr>
<tr><td>中期检查报告、中期检查意见、研究工作阶段小结、年度报告</td><td>30 年</td><td></td></tr>
<tr><td>配套的照片、底片、录音带、录像带、幻灯片、影片拷贝等永久</td><td rowspan="8">永久</td><td rowspan="8"></td></tr>
<tr><td>样品、标本等实物的目录</td></tr>
<tr><td rowspan="8">总结鉴定阶段</td><td>研究报告、研制报告</td></tr>
<tr><td>论文专著永久</td></tr>
<tr><td>工艺技术报告</td></tr>
<tr><td>技术诀窍报告</td></tr>
<tr><td>鉴定会材料（鉴定代表名单、会议记录，鉴定意见）</td></tr>
<tr><td>鉴定证书</td></tr>
<tr><td>推广应用意见</td><td rowspan="2">30 年</td><td rowspan="2"></td></tr>
<tr><td>课题工作总结</td></tr>
</table>

续表

| 分类号 | 类目名称 | 归档范围 | | 保管期限 | 备注 |
|---|---|---|---|---|---|
| 71 | 管理科研 | 申报奖励阶段 | 科研成果登记表 | 永久 | |
| | | | 科研成果报告表 | | |
| | | | 科研成果奖励申报与审批材料 | | |
| | | | 科研成果获奖材料（奖状、奖章、证书）原件或影印件 | | |
| | | | 专利申请书或证书原件或影印件 | | |
| | | 推广应用阶段 | 转让合同、协议书 | 永久 | |
| | | | 生产定型鉴定材料 | | |
| | | | 成果被引用或投产后反馈意见 | 10 年 | |
| | | | 推广应用方案及实施情况 | 30 年 | |
| | | | 扩大试生产的设计文件、工艺文件 | | |
| | | | 成果宣传报道材料 | 10 年 | |
| | | | 对外学术交流材料 | 30 年 | |
| 72 | 电网科研 | | 同 71 类 | 同 71 类 | |
| 721 | 调度通信科研 | | | | |
| 722 | 输电科研 | | | | |
| 723 | 营配科研 | | | | |
| 724 | 变电站科研 | | | | |
| 725 | 直流输电线路研究 | | | | |
| 726 | 换流站（逆变）科研 | | | | |
| 727 | 小型基建科研 | | | | |
| 728 | 信息化（自动化）科研 | | | | |
| 73 | 电源科研 | | | | |
| 74 | 咨询、软课题研究 | | | | |
| 741 | 管理研究 | | 研究任务书、研究方案、研究成果 | 30 年 | |
| 742 | 生产技术研究 | | 同 741 类 | 同 741 类 | |
| 743 | 基本建设研究 | | | | |
| 749 | 其他研究 | | | | |
| 75 | 知识产权管理 | | 同 71 类 | 同 71 类 | |
| 79 | 其他 | | | | |

# D5　电网建设项目及设备仪器类档案分类、归档范围及保管期限表

电网建设项目、设备仪器类分类、归档范围及保管期限表见表 D5。

表 D5　电网建设项目及设备仪器类分类、归档范围及保管期限表

| 分类号 | 类目名称 | 归档范围 | | 执行标准 | 责任单位 | | 保存单位及保管期限 | | | | 备注 |
|---|---|---|---|---|---|---|---|---|---|---|---|
| | | 归档细目 | 主要项目文件 | | 来源 | 立卷 | 建设 | 设计 | 监理 | 施工 | |
| 8 | 基本建设 | | | | | | | | | | |
| 80 | 综合 | | | | | | | | | | |
| 81 | 调度自动化、通信 | | 调度自动化系统、集控中心系统、巡检中心远方工作站（含调度自动化主站及通信网）建设工程 | DL/T 5344—2018 | | | | | | | |
| 810 | 项目准备 | 01 前期管理 | 立项及审批、投资、往来文件、报关等 | | 建设 | 建设 | 永久 | | | | |
| | | 02 可行性研究 | 可行性研究（送审版、审定版）、对外咨询、科研论证等 | | 建设 | 建设 | 永久 | | | | |
| | | 03 招投标文件、合同、协议 | 工程、设备、材料等招投标文件、合同、协议及其他采购、技术服务、委托管理的合同、协议等 | | 投标 | 建设 | 永久 | 30 年 | 30 年 | 30 年 | |
| 811 | 项目设计 | | 初步设计、施工图设计交底、设计变更 | | 设计 | 建设 | 永久 | 30 年 | | | |
| 812 | 项目管理 | | 建设、施工、质量监督、安全管理等 | | 相关 | 建设 | 30 年 | | | | |
| 813 | 项目施工 | | 开（竣）工、施工及质量验评记录（含隐蔽验收签证记录）、材料出厂文件、复试报告、开箱记录、报审（验）等 | | 施工 | 施工 | 30 年 | | | 30 年 | |
| 815 | 调试 | | 若有调试文件，入此 | | 调试 | 调试 | 30 年 | | | | |
| 816 | 监理 | | 工程监理、设备监理及报审（验）等 | DL/T 5434—2009 | 监理 | 建设 | 30 年 | | 30 年 | | |
| 817 | 启动及竣工验收 | | 竣工验收、启动、移交、结算、决算、审计、工程后评估 | DL/T 5344—2018 | 相关 | 建设 | 30 年 | | | | |
| 818 | 竣工图 | | 土建、机电安装等 | DA/T 28—2018<br>DL/T 5229—2016 | 设计 | 建设 | 永久 | 30 年 | | | |
| 819 | 其他 | | | | | | | | | | |
| 82 | 交流输电线路 | | | | | | | | | | |

续表

| 分类号 | 类目名称 | 归档范围 | | 执行标准 | 责任单位 | | 保存单位及保管期限 | | | | 备注 |
|---|---|---|---|---|---|---|---|---|---|---|---|
| | | 归档细目 | 主要项目文件 | | 来源 | 立卷 | 建设 | 设计 | 监理 | 施工 | |
| 820 | 项目准备 | | | | | | | | | | |
| 8200 | 综合 | 01 综合文件 | 1. 涉及两个以上分类号内容；<br>2. 人员资质名单，电子签名与手签对照表 | | 相关 | 建设 | 永久 | | | | |
| 8200 | 赔偿文件 | 01 塔基占地补偿 | 1. 土地权属证明文件；<br>2. 占地协议；<br>3. 赔偿明细表；<br>4. 赔偿收据；<br>5. 收款人身份证复印件；<br>6. 结算证明（以村为单位）；<br>7. 杆塔经过一览表（每标段一个总表）；<br>8. 委托书、补偿标准；<br>9. 其他文件 | | 地方<br>政府<br>建设 | 建设<br>施工 | 永久 | | | 30 年 | |
| | | 02 青苗补偿 | 1. 青苗补偿协议；<br>2. 补偿明细表；<br>3. 补偿收据；<br>4. 收款人身份证复印件；<br>5. 结算证明；<br>6. 其他文件 | | 地方<br>政府<br>建设 | 建设<br>施工 | 永久 | | | 30 年 | |
| | | 03 树木采伐补偿 | 1. 树木采伐许可证；<br>2. 使用林地审核同意书；<br>3. 使用林地现状调查报告、使用林地可行性报告；<br>4. 使用林地现场查验报告；<br>5. 树木采伐协议；<br>6. 树木采伐补偿明细表；<br>7. 付款收据；<br>8. 收款人身份证复印件；<br>9. 通道保护协议；<br>10. 结算证明文件；<br>11. 植被恢复费收据；<br>12. 其他文件 | | 地方<br>政府<br>建设 | 建设<br>施工 | 永久 | | | 30 年 | |
| | | 04 房屋拆迁补偿 | 1. 房屋拆迁协议；<br>2. 付款收据；<br>3. 收款人身份证复印件；<br>4. 房屋拆迁补偿明细表；<br>5. 房屋拆迁前后照片；<br>6. 结算证明文件；<br>7. 其他文件 | | 地方<br>政府<br>建设 | 建设<br>施工 | 永久 | | | 30 年 | |

续表

| 分类号 | 类目名称 | 归档范围 | | 执行标准 | 责任单位 | | 保存单位及保管期限 | | | | 备注 |
|---|---|---|---|---|---|---|---|---|---|---|---|
| | | 归档细目 | 主要项目文件 | | 来源 | 立卷 | 建设 | 设计 | 监理 | 施工 | |
| 8200 | 赔偿文件 | 05 其他补偿 | 1．文物普探或重点勘探赔偿协议及付款凭证；<br>2．通道防护协议；<br>3．封航协议（大跨越）；<br>4．矿业、公路、军事、民航、通信、铁路等协议；<br>5．迁坟补偿协议（参考房屋拆迁补偿归档范围）；<br>6．施工补偿费用结算证明 | | 地方政府建设 | 建设施工 | 永久 | | | 30 年 | |
| 8201 | 前期管理 | 01 立项准备 | 1．项目规划；<br>2．项目筹备文件；<br>3．项目建设日志、备忘录；<br>4．项目咨询、评估、论证文件；<br>5．专家建议文件 | DA/T 42 | 相关 | 建设 | 永久 | | | | |
| | | 02 项目立项 | 1．项目建议书、意向书及前期工作通知书；<br>2．项目建设路条申请及支撑性文件（重要稿件）；<br>3．建设项目路条；<br>4．项目核准批复、请示、报告；<br>5．项目核准前期工作文件（协调文件、备忘录等） | DA/T 42；<br>DL/T 1363—2014 | 相关 | 建设 | 永久 | | | | |
| | | 03 项目投资管理 | 1．项目贷款、融资合同、协议；<br>2．借贷承诺评估；<br>3．投资估算核定报告及批复；<br>4．年度资金计划及总结；<br>5．年度投资计划 | | 相关 | 建设 | 永久 | | | | |
| | | 04 项目投融资论证 | 1．项目投资论证文件；<br>2．项目融资论证文件；<br>3．借贷承诺评估报告 | | 相关 | 建设 | 永久 | | | | |
| | | 05 项目贷款融资 | 1．项目贷款计划执行过程文件；<br>2．项目融资方案、执行过程文件 | | 相关 | 建设 | 永久 | | | | |

续表

| 分类号 | 类目名称 | 归档范围 | | 执行标准 | 责任单位 | | 保存单位及保管期限 | | | | 备注 |
|---|---|---|---|---|---|---|---|---|---|---|---|
| | | 归档细目 | 主要项目文件 | | 来源 | 立卷 | 建设 | 设计 | 监理 | 施工 | |
| 8201 | 前期管理 | 06 项目用地预审文件 | 1．项目规划选址；<br>2．国土资源部用地预审批复、预审申请；<br>3．地方国土资源管理部门用地预审意见、预审申请；<br>4．国家海洋局用海预审批复、申请；<br>5．其他预审文件 | DA/T 42 | 相关 | 建设 | 永久 | | | | |
| | | 07 项目许可申请文件 | 1．项目建设用地许可、规划许可及报审支撑性文件；<br>2．航道许可及报审支撑性文件；<br>3．路径走向方案及审批；<br>4．项目建设规划；<br>5．林木砍伐、道路挖掘、占道许可、压矿许可；<br>6．施工许可及申请报批材料；<br>7．取水许可、饮用水检测；<br>8．其他报批材料 | | 相关 | 建设 | 永久 | | | | |
| 8202 | 可行性研究 | 01 项目可研阶段文件 | 1．可行性研究报告评审意见（送审版、审定版）及评审人员签到表；<br>2．可行性研究委托函；<br>3．可行性研究报告及附图（送审版、审定版）；<br>4．可研阶段其他专题评审意见、收口文件；<br>5．可行性研究报告调整报告、报审过程文件；<br>6．贷款承诺；<br>7．其他文件 | | 相关 | 建设 | 永久 | | | | |
| | | 02 项目选址 | 1．城乡规划部门选址意见书、申请文件；<br>2．建设用地拆迁安置意见方案；<br>3．红线图、国有土地使用证；<br>4．土地出让合同、土地有偿使用合同 | | 相关 | 建设 | 永久 | | | | |
| | | 03 环境保护 | 环境保护评价报告（送审版和审定版）、报送文件、批复（要有报告评价委托函） | | 相关 | 建设 | 永久 | | | | |
| | | 04 水土保持 | 水土保持报告（送审版和审定版）、报送文件、批复（要有方案编制委托函） | | 相关 | 建设 | 永久 | | | | |

续表

| 分类号 | 类目名称 | 归档范围 | | 执行标准 | 责任单位 | | 保存单位及保管期限 | | | | 备注 |
|---|---|---|---|---|---|---|---|---|---|---|---|
| | | 归档细目 | 主要项目文件 | | 来源 | 立卷 | 建设 | 设计 | 监理 | 施工 | |
| 8202 | 可行性研究 | 05 地质灾害 | 建设用地地质灾害危险性评估报告（送审版和审定版）、报送文件、批复（要有报告委托函） | | 相关 | 建设 | 永久 | | | | |
| | | 06 地震评价 | 地震安全性评价报告（送审版和审定版）、报送文件、批复（要有报告委托函） | | 相关 | 建设 | 永久 | | | | |
| | | 07 社会风险评估 | 社会风险评估报告（送审版和审定版）、报送文件、批复（要有报告委托函） | | 相关 | 建设 | 永久 | | | | |
| | | 08 压覆矿产及文物等勘探 | 1．压覆矿产资源评估报告（送审版和审定版）、报送文件、批复（要有报告委托函）；<br>2．文物勘探报告（送审版和审定版）、报送文件、批复（要有报告委托函）；<br>3．其他勘探报告（送审版和审定版）（石油、天然气输送管道、军用设施等）报送文件、批复（要有报告委托函）；<br>4．可行性研究阶段文件清单 | | 相关 | 建设 | 永久 | | | | |
| | | 09 河道防洪 | 河道防洪报告委托函、防洪报告（送审版、审定版）、批复 | | | | | | | | |
| | | 10 节能环保 | 节能环保评估报告（送审版和审定版）、报送文件、批复（要有报告委托函） | | 相关 | 建设 | 永久 | | | | |
| | | 11 项目职业安全卫生、保密人防、消防、园林、林地、水资源、白蚁防治等专项报审和批复文件 | 职业安全卫生、保密人防、消防、园林、林地、水资源、白蚁防治等专项报告委托函、报告书（送审版和审定版）报送文件和批复 | DA/T 42 | 相关 | 建设 | 永久 | | | | |
| | | 12 专题论证 | 1．项目专题研究报告；<br>2．专家咨询报告；<br>3．评审意见及批复 | | 相关 | 建设 | 永久 | | | | |
| | | 13 科研成果 | 1．科研项目清单；<br>2．科研成果报告 | | 相关 | 建设 | 永久 | | | | |
| | | 14 航道、铁道、输电线路跨越 | 航道、铁道、输电线路的跨越申请和批复 | DL/T 1363—2014 | 相关 | 建设 | 永久 | | | | |

续表

| 分类号 | 类目名称 | 归档范围 | | 执行标准 | 责任单位 | | 保存单位及保管期限 | | | | 备注 |
|---|---|---|---|---|---|---|---|---|---|---|---|
| | | 归档细目 | 主要项目文件 | | 来源 | 立卷 | 建设 | 设计 | 监理 | 施工 | |
| 8203 | 非物资类招投标文件、合同、协议 | 01 勘察、设计、施工、监理、大件运输、调试、设备、材料、环保、水保招投标文件及合同 | 1．招标准备文件（招标委托函、招标评标办法）；<br>2．招标文件（招标申请、计划、审核及批复文件，招标公告或招标邀请函、招标文件、招标修改文件，招标文件审查记录、分包情况汇总，询价表、出售标书记录，招标补遗及答疑文件、招标委托合同、资格预审文件）；<br>3．投标文件（投标报价表、中标的投标书、收取投标文件记录、投标商要求澄清函、修正补充文件）；<br>4．开标过程文件（开标、评标会议议程，评标细则（办法），评标纪律，开标一览表，开标大会签字表，评标人员签字表，评标表，评分表，评标监督报告（合规证明）、汇总表、有关情况说明）；<br>5．评标报告、定标文件、中标通知书；<br>6．招标小组会议通知、签到、纪要，定标会议汇报材料，推荐中标一览表，招标领导小组成员投票汇总；<br>7．相应的合同（包括审批、更改文件、补充文件、合同谈判纪要等）；<br>8．合同相关文件（合同准备、谈判、审批文件，合同书、协议书，合同执行、合同变更、合同索赔、合同了结文件、合同台账）；<br>9．市场调研、技术经济论证采购活动记录、谈判文件、询价通知书、响应文件，供应商的推荐、评审、确定文件，政府采购、竞争性谈判、单一来源采购协商记录、质疑答复 | GB/T 50358—2017；DL/T 1363—2014 | 投标<br>招标<br>代理 | 建设 | 永久 | 30年 | 30年 | 30年 | |
| | | 02 其他合同、协议 | 1．建设管理任务书；<br>2．可研、初设技术咨询、竣工图编制、桩基试验、路径、地质勘测、招标代理、委托管理等合同；<br>3．地震、地灾、压覆矿产、资源评估、林勘、文物勘探等合同；<br>4．招标代理、成套设备服务、设备监理、质量监督等合同； | | 建设<br>投标<br>招标<br>代理 | 投标<br>招标<br>代理 | 永久 | 30年 | 30年 | 30年 | |

续表

| 分类号 | 类目名称 | 归档范围 | | 执行标准 | 责任单位 | | 保存单位及保管期限 | | | | 备注 |
|---|---|---|---|---|---|---|---|---|---|---|---|
| | | 归档细目 | 主要项目文件 | | 来源 | 立卷 | 建设 | 设计 | 监理 | 施工 | |
| 8203 | 非物资类招投标文件、合同、协议 | 02 其他合同、协议 | 5．科研、结算、审计合同，环保、水保验收技术咨询服务合同；<br>6．安全管理、专用码头移交等协议；<br>7．矿业、公路、军事、民航、铁路、通信、白蚁防治等协议；<br>8．项目用房、大件运输道路、桥梁改建、扩建过程文件 | | 建设<br>投标<br>招标<br>代理 | 投标<br>招标<br>代理 | 永久 | 30 年 | 30 年 | 30 年 | |
| | | 03 咨询阶段 | 1．汇报会、验收会、技术规范审查会、招标文件审查会议纪要；<br>2．成套咨询设计报告、设备材料清册等 | | 建设<br>咨询 | 建设 | 10 年 | | | | |
| | | 04 未中标的投标文件 | | | 投标 | 建设 | 10 年（或项目审计完成） | | | | 或作资料保存 |
| 8204 | 物资类招投标文件、合同、协议 | 01 物资类招投标文件、合同、协议 | 参照 8203 非物资类招投标文件、合同、协议 | | 建设<br>投标<br>招标<br>代理 | 投标<br>招标<br>代理 | 永久 | 30 年 | 30 年 | 30 年 | |
| | | 02 进口设备材料报关 | 1．进口设备材料报关、进口设备材料商检；<br>2．缺陷处理、索赔等 | | 建设 | 建设 | 永久 | | | | |
| 8205 | 非招标采购和流标文件 | 01 非招标采购文件 | 1．采购启动过程文件（任务委托资料，采购文件审查会议纪要，采购文件）；<br>2．评审过程文件（评审专家产生记录，评审会议通知，核价问题汇总表，采购报告）；<br>3. 成交过程文件（采购签约单位审批表，成交通知书）；<br>4．响应性文件 | | 建设 | 建设 | 永久 | | | | |
| | | 02 流标文件 | 招标过程文件 | | 建设 | 建设 | 10 年 | | | | |
| | | 03 未中标的投标文件 | | | 投标 | 建设 | 10 年（或项目审计完成） | | | | 或作资料保存 |

续表

| 分类号 | 类目名称 | 归档范围 | | 执行标准 | 责任单位 | | 保存单位及保管期限 | | | | 备注 |
|---|---|---|---|---|---|---|---|---|---|---|---|
| | | 归档细目 | 主要项目文件 | | 来源 | 立卷 | 建设 | 设计 | 监理 | 施工 | |
| 8206 | 项目往来 | 项目往来文件 | 1. 停电申请与批复；<br>2. 物资供货时间变更通知；<br>3. 项目其他往来文件及重要电传；<br>4. 有关会议纪要、领导讲话；<br>5. 有关调查报告 | | 相关 | 建设 | 30年 | | | | |
| 8209 | 其他 | | | | | | | | | | |
| 821 | 项目设计 | | | | | | | | | | |
| 8210 | 综合 | | 1. 设计创优实施细则及过程管理文件；<br>2. 采用标准规范执行计划及记录；<br>3. 工程质量检查报告、达标投产实施细则及自查报告；<br>4. 项目管理组织机构成立；<br>5. 调整文件，管理人员任免及调整；<br>6. 技术人员资质文件 | | 相关 | 设计 | 30年 | | | | |
| 8211 | 设计基础 | 01 地质、勘察、测绘 | 1. 工程地质勘测报告及图纸、水文地质勘测报告；<br>2. 项目用地测量报告及图纸等；<br>3. 水文、气象及地震部门提供资料；<br>4. 重要土岩样及说明等；<br>5. 环保、水保等；<br>6. 地质图、地形图；<br>7. 化验、试验报告 | GB/T 50379—2018 | 勘察设计<br>水文气象<br>地震部门 | 建设<br>设计 | 永久 | 永久 | | | |
| 8212 | 初步设计 | 01 初步设计 | 1. 初步设计审查意见、专家组签到表、请示及批复；<br>2. 初步设计收口评审意见；<br>3. 初步设计委托函；<br>4. 施工阶段应采取的绿色施工措施执行项目清单；<br>5. 标准设计和典型造价应用情况统计表；<br>6. 初步设计全套文件及图纸（送审版和审定版）；<br>7. 初步设计全套收口及附图；<br>8. 初步设计工作大纲 | | 建设<br>评审<br>设计 | 建设<br>设计 | 永久 | 30年 | | | |

续表

| 分类号 | 类目名称 | 归档范围 | | 执行标准 | 责任单位 | | 保存单位及保管期限 | | | | 备注 |
|---|---|---|---|---|---|---|---|---|---|---|---|
| | | 归档细目 | 主要项目文件 | | 来源 | 立卷 | 建设 | 设计 | 监理 | 施工 | |
| 8212 | 初步设计 | 02 初步设计专题报告 | 初步设计各专题报告（包括概算等） | | 建设<br>评审 | 建设 | 永久 | 30 年 | | | |
| | | 03 初步设计阶段其他文件 | 1．材料清册；<br>2．项目资产台账构架；<br>3．初步设计阶段文件清单；<br>4．其他文件 | | 相关 | 建设<br>设计 | 永久 | 30 年 | | | |
| | | 04 联合设计 | 1．设计联络会纪要、签到表；<br>2．重要报告；<br>3．设计月报 | | 相关 | 建设<br>设计 | 永久 | 30 年 | | | |
| 8213 | 施工图设计 | | 1．施工图说明；<br>2．施工图清册；<br>3．施工图；<br>4．材料汇总表；<br>5．概（预）算；<br>6．施工图交图计划及交接单；<br>7．设备设计冻结过程文件；<br>8．其他文件 | | 设计 | 设计 | 30 年 | 30 年 | | | |
| 8214 | 设计服务 | 01 设计变更及工程联系单 | 1．设计变更通知单；<br>2．设计变更通知单汇总表（与竣工图对应一览表） | DL/T 5434—2009 | 设计 | 设计 | 永久 | 永久 | 10 年 | 30 年 | |
| | | | 3．施工图设计交底会议纪要、课件及相关交底文件 | | 建设 | 建设 | 永久 | 30 年 | | 30 年 | |
| | | 02 设计工代服务 | 1．设计工代人员名单（发文）；<br>2．设计工代职责 | | 建设 | 建设 | 永久 | 30 年 | | 30 年 | |
| | | 03 设计工代开工后服务 | 1．设计工代进场后工作性文件（工作大事记、工代日志等）；<br>2．工代月报；<br>3．其他文件 | | 建设 | 建设 | 永久 | 30 年 | | 30 年 | |
| | | 04 竣工后设计服务 | 1．对施工单位的质量评估报告；<br>2．竣工图审核单；<br>3．设计总包对竣工图的确认文件 | | 建设 | 建设 | 永久 | 30 年 | | 30 年 | |
| 8218 | 设计管理 | | 1．有关设计工代管理制度；<br>2．设计工代名单；<br>3．设计服务报告； | | 建设 | 建设 | 30 年 | 30 年 | | 30 年 | |

续表

| 分类号 | 类目名称 | 归档范围 | | 执行标准 | 责任单位 | | 保存单位及保管期限 | | | | 备注 |
|---|---|---|---|---|---|---|---|---|---|---|---|
| | | 归档细目 | 主要项目文件 | | 来源 | 立卷 | 建设 | 设计 | 监理 | 施工 | |
| 8218 | 设计管理 | | 4．设计变更管理制度；<br>5．设计变更台账；<br>6．设计交桩记录；<br>7．设计采用的标准规程规范清单及执行情况总结；<br>8．设计采用标准计划及执行情况；<br>9．绿色环保、节能措施；<br>10．其他文件 | | 建设 | 建设 | 30 年 | 30 年 | | 30 年 | |
| 8219 | 设计验收后评价阶段形成的文件 | | 1．项目施工质量评估报告；<br>2．项目设计后评价报告；<br>3．项目设计创新、科研、专利清单；<br>4．其他文件 | | 建设 | 建设 | 永久 | 30 年 | | 30 年 | |
| 822 | 项目建设管理 | | | | | | | | | | |
| 8220 | 综合 | 01 管理规划 | 1．建设管理纲要或策划（管理规划、安全文明施工/环境总体策划、创优策划、采用标准规范实施计划及实施汇总计划等）；<br>2．质量管理体系认证、环境管理体系认证、职业健康安全管理体系认证；<br>3．项目管理组织机构成立；<br>4．调整文件，管理人员任免及调整文件；<br>5．达标投产计划；<br>6．采用标准规范的规划及总结等 | | 建设 | 建设 | 永久 | | | | |
| | | 02 管理制度标准、往来文件和日志 | 1．建设单位有关项目管理制度；<br>2．采用标准规范清单；<br>3．往来文件登记本；<br>4．建设日志 | | 建设 | 建设 | 30 年 | | | | |
| 8221 | 工程管理 | 01 安全 | 安全管理（安委会成立文件、重要活动会议纪要、安全文明大检查记录及整改情况、一般及以上安全事故处理文件） | | 建设 | 建设 | 10 年 | | | | |
| | | 02 质量 | 1．质量通病防治任务书及防治措施、总结、质量体系文件；<br>2．项目全过程质量门管控文件（中间控制）；<br>3．样板点检查执行情况；<br>4．其他文件 | | 建设 | 建设 | 30 年 | | | | |

续表

| 分类号 | 类目名称 | 归档范围 | | 执行标准 | 责任单位 | | 保存单位及保管期限 | | | | 备注 |
|---|---|---|---|---|---|---|---|---|---|---|---|
| | | 归档细目 | 主要项目文件 | | 来源 | 立卷 | 建设 | 设计 | 监理 | 施工 | |
| 8221 | 工程管理 | 03 造价 | 1．设计变更管理台账；<br>2．进度款审批文件；<br>3．索赔过程文件；<br>4．变更费用审查 | | 施工<br>监理 | 建设 | 30 年 | | 10 年 | 30 年 | |
| | | 04 技术 | 新技术、新工艺、新流程、新设备、新材料推广、应用过程文件 | | 建设 | 建设 | 30 年 | | | | |
| | | 05 环保 | 1．环保措施执行过程文件；<br>2．资金计划；<br>3．其他文件；<br>4．环境总体策划、绿色施工、水土保持、节能减排实施措施等 | | 建设 | 建设 | 30 年 | | | | |
| | | 06 进度 | 1．项目二级进度计划及调整；<br>2．工程进度网络计划、工程节点（里程碑）、进度计划调整 | | 建设 | 建设 | 30 年 | | | 30 年 | |
| | | 07 档案管理 | 1．一级、二级档案交底记录；<br>2．档案中间检查整改清单及闭环文件；<br>3．协调会会议纪要；<br>4．其他过程文件；<br>5．项目档案规划、交底、验收申请及验收意见、立卷说明及档案竣工签证书、移交清册等；<br>6．有关台账 | GB/T 11822—2008<br>GB/T 50328—2014<br>DA/T 28—2018 | 建设 | 建设 | 10 年 | | | | |
| | | 08 协调文件 | 1．工程协调会会议纪要、其他项目管理或专业会议纪要；<br>2．重大问题解决方案的请示、批复；<br>3．其他协调文件 | | 建设 | 建设 | 30 年 | | | | |
| | | 09 来往文件 | 关于塔材、金具、线材等问题来往函件、报告、通知 | | 相关 | 建设 | 10 年 | | | | |
| | | 10 物资管理 | 甲供物资管理形成的文件材料 | | 相关 | 建设 | 10 年 | | | | |
| | | 11 投资计划 | 1．年度投资计划；<br>2．重点工程计划；<br>3．前期费用计划 | | 建设 | 建设 | 30 年 | | | | |

续表

| 分类号 | 类目名称 | 归档范围 | | 执行标准 | 责任单位 | | 保存单位及保管期限 | | | | 备注 |
|---|---|---|---|---|---|---|---|---|---|---|---|
| | | 归档细目 | 主要项目文件 | | 来源 | 立卷 | 建设 | 设计 | 监理 | 施工 | |
| 8222 | 质量监督 | | 1．质量监督申报书；<br>2．工程各阶段质量监督检查报告/专家意见书、记录及整改反馈；<br>3．工程总体质量监督报告；<br>4．转序通知书；<br>5．投产后一年质量监督意见书；<br>6．质量监督申报书及批复；<br>7．质量监督台账；<br>8．其他 | | 质监<br>建设 | 建设 | 永久 | | 30 年 | 30 年 | |
| 8229 | 其他 | | | | | | | | | | |
| 823 | 项目施工 | | | | | | | | | | |
| 8230 | 综合 | 01 工程开工及报审 | 1．项目部成立、启用章；<br>2．开工报审及开工报告、工程概况；<br>3．施工组织设计报审及附件；<br>4．验评划分报审及附件；<br>5．专业技术标准规程规范清单报审及附件；<br>6．复工申请表；<br>7．其他文件 | DL/T 5434—2009 | 施工 | 施工 | 30 年 | | 30 年 | 30 年 | |
| | | 02 综合 | 1．创优实施细则报审、附件、创优总结；<br>2．样板点施工实施细则报审及附件、总结；<br>3．绿色施工细则、环保措施、水保措施报审、附件、执行过程文件及总结；<br>4．采用标准规范施工实施细则、费用报审、附件、执行过程文件、总结；<br>5．创优（样板点）、绿色施工、采用标准规范、档案交底、档案中间检查；<br>6．施工总结；<br>7．其他文件 | | 相关 | 施工 | 30 年 | | 30 年 | 30 年 | |
| | | 03 安全管理 | 1．应急预案汇编、安全风险分析（含项目基准风险分析表）报审及控制文件；<br>2．安全文明施工二次策划、费用报审及附件；<br>3．施工用电报审及附件；<br>4．5S 管理施工实施细则报审文件及过程记录、总结； | | 相关 | 施工 | 30 年 | | 30 年 | 30 年 | |

续表

| 分类号 | 类目名称 | 归档范围 | | 执行标准 | 责任单位 | | 保存单位及保管期限 | | | | 备注 |
|---|---|---|---|---|---|---|---|---|---|---|---|
| | | 归档细目 | 主要项目文件 | | 来源 | 立卷 | 建设 | 设计 | 监理 | 施工 | |
| 8230 | 综合 | 03 安全管理 | 5．安全管理交底；<br>6．安全培训记录、考试成绩；<br>7．健康体检；<br>8．饮用水检测；<br>9．工器具、安全设施保养记录；<br>10．站班会记录及安全施工作业票；<br>11．安全文明施工措施费使用计划报审及附件；<br>12．其他安全管理文件 | | 相关 | 施工 | 30 年 | | 30 年 | 30 年 | |
| | | 04 质量管理 | 1．质量通病报审文件、执行过程文件；<br>2．样板点实施过程文件；<br>3．QC 小组活动记录及成果；<br>4．成品保护方案；<br>5．其他质量管理过程文件 | | 相关 | 施工 | 30 年 | | 30 年 | 30 年 | |
| | | 05 人员报审 | 1．管理人员资质报审及附件（含档案员）、人员调整文件；<br>2．特殊工种人员资质报审及附件、台账；<br>3．试验单位资质报审及附件；<br>4．主要材料供货商（厂家）资质报审及附件；<br>5．分包商资质报审及附件；<br>6．其他文件 | | 相关 | 施工 | 30 年 | | 30 年 | 30 年 | |
| | | 06 工器具、仪器仪表报审 | 1．主要施工机械/工器具/安全用具报审及附件；<br>2．主要测量计量器报审及附件；<br>3．施工机械（具）和设备管理作业指导书报审及附件；<br>4．其他文件 | | 相关 | 施工 | 30 年 | | 30 年 | 30 年 | |
| | | 07 设计变更 | 1．设计变更联系单；<br>2．设计变更通知单及闭环文件；<br>3．设计预算书；<br>4．其他文件 | | 相关 | 施工 | 永久 | | 30 年 | 30 年 | |

续表

| 分类号 | 类目名称 | 归档范围 | | 执行标准 | 责任单位 | | 保存单位及保管期限 | | | | 备注 |
|---|---|---|---|---|---|---|---|---|---|---|---|
| | | 归档细目 | 主要项目文件 | | 来源 | 立卷 | 建设 | 设计 | 监理 | 施工 | |
| 8231 | 土石方 | 01 路径复测及土石方工程 | 1. 路径复测记录及报审表；<br>2. 土石方分部工程开工及报审；<br>3. 普通基础分坑及开挖检查记录；<br>4. 拉线基础分坑检查记录；<br>5. 岩石、掏挖式基础分坑检查记录；<br>6. 其他 | GB 50233—2014<br>DL/T 5168—2016 | 施工 | 施工 | 永久 | | | 30 年 | |
| 8232 | 基础 | 01 基础工程 | 1. 基础分部工程开工及报审文件；<br>2. 特殊施工方案的报审及附件；<br>3. 基础施工方案、作业指导书报审及附件、执行文件；<br>4. 三级技术交底；<br>5. 现浇铁塔基础检查及评级记录；<br>6. 现浇拉线塔基础检查及评级记录；<br>7. 预制装配式基础检查及评级记录；<br>8. 混凝土杆预制基础检查及评级记录；<br>9. 岩石、掏挖基础检查及评级记录；<br>10. 灌注桩基础检查及评级记录；<br>11. 贯入桩基础检查及评级记录；<br>12. 其他特殊基础检查及评级记录；<br>13. 标准外的其他基础评级记录；<br>14. 隐蔽工程（基础）签证；<br>15. 其他 | GB 50233—2014<br>DL/T 5168—2016 | 施工 | 施工 | 永久 | | | 30 年 | |
| | | 02 水泥 | 1. 水泥试样报审及附件；<br>2. 水泥现场报审表；<br>3. 水泥现场到货记录；<br>4. 水泥出厂合格证；<br>5. 水泥出厂试验报告；<br>6. 水泥第三方试验委托单；<br>7. 水泥第三方试验报告；<br>8. 水泥使用跟踪记录表；<br>9. 其他文件 | | 施工 | 施工 | 永久 | | | 30 年 | |
| | | 03 施工用沙 | 1. 砂试样报审及附件；<br>2. 砂现场报审单；<br>3. 砂现场到货记录；<br>4. 砂第三方试验委托单；<br>5. 砂第三方试验报告；<br>6. 砂使用跟踪记录表；<br>7. 其他文件 | | 施工 | 施工 | 永久 | | | 30 年 | |

续表

| 分类号 | 类目名称 | 归档范围 | | 执行标准 | 责任单位 | | 保存单位及保管期限 | | | | 备注 |
|---|---|---|---|---|---|---|---|---|---|---|---|
| | | 归档细目 | 主要项目文件 | | 来源 | 立卷 | 建设 | 设计 | 监理 | 施工 | |
| 8232 | 基础 | 04 施工用碎石 | 1. 碎石试样报审及附件；<br>2. 碎石现场报审单；<br>3. 碎石现场到货记录；<br>4. 碎石第三方试验委托单；<br>5. 碎石第三方试验报告；<br>6. 碎石使用跟踪记录表；<br>7. 其他文件 | | 施工 | 施工 | 永久 | | | 30 年 | |
| | | 05 施工用混凝土 | 1. 混凝土试块强度汇总表；<br>2. 混凝土试块试验报审表；<br>3. 第三方试验委托单；<br>4. 混凝土试块报告；<br>5. 混凝土同条件养护温度记录；<br>6. 混凝土配合比试验报告及报审；<br>7. 施工用水检测报告及报审；<br>8. 混凝土开盘鉴定及记录；<br>9. 混凝土试块强度评定；<br>10. 其他文件 | | 施工 | 施工 | 永久 | | | 30 年 | |
| | | 06 商品混凝土 | 1. 现场到货报审表；<br>2. 现场塌落度检查记录；<br>3. 配比设计报审及附件；<br>4. 出厂质量证明文件；<br>5. 混凝土同条件养护温度记录；<br>6. 第三方试验委托单；<br>7. 混凝土试块报告；<br>8. 其他文件 | | 施工 | 施工 | 永久 | | | 30 年 | |
| | | 07 钢筋 | 1. 钢筋现场到货报审表；<br>2. 钢筋现场到货记录；<br>3. 材质证明文件；<br>4. 第三方试验委托单；<br>5. 第三方试验报告；<br>6. 使用跟踪记录表；<br>7. 其他文件 | | 施工 | 施工 | 永久 | | | 30 年 | |
| | | 08 角钢、地脚螺栓 | 1. 角钢、地脚螺栓现场到货报审表；<br>2. 角钢、地脚螺栓现场到货记录；<br>3. 角钢、地脚螺栓出厂合格证；<br>4. 角钢、地脚螺栓出厂试验报告；<br>5. 角钢、地脚螺栓材质证明文件； | | 施工 | 施工 | 永久 | | | 30 年 | |

续表

| 分类号 | 类目名称 | 归档范围 | | 执行标准 | 责任单位 | | 保存单位及保管期限 | | | | 备注 |
|---|---|---|---|---|---|---|---|---|---|---|---|
| | | 归档细目 | 主要项目文件 | | 来源 | 立卷 | 建设 | 设计 | 监理 | 施工 | |
| 8232 | 基础 | 08 角钢、地脚螺栓 | 6. 地脚螺栓第三方试验报告及报审表；<br>7. 使用跟踪记录表；<br>8. 其他文件 | | 施工 | 施工 | 永久 | | | 30 年 | |
| | | 09 接地设施 | 1. 报审表及附件；<br>2. 其他文件 | | 相关 | 施工 | 30 年 | | | 30 年 | |
| | | 10 钢筋焊接或机械连接报告 | 1. 试焊或试接报告；<br>2. 焊条出厂合格证或套筒出厂合格证；<br>3. 焊接或机械连接试验报告报审单；<br>4. 第三方试验委托单；<br>5. 第三方焊接或机械连接试验报告；<br>6. 焊接接头或机械连接接头汇总表；<br>7. 其他文件 | | 施工 | 施工 | 永久 | | | 30 年 | |
| | | 11 基础隐蔽工程签证 | 1. 基础隐蔽工程签证；<br>2. 其他文件 | | 相关 | 施工 | 30 年 | | | 30 年 | |
| | | 12 基础分部工程三级检查记录 | 1. 基础分部工程三级检查记录；<br>2. 其他文件 | | 相关 | 施工 | 30 年 | | | 30 年 | |
| | | 13 基础分部工程评级记录 | 1. 基础分部工程验收检查及评级记录；<br>2. 其他文件 | | 相关 | 施工 | 30 年 | | | 30 年 | |
| | | 14 基础施工总结 | 基础分部工程施工总结 | | 相关 | 施工 | 30 年 | | | 30 年 | |
| 8233 | 杆塔 | 01 杆塔工程 | 1. 分部工程开工及报审表；<br>2. 架线分部工程特殊工种报审表及附件；<br>3. 架线分部工程工器具报审及附件；<br>4. 架线分部工程试验单位资质报审及附件；<br>5. 自立式铁塔组立检查及评级记录；<br>6. 拉线铁塔组立检查及评级记录；<br>7. 混凝土杆组立检查及评级记录；<br>8. 铁塔拉线压接管施工检查及评级记录；<br>9. 标准外的其他杆塔组立评级记录 | GB 50233—2014<br>DL/T 5168—2016 | 施工 | 施工 | 30 年 | | | 30 年 | |
| | | 02 现场设备开箱检查 | 杆、铁塔开包检查等开箱申请及检查记录 | | 施工<br>监理 | 施工 | 30 年 | | | | |
| | | 03 杆塔拉线压接试验、高强螺栓试验 | 1. 高强度螺栓副连接坚固质量报告；<br>2. 杆塔拉线压接试拉报告 | | 施工 | 施工 | 30 年 | | | 30 年 | |

续表

| 分类号 | 类目名称 | 归档范围 | | 执行标准 | 责任单位 | | 保存单位及保管期限 | | | | 备注 |
|---|---|---|---|---|---|---|---|---|---|---|---|
| | | 归档细目 | 主要项目文件 | | 来源 | 立卷 | 建设 | 设计 | 监理 | 施工 | |
| 8233 | 杆塔 | 04 标杆塔组立分部工程三级检查及评级记录 | 1. 铁塔分部工程三级检查记录；<br>2. 铁塔组立检查及评级记录；<br>3. 防坠落检查及评级记录；<br>4. 其他文件 | | 相关 | 施工 | 30年 | | | 30年 | |
| | | 05 杆塔组立分部工程施工过程文件 | 1. 铁塔现场到货记录；<br>2. 铁塔加工明细表；<br>3. 铁塔分部工程施工总结；<br>4. 其他文件 | | 相关 | 施工 | 30年 | | | 30年 | |
| 8234 | 架线及附件安装 | 01 架线分部工程开工报审 | 1. 架线分部工程开工报审表及附件；<br>2. 架线分部工程特殊工种报审表及附件；<br>3. 架线分部工程工器具报审及附件；<br>4. 架线分部工程试验单位资质报审及附件；<br>5. 其他文件 | GB 50233—2014<br>GB 50389<br>DL/T 5168 | 施工 | 施工 | 30年 | | | 30年 | |
| | | 02 架线分部工程施工方案报审及技术交底 | 1. 架线分部工程施工方案报审表及附件；<br>2. 交叉跨越施工方案报审表及附件；<br>3. 跨越公路、铁路、电力线路施工方案报审及附件；<br>4. 大跨越施工方案报审及附件；<br>5. 架线分部工程施工三级技术交底；<br>6. 其他文件 | | 施工 | 施工 | 30年 | | | 30年 | |
| | | 03 架线分部工程导线、三级检查记录 | 1. 导线展放三级检查记录；<br>2. 导线压接三级检查记录；<br>3. 导线紧线三级检查记录；<br>4. 附件安装三级检查记录 | DL/T 5344—2018 | 相关 | 相关 | 30年 | | | 30年 | |
| | | 04 架线分部工程地线三级检查记录 | 1. 地线展放三级检查记录；<br>2. 地线压接三级检查记录；<br>3. 地线紧线三级检查记录 | DL/T 5344—2018 | 相关 | 相关 | 30年 | | | 30年 | |
| | | 05 架线分部工程评级记录 | 1. 导、地线展放施工检查及评级记录；<br>2. 导、地线直线爆压管施工检查及评级记录；<br>3. 导、地线直线液压管施工检查及评级记录；<br>4. 导、地线耐张爆压管施工检查及评级记录； | | 施工<br>监理 | 施工 | 30年 | | | | |

续表

| 分类号 | 类目名称 | 归档范围 | | 执行标准 | 责任单位 | | 保存单位及保管期限 | | | | 备注 |
|---|---|---|---|---|---|---|---|---|---|---|---|
| | | 归档细目 | 主要项目文件 | | 来源 | 立卷 | 建设 | 设计 | 监理 | 施工 | |
| 8234 | 架线及附件安装 | 05 架线分部工程评级记录 | 5．导、地线耐张液压管施工检查及评级记录；<br>6．导地线紧线施工检查及评级记录；<br>7．导地线附件安装施工检查及评级记录；<br>8．对地、风偏开方对地距离检查及评级记录；<br>9．交叉跨越检查及评级记录 | | 施工<br>监理 | 施工 | 30年 | | | | |
| | | 06 导、地线压接试验报告及隐蔽工程签证 | 1．导、地线压接试验报告报审及附件；<br>2．导、地线压接隐蔽工程签证书 | | 施工 | 施工 | 30年 | | | 30年 | |
| | | 07 光缆施工 | 1．光缆工程开工报审；<br>2．光缆质量证明文件；<br>3．OPGW 光缆[1]展放施工检查及评级记录；<br>4．OPGW 光缆紧线施工检查及评级记录；<br>5．OPGW 光缆接头盒、引下线等附件安装施工检查及评级记录；<br>6．OPGW 光缆附件安装施工检查及评级记录；<br>7．光缆接续施工检查及评级记录表；<br>8．全程光纤传输损耗试验测试记录；<br>9．其他文件 | | 相关 | 施工 | 30年 | | | 30年 | |
| | | 08 光缆测试报告 | 1．光缆 OPGW 现场开盘测试报告；<br>2．光缆 OPGW 接头衰减测试报告；<br>3．光缆 OPGW 纤芯衰减测试报告；<br>4．光缆拉力试验报告；<br>5．光缆单盘测试熔接报告；<br>6．光缆接头塔位明细；<br>7．其他文件 | | 相关 | 施工 | 30年 | | | 30年 | |
| | | 09 融冰装置施工过程文件 | 现场到货检查记录、安装记录等 | | 相关 | 施工 | 30年 | | | 30年 | |

[1] OPGW 光缆，即 Optical Fiber Composite Overhead Ground Wire，也称光纤复合架空地线。

续表

| 分类号 | 类目名称 | 归档范围 | | 执行标准 | 责任单位 | | 保存单位及保管期限 | | | | 备注 |
|---|---|---|---|---|---|---|---|---|---|---|---|
| | | 归档细目 | 主要项目文件 | | 来源 | 立卷 | 建设 | 设计 | 监理 | 施工 | |
| 8235 | 接地 | 01 接地分部工程 | 1. 接地分部工程开工报审及附件；<br>2. 接地材料进场报审及附件；<br>3. 表面式接地装置施工检查及评级记录；<br>4. 深埋式接地装置施工检查及评级记录；<br>5. 其他文件 | GB 50233—2014<br>DL/T 5168—2016 | 施工 | 施工 | 永久 | | | 30 年 | |
| | | 02 接地隐蔽工程 | 接地线埋设隐蔽工程签证 | | 施工 | 施工 | 永久 | | | 30 年 | |
| | | 03 现场设备开箱检查 | 接地线、接地模块开箱申请及检查记录 | | 施工<br>监理 | 施工 | 30 年 | | | | |
| 8236 | 线路防护 | | 1. 分部工程开工报审；<br>2. 线路防护设施检查及评级记录 | DL/T 5168—2016 | 施工 | 施工 | 30 年 | | | 30 年 | |
| 8237 | 质量评定 | | 1. 分部工程质量评级统计表；<br>2. 单位工程质量评 8 级统计表；<br>3. 线路防护设施检查及评级记录 | DL/T 5168—2016 | 相关 | 施工 | 30 年 | | | 30 年 | |
| 8239 | 其他 | | | | | | | | | | |
| 825 | 线路参数测试 | | 1. 线路调试方案及措施；<br>2. 线路测试记录及调试报告；<br>3. 光缆通道测试；<br>4 测试仪器及人员报审文件 | | 调试 | 建设 | 30 年 | | | 30 年 | |
| 826 | 监理 | | | | | | | | | | |
| 8260 | 综合 | 开工文件 | 1. 总监资质证明文件及其报审表；<br>2. 总监代表授权书；<br>3. 监理项目部人员调整申报书及批准；<br>4. 监理项目部组成人员资质证件；<br>5. 监理项目部印章启用函；<br>6. 所用仪器仪表校准证明文件 | GB/T 50319—2013 | 监理 | 监理 | 30 年 | | 30 年 | | |
| | | 综合报审 | 1. 监理规划及其报审表；<br>2. 监理大纲、监理细则；<br>3. 档案管理实施细则（归档策划书）及其报审表；<br>4. 其他报审文件 | | 监理 | 监理 | 30 年 | | 30 年 | | |

续表

| 分类号 | 类目名称 | 归档范围 | | 执行标准 | 责任单位 | | 保存单位及保管期限 | | | | 备注 |
|---|---|---|---|---|---|---|---|---|---|---|---|
| | | 归档细目 | 主要项目文件 | | 来源 | 立卷 | 建设 | 设计 | 监理 | 施工 | |
| 8260 | 综合 | 质量管理 | 1．质量管理实施细则及其报审表；<br>2．创优监理实施细则及其报审表；<br>3．样板点监理实施细则及其报审表；<br>4．监理旁站方案及其报审表；<br>5．WHS 质量控制及量化评价报审及附件；<br>6．验评划分汇总报审；<br>7．工程适用标准规范清单报审；<br>8．采用标准规范清单监督检查计划报审 | | 监理 | 监理 | 30 年 | | 30 年 | | |
| | | 安全管理 | 1．5S[❷]监理实施细则及其报审表；<br>2．安全风险及文明施工监理实施细则及其报审表；<br>3．监理安全管理制度汇编及其报审表；<br>4．安全监理实施程序汇总报审；<br>5．安全监理控制工作计划；<br>6．其他文件 | | 监理 | 监理 | 30 年 | | 30 年 | | |
| | | 综合交底 | 1．监理合同交底记录；<br>2．监理对施工项目部（安全、技术）总交底单；<br>3．档案管理技术交底；<br>4．创优（样板点）、采用的标准规范、绿色施工、5S、WHS 及量化评价交底 | | 监理 | 监理 | 30 年 | | 30 年 | | |
| 8261 | 设计监理 | | 1．基础施工图会检会议纪要、设计交底单及施工图会检设计回复单；<br>2．电气部分施工图会检会议纪要、设计交底单及施工图会检设计回复单；<br>3．其他有关施工图会检文件；<br>4．设计监理规划、细则、采用标准规范清单及其执行计划及记录、施工图审查纪要、监理通知单及回复文件、创优文件 | | 监理 | 监理 | 30 年 | | 30 年 | | |
| 8262 | 施工监理 | 01 监理策划 | 1．项目部成立文件、组成人员资质；<br>2．监理规划、细则、方案、采用标准规范清单及其执行计划及记录、创优细则、质量通病控制措施及评估 | DL/T 5434—2009 | 监理 | 监理 | 30 年 | | 30 年 | | |

❷ 5S 是整理（Seiri）、整顿（Seiton）、清扫（Seiso）、清洁（Seiketsu）、素养（Shitsuke）的缩写。

续表

| 分类号 | 类目名称 | 归档范围 | | 执行标准 | 责任单位 | | 保存单位及保管期限 | | | | 备注 |
|---|---|---|---|---|---|---|---|---|---|---|---|
| | | 归档细目 | 主要项目文件 | | 来源 | 立卷 | 建设 | 设计 | 监理 | 施工 | |
| 8262 | 施工监理 | 02 审查文件 | 供货商、施工、分包、试验单位、专职管理人员及特殊工种资质审核，主要施工机械、工器具等各类报审文件审核单、台账等 | DL/T 5434—2009<br>DL/T 5279—2012 | 施工<br>监理等 | 施工<br>监理等 | 30 年 | | 10 年 | 10 年 | 施工提交审查的由施工立卷 |
| | | 03 安全管理 | 1．监理工程师通知单及对应的回复单和闭环；<br>2．监理应急预案；<br>3．安全会议纪要；<br>4．安全文明施工检查评价表；<br>5．监理部安全交底记录表（内部）；<br>6．重大、危险、特殊作业、停电作业等实施安全旁站控制记录表；<br>7．其他安全管理文件 | | 监理 | 监理 | 10 年 | | 10 年 | | |
| | | 04 质量管理 | 1．质量缺陷通知单及回复单、工程质量通病防治措施；<br>2．适用标准规范清单的使用情况检查记录；<br>3．采用标准规范清单检查记录；<br>4．采用标准规范清单检查总结；<br>5．其他质量管理文件 | | 监理 | 监理 | 30 年 | | 30 年 | | |
| | | 05 项目部对工地内部管理制度 | 1．技术文件审核制度；<br>2．原材料、构配件、设备开箱验收制度；<br>3．工程质量验收制度；<br>4．工程计量和工程款支付制度；<br>5．会议制度；<br>6．施工现场紧急情况处理和报告制度；<br>7．隐蔽工程验收制度；<br>8．旁站监理、见证取样和送检制度；<br>9．工程信息管理制度；<br>10．项目监理机构内部管理制度；<br>11．应急预案与响应制度；<br>12．其他制度 | | 监理 | 监理 | 10 年 | | 10 年 | | |
| | | 06 监理记录 | 1．监理见证台账；<br>2．监理旁站记录；<br>3．其他记录 | | 监理 | 监理 | 30 年 | | 30 年 | | |

续表

| 分类号 | 类目名称 | 归档范围 | | 执行标准 | 责任单位 | | 保存单位及保管期限 | | | | 备注 |
|---|---|---|---|---|---|---|---|---|---|---|---|
| | | 归档细目 | 主要项目文件 | | 来源 | 立卷 | 建设 | 设计 | 监理 | 施工 | |
| 8262 | 施工监理 | 07 各分部工程WHS检查表 | 1．基础分部工程WHS检查表；<br>2．杆塔组立分部工程WHS检查表；<br>3．架线分部工程WHS检查表；<br>4．接地分部工程WHS检查表；<br>5．其他分部工程WHS检查表 | | 监理 | 监理 | 30年 | | 30年 | | |
| | | 08 物资到货WHS检查表 | 物资到货WHS检查记录表 | | 监理 | 监理 | 30年 | | 30年 | | |
| | | 09 WHS检查情况月度分析表 | 1．WHS月度检查计划；<br>2．WHS检查情况月度分析表；<br>3．WHS检查情况月度统计汇总表 | | 监理 | 监理 | 30年 | | 30年 | | |
| | | 10 会议纪要 | 1．工地例会纪要（记录）；<br>2．专题会议纪要（记录） | | 监理 | 监理 | 30年 | | 30年 | | |
| | | 11 其他工作性文件 | 1．工程暂停令、复工申请；<br>2．监理项目部工作业务函件 | | 监理 | 监理 | 10年 | | 10年 | | |
| | | 12 设计变更管理台账 | 监理设计变更管理台账 | | 监理 | 监理 | 永久 | | 永久 | | |
| | | 13 监理日志 | 监理日志 | | 监理 | 监理 | 30年 | | 30年 | | |
| | | 14 监理月报 | 监理月报 | | 监理 | 监理 | 10年 | | 10年 | | |
| | | 15 检查缺陷整改通知单 | 1．杆塔组立前监理检查缺陷整改通知单及其回复单；<br>2．架线前监理检查缺陷整改通知单及其回复单；<br>3．竣工前监理检查缺陷整改通知单及其回复单 | | 监理 | 监理 | 30年 | | 30年 | | |
| | | 16 预验收 | 1．验收申请单；<br>2．杆塔组立前监理预验收工作报告及消缺清单闭环；<br>3．架线前监理预验收工作报告及消缺清单闭环；<br>4．竣工前监理预验收工作报告及消缺清单闭环 | | 监理 | 监理 | 永久 | | 永久 | | |

续表

| 分类号 | 类目名称 | 归档范围 | | 执行标准 | 责任单位 | | 保存单位及保管期限 | | | | 备注 |
|---|---|---|---|---|---|---|---|---|---|---|---|
| | | 归档细目 | 主要项目文件 | | 来源 | 立卷 | 建设 | 设计 | 监理 | 施工 | |
| 8262 | 施工监理 | 17 建设单位中间验收文件 | 1．验收方案；<br>2．验收小组签到表；<br>3．各分部工程中间验收报告；<br>4．消缺清单闭环 | | 监理 | 监理 | 永久 | | 永久 | | |
| | | 18 监理评定 | 1．监理质量评估报告；<br>2．监理安全评估报告 | | 监理 | 监理 | 永久 | | 永久 | | |
| | | 19 各类总结 | 1．监理工作总结；<br>2．创优监理总结；<br>3．采用的标准规范监理总结；<br>4．绿色施工监理总结；<br>5．环保监理总结；<br>6．水土保持监理总结；<br>7．样板点监理总结；<br>8．WHS 监理总结；<br>9．5S 管理监理总结 | | 监理 | 监理 | 30 年 | | 30 年 | | |
| | | 20 专题汇报 | 1．工程中存在质量、安全问题的专题汇报；<br>2．相关单位组织专项调研、审计时的专题汇报；<br>3．其他汇报材料 | | 监理 | 监理 | 30 年 | | 30 年 | | |
| 8263 | 设备监理 | 01 综合报审 | 1．监造委托函；<br>2．监造大纲（含 WHS 点）报审及附件；<br>3．监造实施细则报审及附件、监造作业指导书报审及附件；<br>4．监造用标准规程规范清单报审及附件；<br>5．监造项目人员组成报审及附件；<br>6．其他报审文件 | DL/T 586—2008 | 监理 | 监理 | 30 年 | | 30 年 | | |
| | | 02 厂家开工报审 | 1．质量、环境及职业健康安全管理体系文件报审及附件；<br>2．特殊工种人员上岗资质报审及附件；<br>3．主要原材料/外购件供应商资质报审及附件（包括《原材料元器件——技术协议符合性检查见证表》）；<br>4．厂家采用的规程规范标准清单报审及附件； | | 监理 | 监理 | 30 年 | | 30 年 | | |

续表

| 分类号 | 类目名称 | 归档范围 | | 执行标准 | 责任单位 | | 保存单位及保管期限 | | | | 备注 |
|---|---|---|---|---|---|---|---|---|---|---|---|
| | | 归档细目 | 主要项目文件 | | 来源 | 立卷 | 建设 | 设计 | 监理 | 施工 | |
| 8263 | 设备监理 | 02 厂家开工报审 | 5．生产进度报审及附件；<br>6．出厂试验方案报审及附件；<br>7．厂家设计图纸报审及附件；<br>8．产品型式试验报告报审及附件(包括《试验项目——技术协议符合性检查见证表》)；<br>9．新材料新工艺报审及附件；<br>10．开工报审表；<br>11．其他报审文件 | | 监理 | 监理 | 30 年 | | 30 年 | | |
| | | 03 厂家备料阶段 | 1．原材料质量见证记录表；<br>2．原材料见证问题协调文件（监造传真、监造工作通知单、监造工作联系单、会议通知和纪要等）；<br>3．原材料到货记录及入厂检验记录；<br>4．关键原材料出厂试验报告；<br>5．相关过程试验报告；<br>6．备料过程问题分析报告及报审文件、处理结果 | | 监理 | 监理 | 30 年 | | 30 年 | | |
| | | 04 厂家制造过程 | 1．制造过程中的质量见证记录表；<br>2．制造过程见证问题协调文件（监造传真、监造工作通知单、监造工作联系单、会议通知和纪要等）；<br>3．制造过程特殊工艺说明文件；<br>4．制造过程问题分析报告及报审文件及处理结果；<br>5．暂停令和复工报审表 | | 监理 | 监理 | 30 年 | | 30 年 | | |
| | | 05 设备验收、储运阶段 | 1．试验方案、重点设备储运方案报审及相关附件；<br>2．出厂试验的质量见证记录表；<br>3．出厂试验问题协调文件、监造传真、监造工；<br>4．工作通知单、监造工作联系单、会议通知和纪要等；<br>5．设备验收、储运审核记录文件；<br>6．发运包装的质量见证记录表；<br>7．合同货物出厂见证表；<br>8．合同货物卖方资料确认表；<br>9．出厂试验通知出厂试验问题分析报告及报审文件（如果发生）；<br>10．发运报审文件及附件 | | 监理 | 监理 | 永久 | | 永久 | | |

续表

| 分类号 | 类目名称 | 归档范围 | | 执行标准 | 责任单位 | | 保存单位及保管期限 | | | | 备注 |
|---|---|---|---|---|---|---|---|---|---|---|---|
| | | 归档细目 | 主要项目文件 | | 来源 | 立卷 | 建设 | 设计 | 监理 | 施工 | |
| 8263 | 设备监理 | 06 监造日志 | 监造日志 | | 监理 | 监理 | 30 年 | | 30 年 | | |
| | | 07 监造周报、监造月报 | 监造周报、监造月报 | | 监理 | 监理 | 10 年 | | 10 年 | | |
| | | 08 监造综合 | 1. 影像资料及编制说明；<br>2. 监造总结报告及报审；<br>3. 其他文件 | | 监理 | 监理 | 永久 | | 永久 | | |
| 8264 | 环保、水保监理 | | 监理规划、检查记录、总结、参建人员清册 | GB/T 50329—2012 | 监理 | 监理 | 30 年 | | 30 年 | | |
| 8269 | 其他 | | 大件运输监理等 | | 监理 | 监理 | 30 年 | | 30 年 | | |
| 827 | 启动及竣工验收 | | | | | | | | | | |
| 8270 | 综合 | 01 线路命名 | 1. 线路命名及调度编号、杆塔对照；<br>2. 杆塔施工命名、运行命名一览表 | | 建设 | 建设 | 永久 | | | | |
| | | 02 统计报表、简报 | 建设项目简报、建设项目大事记 | | 建设 | 建设 | 30 年 | | | | |
| 8271 | 启动竣工验收 | 01 启动、验收（竣工验收、专项验收） | 1. 启动验收委员会成立；<br>2. 启动方案；<br>3. 启动委员会会议纪要等；<br>4. 生产准备有关文件 | DL/T 782—2001 | 启委会 | 建设 | 永久 | | | | |
| | | 02 项目验收 | 1. 项目预验收方案；<br>2. 项目验收申请；<br>3. 项目竣工验收报告、竣工报告；<br>4. 消缺清单及闭环；<br>5. 竣工签证；<br>6. 其他验收阶段文件 | | 建设<br>施工<br>监理 | 建设 | 永久 | | 30 年 | 30 年 | |
| | | 03 项目专项验收 | 1. 项目各专项验收申请（环保、水保、劳动保障、职业卫生、安全设施、消防、档案等）；<br>2. 各专项验收报告、整改清单及闭环 | | 建设<br>施工<br>监理 | 建设 | 永久 | | 30 年 | 30 年 | |
| | | 04 移交文件 | 1. 项目移交生产文件；<br>2. 转固定资产有关文件台账 | | 相关 | 建设 | 永久 | | 30 年 | 30 年 | |
| | | 05 后评价文件 | 项目后评价报告 | | 相关 | 建设 | 永久 | | 30 年 | 30 年 | |

续表

| 分类号 | 类目名称 | 归档范围 | | 执行标准 | 责任单位 | | 保存单位及保管期限 | | | | 备注 |
|---|---|---|---|---|---|---|---|---|---|---|---|
| | | 归档细目 | 主要项目文件 | | 来源 | 立卷 | 建设 | 设计 | 监理 | 施工 | |
| 8272 | 结算、决算、审计 | 前期费结算 | 项目结算报告及过程文件（包括附件） | | 相关 | 建设 | 永久 | | 30 年 | 30 年 | |
| | | | 1．工程结算及审核报告；<br>2．竣工决算报告及批复；<br>3．竣工决算审计报告等 | | 相关 | 建设 | 永久 | | 30 年 | 30 年 | |
| 8273 | 达标投产、质量评价、工程创优 | 01 达标投产工程创优 | 达标投产、工程创优申报及命名（包括附件） | DL 5279—2012 | 主管验收 | 建设 | 永久 | 30 年 | 30 年 | 30 年 | |
| | | 02 质量评价 | 1．工程质量评价报告及批复；<br>2．勘察、设计对质量的检查报告；<br>3．监理工程总体质量评估报告；<br>4．质量监督站的工程质量监督报告 | GB/T 50375—2016 | 评价 | 建设 | 永久 | 10 年 | 10 年 | 10 年 | 创优工程勘察、设计对质量的检查报告 |
| 8274 | 科技创新、奖项 | | 1．新技术、新工艺、新流程、新装备、新材料获奖；<br>2．环境保护、优秀设计、专利、工法、科技成果、QC[❸]小组成果、全过程质量控制示范工程、绿色施工、安全文明、科技示范工程、优质工程（含中国安装之星）等获奖 | | 鉴定评奖单位 | 建设 | 永久 | 永久 | 永久 | 永久 | |
| 8279 | 其他 | | | | | | | | | | |
| 828 | 竣工图 | | | | | | | | | | |
| 8280 | 综合 | | 竣工图总目录、编制说明及线路路径图、杆塔一览图等竣工图 | | 设计施工 | 设计施工 | 永久 | 30 年 | | 30 年 | |
| 8281 | 杆塔与基础 | | 一般钢结构塔、一般杆、杆塔基础等竣工图 | | 设计施工 | 设计施工 | 永久 | 30 年 | | 30 年 | |
| 8282 | 机电安装 | | 平断面图、明细表、机电特性安装、金具及防震装置、网络通信、线路避雷器等竣工图 | | 设计施工 | 设计施工 | 永久 | 30 年 | | 30 年 | |
| 8289 | 其他 | | | | | | | | | | |
| 829 | 其他 | | | | | | | | | | |

❸ QC（Quality Control，质量控制）。QC 小组是企业群众性质量管理活动的一种有效组织形式，是职工参加企业民主管理的经验同现代科学管理方法相结合的产物。

续表

| 分类号 | 类目名称 | 归档范围 | | 执行标准 | 责任单位 | | 保存单位及保管期限 | | | | 备注 |
|---|---|---|---|---|---|---|---|---|---|---|---|
| | | 归档细目 | 主要项目文件 | | 来源 | 立卷 | 建设 | 设计 | 监理 | 施工 | |
| 83 | 电力电缆线路 | | | | | | | | | | |
| 830 | 项目准备 | 01 立项 | 1. 项目核准请示、报告、批复；<br>2. 立项审批；<br>3. 建设报告、批复、协议等 | | 建设 | 建设 | 永久 | | | | |
| | | 02 投资管理 | 1. 项目贷款、融资；<br>2. 投资、资金计划；<br>3. 借贷承诺评估 | | 建设 | 建设 | 10 年 | | | | |
| | | 03 工程建设许可 | 1. 建设规划许可及申请报批材料；<br>2. 路径走向方案及审批；<br>3. 林木砍伐、道路挖掘、占道许可；<br>4. 施工许可及申请报批材料 | | 相关 | 建设 | 永久 | | | | |
| | | 04 临时用地预审 | 1. 建设征、占用地申请及审批；<br>2. 拆迁赔偿协议及付款凭证等 | | 相关 | 建设 | 10 年 | | | | |
| | | 05 往来文件 | 1. 停电申请与批复；<br>2. 项目其他往来及重要电传 | | 相关 | 建设 | 10 年 | | | | |
| | | 06 可行性研究 | 项目建议、选线、可行性研究报告及审查（送审版、审定版）、水土保持、压覆矿产、文物勘探、军事设施、接入系统设计、对外咨询、项目评估、科研论证、负荷、安全等 | | 建设<br>设计 | 建设 | 永久 | 永久 | | | |
| | | 07 招投标文件、合同、协议 | 设计、监理、施工、设备等招投标文件 | | 建设 | 建设 | 30 年 | | | | 参见 8203 |
| | | | 设计、监理、施工第一未中标单位文件 | DA/T 42—2009 | 建设 | 建设 | 10 年 | | | | |
| | | | 设计、监理、施工、调试、设备材料、设备监理等合同、协议及其他采购、技术服务、委托管理的合同、协议等 | | 相关 | 建设 | 永久 | | | | |
| 831 | 项目设计 | | 参照 821 项目设计 | | | | | | | | |
| 832 | 项目建设管理 | | 参照 822 项目建设管理 | | | | | | | | |
| 833 | 陆地（含架空、地下）电缆施工 | 01 综合 | 施工技术、安全质量管理、质量验评划分、采用标准规范清单及其执行计划及记录、创优策划、施工管理、施工组织设计、工程变更执行报验、施工发出的工程联系单、中间交接验收记录等 | GB 50168—2018 | 施工 | 施工 | 30 年 | | | 30 年 | |

续表

| 分类号 | 类目名称 | 归档范围 | | 执行标准 | 责任单位 | | 保存单位及保管期限 | | | | 备注 |
|---|---|---|---|---|---|---|---|---|---|---|---|
| | | 归档细目 | 主要项目文件 | | 来源 | 立卷 | 建设 | 设计 | 监理 | 施工 | |
| 833 | 陆地（含架空、地下）电缆施工 | 02 电缆沟、管、隧道施工 | 1．施工及报审（验）：<br>施工方案（作业指导书）及报审、设计变更通知单及执行、施工联系单等、线路复测等、道路开挖；<br>2．原材料及报审：<br>原材料跟踪记录、砂石水试验报告，添加剂、水泥出厂合格证和试验报告（含混凝土粗细骨料碱活性检测报告）、钢筋出厂合格证、质量证明书、复检和焊接试验报告等；<br>3．试验报告：<br>混凝土配合比试验报告、混凝土试块同条件试验报告、电缆隧道、沟道施工及评级记录、电缆及电缆附件产品合格证和试验报告、护层保护器试验报告、电缆外护套交接试验报告、电缆主绝缘耐压试验报告、电缆线路参数测试报告、充油电缆及附件内和压力箱中绝缘油击穿电压试验报告、充油电缆及附件内和压力箱中绝缘油介质损耗试验报告等；<br>4．质量验评：<br>单项工程验收记录、质量评定、测量记录、分部工程质量验收评定表、单位工程质量验收综合评定表等；<br>5．中间交接验收记录；<br>6．其他 | GB 50168—2018<br>DL/T 5434—2009 | 施工 | 施工 | 30 年 | | | 30 年 | |
| | | 03 电缆敷设（含终端及接头）施工 | 1．施工及报审（验）：<br>开（竣）工报告及报审、施工方案（作业指导书）及报审、设计变更通知单及执行施工联系单等；<br>2．记录及签证：<br>电缆线路敷设记录、电力电缆线路直埋、管道敷设签证记录、电缆线路敷设质量检验评定表、单个接头、终端头质量检查、评定、测试记录；<br>3．质量验评：<br>分部工程质量验收评定表、单位工程质量验收综合评定表等；<br>4．其他 | GB 50168—2018<br>DL/T 5434—2009 | 施工 | 施工 | 30 年 | | | 30 年 | |

续表

| 分类号 | 类目名称 | 归档范围 | | 执行标准 | 责任单位 | | 保存单位及保管期限 | | | | 备注 |
|---|---|---|---|---|---|---|---|---|---|---|---|
| | | 归档细目 | 主要项目文件 | | 来源 | 立卷 | 建设 | 设计 | 监理 | 施工 | |
| 833 | 陆地（含架空、地下）电缆施工 | 04 电缆附属设施施工 | 1. 施工及报审（验）：<br>电力电缆中间接头、终端头、分支箱等结构图、安装图和零部件加工、组装等；<br>2. 记录及签证：<br>电缆终端安装记录、质量检验评定表、电缆中间接头安装记录、质量检验评定表、接地箱安装记录、质量检验评定表、接地保护箱安装记录、质量检验评定表、交叉互联箱安装记录、质量检验评定表等；<br>3. 质量验评：<br>分部工程质量验收评定表、单位工程质量验收综合评定表等；<br>4. 其他 | GB 50168—2018 | 施工 | 施工 | 30年 | | | 30年 | |
| 834 | 水下（含海底）电缆施工 | | 参照823线路施工、833陆地电缆施工，特殊步骤如下：<br>1. 路由检测报告、图纸等第三方的勘测报告；<br>2. 海缆敷设（抛缆）；<br>3. 浅滩处挖沟、盖水泥板及敷压石头等施工、验收记录；<br>4. 施工保护方案及报审、抛石保护方案及报审；<br>5. 冲埋记录等（顺路由冲出沟来）；<br>6. 弃埋部分抛石方案及报审；<br>7. 电缆的终端站、电缆接头、充油施工等记录、检测报告；<br>8. 海缆终端消防施工方案及报审；<br>9. 经监理审查的施工日志 | GB 50168—2018 | 建设<br>施工<br>检测 | 施工 | 30年 | | | 30年 | |
| 835 | 电缆、光缆测试 | | 1. 调试方案及措施；<br>2. 参数测试记录及调试报告；<br>3. 光缆通道测试方案及报告；<br>4. 避雷器试验报告 | GB 50168—2018 | 调试 | 调试 | 30年 | | | 30年 | |
| 836 | 监理 | | 参照826监理 | | | | | | | | |
| 837 | 投运及竣工验收 | | 1. 投运方案；<br>2. 竣工验收：预验收、竣工验收、专项验收、鉴定、交接、工程总结（含建设、设计、施工、调试、监理、运行等）； | GB/T 50326—2017 | 建设 | 建设 | 永久 | | | 永久 | |

续表

| 分类号 | 类目名称 | 归档范围 | | 执行标准 | 责任单位 | | 保存单位及保管期限 | | | | 备注 |
|---|---|---|---|---|---|---|---|---|---|---|---|
| | | 归档细目 | 主要项目文件 | | 来源 | 立卷 | 建设 | 设计 | 监理 | 施工 | |
| 837 | 投运及竣工验收 | | 3．结算、决算、审计：参照 8272；<br>4．达标投产、质量评价、工程创优：参照 8273；<br>5．科技创新、奖项：参照 8274 | GB/T 50326—2017<br>GB/T 50326—2017 | 建设<br>建设 | 建设<br>建设 | 永久<br>30 年 | | | 永久<br>永久 | |
| 838 | 竣工图 | | 1．综合、路径图：<br>电力电缆敷设后的实际路径竣工图、平断面图、总说明书（总目录）、编制说明及杆塔一览图等；<br>2．电缆沟管（隧道、工井、沟、管）：<br>敷设电缆的隧道、工井、电缆沟、管、排水管道竣工图；<br>3．路径及平断面图：<br>电缆工程专用的电缆桥、电缆杆、架的基础图、结构图、安装图等；<br>4．电缆敷设及终端站：<br>两终端站（杆、塔）的结构、安装图等；<br>5．辅助设施：<br>高压充油电缆的信号系统、电缆隧道的照明、油、气、报警系统等辅助设施的安装 | | 施工 | 施工 | 永久 | | | 30 年 | |
| 839 | 其他 | | | | | | | | | | |
| 84 | 变电站 | | | | | | | | | | |
| 840 | 项目准备 | | | | | | | | | | |
| 8400 | 综合 | | 1．涉及两个以上分类号内容；<br>2．人员资质名单、电子签名与手签对照表 | | 相关 | 建设 | 永久 | | | | |
| 8400 | 赔偿文件 | 01 树木采伐补偿 | 1．树木采伐许可证；<br>2．使用林地审核同意书；<br>3．使用林地现状调查报告、使用林地可行性报告；<br>4．使用林地现场查验报告；<br>5．树木采伐协议；<br>6．树木采伐补偿明细表；<br>7．付款收据；<br>8．收款人身份证复印件； | | 地方政府<br>建设 | 建设<br>施工 | 永久 | | | 30 年 | |

续表

| 分类号 | 类目名称 | 归档范围 | | 执行标准 | 责任单位 | | 保存单位及保管期限 | | | | 备注 |
|---|---|---|---|---|---|---|---|---|---|---|---|
| | | 归档细目 | 主要项目文件 | | 来源 | 立卷 | 建设 | 设计 | 监理 | 施工 | |
| 8400 | 赔偿文件 | 01 树木采伐补偿 | 9．通道保护协议；<br>10．结算证明文件；<br>11．植被恢复费收据；<br>12．其他文件 | | 地方<br>政府<br>建设 | 建设<br>施工 | 永久 | | | 30 年 | |
| | | 02 房屋拆迁补偿 | 1．房屋拆迁协议；<br>2．付款收据；<br>3．收款人身份证复印件；<br>4．房屋拆迁补偿明细表；<br>5．房屋拆迁前后照片；<br>6．结算证明文件；<br>7．其他文件 | | 地方<br>政府<br>建设 | 建设<br>施工 | 永久 | | | 30 年 | |
| | | 03 其他补偿 | 1．文物普探或重点勘探赔偿协议及付款凭证；<br>2．迁坟补偿协议（参考房屋拆迁补偿归档范围）；<br>3．移民、劳动力安置、执行计划、补偿标准及协议；<br>4．施工补偿费用结算证明 | | 地方<br>政府<br>建设 | 建设<br>施工 | 永久 | | | 30 年 | |
| 8401 | 前期管理 | 01 立项准备 | 1．项目规划；<br>2．项目筹备文件；<br>3．项目建设日志，备忘录；<br>4．项目咨询、评估、论证文件；<br>5．专家建议文件 | DA/T 42—2009 | 相关 | 建设 | 永久 | | | | |
| | | 02 项目立项 | 1．项目建议书、意向书及前期工作通知书；<br>2．项目建设路条申请及支撑性文件（重要稿件）；<br>3．建设项目路条；<br>4．项目核准批复、请示、报告；<br>5．项目核准前期工作文件（协调文件、备忘录等） | DA/T 42—2009<br>DL/T 1363—2014 | 相关 | 建设 | 永久 | | | | |
| | | 03 项目投资管理 | 1．项目贷款、融资合同、协议；<br>2．借贷承诺评估；<br>3．投资估算核定报告及批复；<br>4．年度资金计划及总结；<br>5．年度投资计划 | | 相关 | 建设 | 永久 | | | | |

续表

| 分类号 | 类目名称 | 归档范围 |  | 执行标准 | 责任单位 |  | 保存单位及保管期限 |  |  |  | 备注 |
|---|---|---|---|---|---|---|---|---|---|---|---|
|  |  | 归档细目 | 主要项目文件 |  | 来源 | 立卷 | 建设 | 设计 | 监理 | 施工 |  |
| 8401 | 前期管理 | 04 项目投融资论证 | 1．项目投资论证文件；<br>2．项目融资论证文件；<br>3．借贷承诺评估报告 | DA/T 42—2009 | 相关 | 建设 | 永久 |  |  |  |  |
|  |  | 05 项目贷款融资 | 1．项目贷款计划执行过程文件；<br>2．项目融资方案、执行过程文件 |  | 相关 | 建设 | 永久 |  |  |  |  |
|  |  | 06 项目用地预审文件 | 1．项目规划选址；<br>2．国土资源部用地预审批复、预审申请；<br>3．地方国土资源管理部门用地预审意见、预审申请；<br>4．其他预审文件 |  | 相关 | 建设 | 永久 |  |  |  |  |
|  |  | 07 项目许可申请文件 | 1．项目建设用地许可、规划许可及报审支撑性文件；<br>2．项目建设规划；<br>3．林木砍伐、道路挖掘、占道许可、压矿许可；<br>4．施工许可及申请报批材料；<br>5．取水许可、饮用水检测；<br>6．站外用电许可；<br>7．其他报批材料 |  | 相关 | 建设 | 永久 |  |  |  |  |
| 8402 | 可行性研究 | 01 项目可研阶段文件 | 1．可行性研究报告评审意见（送审版、审定版）及评审人员签到表；<br>2．可行性研究委托函；<br>3．可行性研究报告及附图（送审版、审定版）；<br>4．可研阶段其他专题评审意见、收口文件；<br>5．可行性研究报告调整报告、报审过程文件；<br>6．贷款承诺；<br>7．其他文件 |  | 相关 | 建设 | 永久 |  |  |  |  |
|  |  | 02 项目选址 | 1．城乡规划部门选址意见书、申请文件；<br>2．建设用地拆迁安置意见方案；<br>3．红线图、国有土地使用证；<br>4．土地出让合同、土地有偿使用合同 |  | 相关 | 建设 | 永久 |  |  |  |  |
|  |  | 03 环境保护 | 环境保护评价报告（送审版和审定版）、报送文件、批复（要有报告评价委托函） |  | 相关 | 建设 | 永久 |  |  |  |  |

续表

| 分类号 | 类目名称 | 归档范围 | | 执行标准 | 责任单位 | | 保存单位及保管期限 | | | | 备注 |
|---|---|---|---|---|---|---|---|---|---|---|---|
| | | 归档细目 | 主要项目文件 | | 来源 | 立卷 | 建设 | 设计 | 监理 | 施工 | |
| 8402 | 可行性研究 | 04 水土保持 | 水土保持报告（送审版和审定版）、报送文件、批复（要有方案编制委托函） | | 相关 | 建设 | 永久 | | | | |
| | | 05 地质灾害 | 建设用地地质灾害危险性评估报告（送审版和审定版）、报送文件、批复（要有报告委托函） | | 相关 | 建设 | 永久 | | | | |
| | | 06 地震评价 | 地震安全性评价报告（送审版和审定版）、报送文件、批复（要有报告委托函） | | 相关 | 建设 | 永久 | | | | |
| | | 07 社会风险评估 | 社会风险评估报告（送审版和审定版）、报送文件、批复（要有报告委托函） | | 相关 | 建设 | 永久 | | | | |
| | | 08 压覆矿产及文物等勘探 | 压覆矿产资源评估报告（送审版和审定版）、报送文件、批复（要有报告委托函）；<br>文物勘探报告（送审版和审定版）、报送文件、批复（要有报告委托函）；<br>其他勘探报告（送审版和审定版）（石油、天然气输送管道、军用设施等）报送文件、批复（要有报告委托函）；<br>可行性研究阶段文件清单 | | 相关 | 建设 | 永久 | | | | |
| | | 09 河道防洪 | 河道防洪报告委托函、防洪报告（送审版、审定版）、批复 | | | | | | | | |
| | | 10 节能环保 | 节能环保评估报告（送审版和审定版）、报送文件、批复（要有报告委托函） | | 相关 | 建设 | 永久 | | | | |
| | | 11 项目职业安全卫生、保密人防、消防、园林、林地、水资源、白蚁防治等专项报审和批复文件 | 职业安全卫生、保密人防、消防、园林、林地、水资源、白蚁防治等专项报告委托函、报告书（送审版和审定版）报送文件和批复 | DA/T 42—2009 | 相关 | 建设 | 永久 | | | | |
| | | 12 专题论证 | 1．项目专题研究报告；<br>2．专家咨询报告；<br>3．评审意见及批复 | | 相关 | 建设 | 永久 | | | | |
| | | 13 科研成果 | 1．科研项目清单；<br>2．科研成果报告 | | 相关 | 建设 | 永久 | | | | |
| | | 14 水、电、气、通信网络 | 水、电、气、通信网络等审批配套协议 | | 相关 | 建设 | 永久 | | | | |

续表

| 分类号 | 类目名称 | 归档范围 | | 执行标准 | 责任单位 | | 保存单位及保管期限 | | | | 备注 |
|---|---|---|---|---|---|---|---|---|---|---|---|
| | | 归档细目 | 主要项目文件 | | 来源 | 立卷 | 建设 | 设计 | 监理 | 施工 | |
| 8403 | 非物资类招投标文件、合同、协议 | 01 勘察、设计、施工、监理、大件运输、调试、设备、材料、环保、水保招投标文件及合同 | 1．招标准备文件（招标委托函、招标评标办法）；<br>2．招标文件（招标申请、计划、审核及批复文件；招标公告或招标邀请函、招标文件、招标修改文件；招标文件审查记录，分包情况汇总；询价表，出售标书记录；招标补遗及答疑文件、招标委托合同、资格预审文件）；<br>3．投标文件（投标报价表、中标的投标书、收取投标文件记录、投标商要求澄清函、修正补充文件）；<br>4．开标过程文件（开标、评标会议议程，评标细则（办法），评标纪律，开标一览表，开标大会签字表，评标人员签字表，评标表，评分表，评标监督报告（合规证明）、汇总表、有关情况说明）；<br>5．评标报告、定标文件、中标通知书；<br>6．招标小组会议通知、签到、纪要，定标会议汇报材料，推荐中标一览表，招标领导小组成员投票汇总；<br>7．相应的合同（包括审批、更改文件、补充文件、合同谈判纪要等）；<br>8．合同相关文件（合同准备、谈判、审批文件，合同书、协议书，合同执行、合同变更、合同索赔、合同了结文件、合同台账）；<br>9．市场调研、技术经济论证采购活动记录、谈判文件、询价通知书、响应文件，供应商的推荐、评审、确定文件，政府采购、竞争性谈判、单一来源采购协商记录、质疑答复 | GB/T 50358—2017<br>DL/T 1363—2014 | 投标<br>招标代理 | 建设 | 永久 | 30 年 | 30 年 | 30 年 | |
| | | 02 其他合同、协议 | 1．建设管理任务书；<br>2．可研、初设技术咨询、竣工图编制、桩基试验、路径、地质勘测、招标代理、委托管理等合同；<br>3．地震、地灾、压覆矿产、资源评估、林勘、文物勘探等合同；<br>4．招标代理、成套设备服务、设备监理、质量监督等合同； | | 建设<br>投标<br>招标<br>代理 | 投标<br>招标<br>代理 | 永久 | 30 年 | 30 年 | 30 年 | |

续表

| 分类号 | 类目名称 | 归档范围 | | 执行标准 | 责任单位 | | 保存单位及保管期限 | | | | 备注 |
|---|---|---|---|---|---|---|---|---|---|---|---|
| | | 归档细目 | 主要项目文件 | | 来源 | 立卷 | 建设 | 设计 | 监理 | 施工 | |
| 8403 | 非物资类招投标文件、合同、协议 | 02 其他合同、协议 | 5. 科研、结算、审计合同，环保、水保验收技术咨询服务合同；<br>6. 安全管理、专用码头移交等协议；<br>7. 矿业、公路、军事、民航、铁路、通信、白蚁防治等协议；<br>8. 项目用房、大件运输道路、桥梁改建、扩建过程文件 | | 建设<br>投标<br>招标<br>代理 | 投标<br>招标<br>代理 | 永久 | 30 年 | 30 年 | 30 年 | |
| | | 03 咨询阶段 | 1. 汇报会、验收会、技术规范审查会、招标文件审查会议纪要；<br>2. 成套咨询设计报告、设备材料清册等 | | 建设<br>咨询 | 建设 | 10 年 | | | | |
| | | 04 未中标的投标文件 | | | 投标 | 建设 | 10 年（或项目审计完成） | | | | 或作资料保存 |
| 8404 | 物资类招投标文件、合同、协议 | 01 物资类招投标文件、合同、协议 | 参照 8403 非物资类招投标文件、合同、协议 | | 建设<br>投标<br>招标<br>代理 | 投标<br>招标<br>代理 | 永久 | 30 年 | 30 年 | 30 年 | |
| | | 02 进口设备材料报关 | 1. 进口设备材料报关、进口设备材料商检；<br>2. 缺陷处理、索赔等 | | 建设 | 建设 | 永久 | | | | |
| 8405 | 非招标采购和流标文件 | 01 非招标采购文件 | 1. 采购启动过程文件（任务委托资料、采购文件审查会议纪要、采购文件）；<br>2. 评审过程文件（评审专家产生记录、评审会议通知、核价问题汇总表、采购报告）；<br>3. 成交过程文件（采购签约单位审批表，成交通知书）；<br>4. 响应性文件（成交单位、第一未成交单位、其余未成交单位的响应性文件） | | 建设 | 建设 | 永久 | | | | |
| | | 02 流标文件 | 招标过程文件 | | 建设 | 建设 | 10 年 | | | | |
| | | 03 未中标的投标文件 | | | 投标 | 建设 | 10 年（或项目审计完成） | | | | 或作资料保存 |

续表

| 分类号 | 类目名称 | 归档范围 | | 执行标准 | 责任单位 | | 保存单位及保管期限 | | | | 备注 |
|---|---|---|---|---|---|---|---|---|---|---|---|
| | | 归档细目 | 主要项目文件 | | 来源 | 立卷 | 建设 | 设计 | 监理 | 施工 | |
| 8406 | 项目往来 | 项目往来文件 | 1. 物资供货时间变更通知；<br>2. 项目其他往来文件及重要电传；<br>3. 有关会议纪要、领导讲话；<br>4. 有关调查报告 | | 相关 | 建设 | 30 年 | | | | |
| 8409 | 其他 | | | | | | | | | | |
| 841 | 项目设计 | | | | | | | | | | |
| 8410 | 综合 | | 1. 设计创优实施细则及过程管理文件；<br>2. 采用标准规范执行计划及记录；<br>3. 工程质量检查报告、达标投产实施细则及自查报告；<br>4. 项目管理组织机构成立；<br>5. 调整文件，管理人员任免及调整；<br>6. 技术人员资质文件；<br>7. “五新”技术相关文件 | | 相关 | 设计 | 30 年 | | | | |
| 8411 | 设计基础 | 01 地质、勘察、测绘 | 1. 工程地质勘测报告及图纸、水文地质勘测报告；<br>2. 项目用地测量报告及图纸等；<br>3. 水文、气象及地震部门提供资料；<br>4. 重要土岩样及说明等；<br>5. 环保、水保等；<br>6. 地质图、地形图；<br>7. 化验、试验报告 | GB/T 50379—2018 | 勘察设计<br>水文气象<br>地震部门 | 建设<br>设计 | 永久 | 永久 | | | |
| 8412 | 初步设计 | 01 初步设计 | 1. 初步设计审查意见、专家组签到表、请示及批复；<br>2. 初步设计收口评审意见；<br>3. 初步设计委托函；<br>4. 施工阶段应采取的绿色施工措施执行项目清单；<br>5. 标准设计和典型造价应用情况统计表 | | 建设<br>评审 | 建设 | 永久 | 30 年 | | | |
| | | | 6. 初步设计全套文件及图纸（送审版和审定版）；<br>7. 初步设计全套收口及附图；<br>8. 初步设计工作大纲 | | 设计 | 设计 | 永久 | 30 年 | | | |

续表

| 分类号 | 类目名称 | 归档范围 | | 执行标准 | 责任单位 | | 保存单位及保管期限 | | | | 备注 |
|---|---|---|---|---|---|---|---|---|---|---|---|
| | | 归档细目 | 主要项目文件 | | 来源 | 立卷 | 建设 | 设计 | 监理 | 施工 | |
| 8412 | 初步设计 | 02 初步设计专题报告 | 初步设计各专题报告（包括概算等） | | 建设<br>评审 | 建设 | 永久 | 30年 | | | |
| | | 03 初步设计阶段其他文件 | 1．材料清册；<br>2．项目资产台账构架；<br>3．初步设计阶段文件清单；<br>4．其他文件 | | 相关 | 建设<br>设计 | 永久 | 30年 | | | |
| | | 04 联合设计 | 1．设计联络会纪要、签到表；<br>2．重要报告；<br>3．设计月报 | | 相关 | 建设<br>设计 | 永久 | 30年 | | | |
| 8413 | 施工图设计 | | 1．施工图说明；<br>2．施工图清册；<br>3．施工图；<br>4．材料汇总表；<br>5．概（预）算；<br>6．施工图交图计划及交接单；<br>7．设备设计冻结过程文件；<br>8．其他文件 | | 设计 | 设计 | 30年 | 30年 | | | |
| 8414 | 设计服务 | 01 设计变更及工程联系单 | 1．设计变更通知单；<br>2．设计变更通知单汇总表（与竣工图对应一览表） | DL/T 5434—2009 | 设计 | 设计 | 永久 | 永久 | 10年 | 30年 | |
| | | | 3．施工图设计交底会议纪要、课件及相关交底文件 | | 建设 | 建设 | 永久 | 30年 | | 30年 | |
| | | 02 设计工代服务 | 1．设计工代人员名单（发文）；<br>2．设计工代职责 | | 建设 | 建设 | 永久 | 30年 | | 30年 | |
| | | 03 设计工代开工后服务 | 1．设计工代进场后工作性文件（工作大事记、工代日志等）；<br>2．工代月报；<br>3．其他文件 | | 建设 | 建设 | 永久 | 30年 | | 30年 | |
| | | 04 竣工后设计服务 | 1．对施工单位的质量评估报告；<br>2．竣工图审核单；<br>3．设计总包对竣工图的确认文件 | | 建设 | 建设 | 永久 | 30年 | | 30年 | |
| 8415 | 设计管理 | | 1．有关设计工代管理制度；<br>2．设计工代名单；<br>3．设计服务报告； | | 建设 | 建设 | 30年 | 30年 | | 30年 | |

续表

| 分类号 | 类目名称 | 归档范围 | | 执行标准 | 责任单位 | | 保存单位及保管期限 | | | | 备注 |
|---|---|---|---|---|---|---|---|---|---|---|---|
| | | 归档细目 | 主要项目文件 | | 来源 | 立卷 | 建设 | 设计 | 监理 | 施工 | |
| 8415 | 设计管理 | | 4．设计变更管理制度；<br>5．设计变更台账；<br>6．设计交桩记录；<br>7．设计采用的标准规程规范清单及执行情况总结；<br>8．设计采用标准计划及执行情况；<br>9．绿色环保、节能措施；<br>10．其他文件 | | 建设 | 建设 | 30 年 | 30 年 | | 30 年 | |
| 8419 | 设计验收后评价阶段形成的文件 | | 1．项目施工质量评估报告；<br>2．项目设计后评价报告；<br>3．项目设计创新、科研、专利清单；<br>4．其他文件 | | 建设 | 建设 | 永久 | 30 年 | | 30 年 | |
| 842 | 项目建设管理 | | | | | | | | | | |
| 8420 | 综合 | 01 管理规划 | 1．建设管理纲要或策划（管理规划、安全文明施工/环境总体策划、创优策划、采用标准规范实施计划及实施汇总计划等）；<br>2．质量管理体系认证、环境管理体系认证、职业健康安全管理体系认证；<br>3．项目管理组织机构成立；<br>4．调整文件，管理人员任免及调整文件；<br>5．达标投产计划；<br>6．采用标准规范的规划及总结等 | | 建设 | 建设 | 永久 | | | | |
| | | 02 管理制度标准、往来文件和日志 | 1．建设单位有关项目管理制度；<br>2．采用标准规范清单；<br>3．往来文件登记本；<br>4．建设日志 | | 建设 | 建设 | 30 年 | | | | |
| 8421 | 工程管理 | 01 安全 | 安全管理（安委会成立文件、重要活动会议纪要、安全文明大检查记录及整改情况、一般及以上安全事故处理文件） | | 建设 | 建设 | 10 年 | | | | |
| | | 02 质量 | 1．质量通病防治任务书及防治措施、总结、质量体系文件；<br>2．项目全过程质量门管控文件（中间控制）；<br>3．样板点检查执行情况；<br>4．其他文件 | | 建设 | 建设 | 30 年 | | | | |

续表

| 分类号 | 类目名称 | 归档范围 | | 执行标准 | 责任单位 | | 保存单位及保管期限 | | | | 备注 |
|---|---|---|---|---|---|---|---|---|---|---|---|
| | | 归档细目 | 主要项目文件 | | 来源 | 立卷 | 建设 | 设计 | 监理 | 施工 | |
| 8421 | 工程管理 | 03 造价 | 1．设计变更管理台账；<br>2．进度款审批文件；<br>3．索赔过程文件；<br>4．变更费用审查 | | 施工<br>监理 | 建设 | 30 年 | | 10 年 | 30 年 | |
| | | 04 技术 | 新技术、新工艺、新流程、新设备、新材料推广、应用过程文件 | | 建设 | 建设 | 30 年 | | | | |
| | | 05 环保 | 1．环保措施执行过程文件；<br>2．资金计划；<br>3．其他文件；<br>4．环境总体策划、绿色施工、水土保持、节能减排实施措施等 | | 建设 | 建设 | 30 年 | | | | |
| | | 06 进度 | 1．项目二级进度计划及调整；<br>2．工程进度网络计划、工程节点（里程碑）、进度计划调整 | | 建设 | 建设 | 30 年 | | | 30 年 | |
| | | 07 档案管理 | 1．一级、二级档案交底记录；<br>2．档案中间检查整改清单及闭环文件；<br>3．协调会会议纪要；<br>4．其他过程文件；<br>5．项目档案规划、交底、验收申请及验收意见、立卷说明、档案竣工签证及移交清册等；<br>6．有关台账 | GB/T 11822—2008<br>GB/T 50328—2014<br>DA/T 28 | 建设 | 建设 | 10 年 | | | | 验收意见保存 30 年 |
| | | 08 协调文件 | 1．工程协调会会议纪要、其他项目管理或专业会议纪要；<br>2．重大问题解决方案的请示、批复；<br>3．其他协调文件 | | 建设 | 建设 | 30 年 | | | | |
| | | 09 来往文件 | 关于工程项目管理之间的往来文件 | | 相关 | 建设 | 10 年 | | | | |
| | | 10 物资管理 | 甲供物资管理形成的文件材料 | | 相关 | 建设 | 10 年 | | | | |
| | | 11 投资计划 | 1．年度投资计划；<br>2．重点工程计划；<br>3．前期费用计划 | | 建设 | 建设 | 30 年 | | | | |

续表

| 分类号 | 类目名称 | 归档范围 | | 执行标准 | 责任单位 | | 保存单位及保管期限 | | | | 备注 |
|---|---|---|---|---|---|---|---|---|---|---|---|
| | | 归档细目 | 主要项目文件 | | 来源 | 立卷 | 建设 | 设计 | 监理 | 施工 | |
| 8422 | 质量监督 | | 1. 质量监督申报书；<br>2. 工程各阶段质量监督检查报告/专家意见书、记录及整改反馈；<br>3. 工程总体质量监督报告；<br>4. 转序通知书；<br>5. 投产后一年质量监督意见书；<br>6. 质量监督申报书及批复；<br>7. 质量监督台账；<br>8. 质量事故调查和处理报告；<br>9. 其他 | | 质监<br>建设 | 建设 | 永久 | | 30年 | 30年 | |
| 8429 | 其他 | | | | | | | | | | |
| 843 | 项目土建施工 | | | | | | | | | | |
| 8430 | 综合 | | 1. 施工项目部成立文件及有关委托书；<br>2. 施工项目管理实施规划及报审（施工组织设计）；<br>3. 创优实施细则及报审；<br>4. 安全文明施工策划；<br>5. 质量通病防治实施细则及实施记录；<br>6. 设计变更通知单及执行报验、有关设计变更的工程联系单；<br>7. 施工日志、资源管理文件、协调文件等综合协调性文件 | GB/T 50326—2017<br>GB/T 50430—2017<br>GB/T 50502—2009 | 施工 | 施工 | 30年 | 30年 | | 30年 | |
| 8431 | 土建施工 | 01 管理文件 | 1. 土建施工部分施工方案（技术措施、作业指导书、安全措施）；<br>2. 土建施工部分的施工技术交底记录；<br>3. 采用标准规范清单及其执行计划及记录 | GB/T 50326—2017 | 施工 | 施工 | 30年 | | | 30年 | |
| | | 02 开工及报审 | 开（复）工报告 | DL/T 5434—2009 | 施工 | 施工 | 30年 | | | 30年 | |
| | | 03 质量管理 | 1. 土建部分质量验评划分表及报审；<br>2. 质量控制：重要混凝土结构部位的技术文件 | GB 50209——2010<br>DL/T 5210.1—2012 | 施工 | 施工 | 30年 | | | 30年 | |
| | | 04 材料出厂、复试 | 1. 构/配件、成品/半成品出厂质量证明、进场报审、复试报告；<br>2. 钢筋、水泥、商品混凝土、砂、石等土建原材料出厂合格证、检验报告、质量证明、进场报审、复试报告、跟踪记录； | | 供货商<br>施工<br>检测 | 施工 | 30年 | | | 30年 | |

续表

| 分类号 | 类目名称 | 归档范围 | | 执行标准 | 责任单位 | | 保存单位及保管期限 | | | | 备注 |
|---|---|---|---|---|---|---|---|---|---|---|---|
| | | 归档细目 | 主要项目文件 | | 来源 | 立卷 | 建设 | 设计 | 监理 | 施工 | |
| 8431 | 土建施工 | 04 材料出厂、复试 | 3. 防水、防火、保温材料出厂质量证明、进场报审、检验报告；<br>4. 其他施工物资（门窗、玻璃、石材、饰面砖、涂料、黏结材料、焊接材料、幕墙用铝塑板、低压配电电缆、节能环保材料等）出厂质量证明、进场报审、复试报告 | | 供货商<br>施工<br>检测 | 施工 | 30 年 | | | 30 年 | |
| | | 05 土建试验 | 1. 回填土、压实系数、拌合水、地基检测报告；<br>2. 混凝土、砂浆配合比试验报告及混凝土开盘鉴定；<br>3. 钢筋接头模拟焊接试验报告及钢筋焊接试验报告；<br>4. 高强度螺栓连接副试验报告；<br>5. 钢结构摩擦面的抗滑移系数、结构实体钢筋保护层厚度、外墙饰面砖黏结强度检测报告；<br>6. 其他 | GB 50203—2011<br>GB 50205—2001<br>JGJ 18—2012 | 施工<br>检测 | 施工 | 30 年 | | | 30 年 | |
| | | 06 土建施工综合记录及报审 | 1. 工程控制网测量记录；<br>2. 全所桩位图、桩位偏移图；<br>3. 工序交接（三级自检报告及不合格品） | | 施工 | 施工 | 永久 | 30 年 | | 30 年 | |
| | | 07 四通一平（通水、电、道路、通信及场平） | 1. 单位工程开工报审；<br>2. 场平、站外道路、站外给排水、桩基施工记录；<br>3. 场平、站外道路、站外给排水、桩基、桥梁、涵洞工程单位（子单位）、分部、分项及检验批质量验收记录 | DL/T 5210.1—2012 | 施工 | 施工 | 30 年 | | | 30 年 | |
| | | 08 主控楼（综合楼）单位工程施工及报审、报验 | 1. 单位工程开工报审；<br>2. 测量施工记录；<br>3. 地基处理、桩基施工（换填、复合基础、桩基）；<br>4. 隐蔽工程验收记录（地基验槽、钢筋、地下混凝土、防水、防腐、预埋件、埋管、螺栓、施工缝、屏蔽网、吊顶、抹灰、接地、门窗、饰面砖等）；<br>5. 钢筋加工记录；<br>6. 混凝土施工记录；<br>7. 大体积混凝土结构测温记录及示意图；<br>8. 施工调试及试验检验记录（通水、通 | GB 50202—2018<br>GB 50204—2015<br>GB 50243—2016<br>GB 50325—2010<br>GB 50339—2013<br>DL/T 5210.1—2012 | 施工<br>检测<br>监理 | 施工 | 30 年 | | | 30 年 | |

续表

| 分类号 | 类目名称 | 归档范围 | | 执行标准 | 责任单位 | | 保存单位及保管期限 | | | | 备注 |
|---|---|---|---|---|---|---|---|---|---|---|---|
| | | 归档细目 | 主要项目文件 | | 来源 | 立卷 | 建设 | 设计 | 监理 | 施工 | |
| 8431 | 土建施工 | 08 主控楼（综合楼）单位工程施工及报审、报验 | 球、清洗吹洗、水压试压、通风空调调试、绝缘电阻、接地电阻、满水、淋水、蓄水、清洗消毒试验记录等）；<br>9．单位工程、分部、分项及检验批质量验收记录；<br>10．单位工程混凝土试块试验报告及报审、强度汇总及评定表；<br>11．室内环境污染检测等 | GB 50202—2018<br>GB 50204—2015<br>GB 50243—2016<br>GB 50325—2010<br>GB 50339—2013<br>DL/T 5210.1—2012 | 施工<br>检测<br>监理 | 施工 | 30 年 | | | 30 年 | |
| | | 09 继保室单位工程施工及报审、报验 | 参照主控楼 1-11 | | 相关 | 施工 | 30 年 | | | 30 年 | |
| | | 10 主变压器基础及构支架单位工程施工及报审、报验 | 1．单位工程开工报审；<br>2．测量施工记录；<br>3．地基处理（换填、复合基础、桩基）；<br>4．隐蔽工程验收记录；<br>5．钢筋加工记录；<br>6．混凝土施工记录；<br>7．大体积混凝土结构测温记录及示意图；<br>8．钢结构（预制构件）吊装记录；<br>9．钢结构高强度螺栓连接施工记录；<br>10．构架立柱、钢梁安装记录，钢结构架预拼装记录；<br>11．钢结构焊接施工记录；<br>12．单位工程、分部、分项及检验批质量验收记录；<br>13．单位工程混凝土试块试验报告及报审、强度汇总及评定表 | GB 50202—2018<br>GB 50204—2015<br>GB 50205—2001<br>DL/T 5210.1—2012<br>GB 50834—2013 | 施工 | 施工 | 30 年 | | | 30 年 | |
| | | 11 屋内配电装置系统建、构筑物单位工程施工及报审、报验 | 1．单位工程开工报审；<br>2．屋内配电装置室（参照主控楼 1-8）；<br>3．屋外出线构支架（参照主变压器基础及构支架 1-11）；<br>4．单位工程、分部、分项及检验批质量验收记录；<br>5．单位工程混凝土试块试验报告及报审、强度汇总及评定表 | GB 50202—2018<br>GB 50204—2015<br>JGJ 18—2012<br>DL/T 5210.1—2012 | 施工 | 施工 | 30 年 | | | 30 年 | |

续表

| 分类号 | 类目名称 | 归档范围 | | 执行标准 | 责任单位 | | 保存单位及保管期限 | | | | 备注 |
|---|---|---|---|---|---|---|---|---|---|---|---|
| | | 归档细目 | 主要项目文件 | | 来源 | 立卷 | 建设 | 设计 | 监理 | 施工 | |
| 8431 | 土建施工 | 12 配电装置构筑物单位工程施工及报审、报验 | 1. 单位工程开工报审；<br>2. 参照主变压基础及构支架（1-11）；<br>3. 避雷针检查及安装记录；<br>4. 围栏制作及安装记录；<br>5. 单位工程、分部、分项及检验批质量验收记录；<br>6. 单位工程混凝土试块试验报告及报审、强度汇总及评定表 | GB 50202—2018<br>GB 50204—2015<br>JGJ 18—2012<br>DL/T 5210.1—2012 | 施工 | 施工 | 30 年 | | | 30 年 | |
| | | 13 屋外电缆沟单位工程施工及报审、报验 | 1. 单位工程开工报审；<br>2. 测量施工记录；<br>3. 地基处理（换填、复合基础、桩基）；<br>4. 隐蔽工程验收记录；<br>5. 钢筋加工记录；<br>6. 混凝土施工记录；<br>7. 单位工程、分部、分项及检验批质量验收记录；<br>8. 单位工程混凝土试块试验报告及报审、强度汇总及评定表 | GB 50202—2018<br>GB 50204—2015<br>GB 50208—2011<br>JGJ 18—2012<br>DL/T 5210.1—2012 | 施工 | 施工 | 30 年 | | | 30 年 | |
| | | 14 隧道单位工程施工及报审、报验 | 参照屋外电缆沟 | | 施工 | 施工 | 30 年 | | | 30 年 | |
| | | 15 消防系统建、构筑物单位工程施工及报审、报验 | 1. 单位工程开工报审；<br>2. 消防小室等建筑物（参照主控楼 1-8）；<br>3. 单位工程、分部、分项及检验批质量验收记录；<br>4. 单位工程混凝土试块试验报告及报审、强度汇总及评定表 | GB 50166—2007<br>GB 50261—2007<br>GB 50263—2007<br>GB 50281—2006<br>DL/T 5210.1—2012 | 施工 | 施工 | 30 年 | | | 30 年 | |
| | | 16 站用电系统建、构筑物单位工程施工及报审、报验 | 1. 单位工程开工报审；<br>2. 站用电室（参照主控楼 1-8）；<br>3. 站用变压器基础及构支架（参照主变基础及构支架 1-11）；<br>4. 单位工程、分部、分项及检验批质量验收记录；<br>5. 单位工程混凝土试块试验报告及报审、强度汇总及评定表 | GB 50202—2018<br>GB 50204—2015<br>JGJ 18—2012<br>DL/T 5210.1—2012 | 施工 | 施工 | 30 年 | | | 30 年 | |

续表

| 分类号 | 类目名称 | 归档范围 | | 执行标准 | 责任单位 | | 保存单位及保管期限 | | | | 备注 |
|---|---|---|---|---|---|---|---|---|---|---|---|
| | | 归档细目 | 主要项目文件 | | 来源 | 立卷 | 建设 | 设计 | 监理 | 施工 | |
| 8431 | 土建施工 | 17 围墙及大门单位工程施工及报审、报验 | 1. 单位工程开工报审；<br>2. 围墙及大门（参照主控楼 1-8）；<br>3. 警卫室（参照主控楼 1-8）；<br>4. 站外护坡、排洪沟（参照屋外电缆沟 1-6）；<br>5. 排水管道通水、灌水、通球试验记录；<br>6. 防水工程试水检查记录、地下防水效果检查记录（根据设计要求）；<br>7. 单位工程、分部、分项及检验批质量验收记录；<br>8. 单位工程混凝土试块试验报告及报审、强度汇总及评定表 | GB 50202—2018<br>GB 50204—2015<br>JGJ 18—2012<br>DL/T 5210.1—2012 | 施工 | 施工 | 30 年 | | | 30 年 | |
| | | 18 站内、外道路单位工程施工及报审、报验 | 1. 单位工程开工报审；<br>2. 测量施工记录；<br>3. 地基处理（换填、复合基础、桩基）；<br>4. 隐蔽工程验收记录；<br>5. 钢筋加工记录；<br>6. 混凝土施工记录；<br>7. 单位工程、分部、分项及检验批质量验收记录；<br>8. 单位工程混凝土试块试验报告及报审、强度汇总及评定表 | GB 50202—2018<br>GB 50204—2015<br>JGJ 18—2012<br>DL/T 5210.1—2012 | 施工 | 施工 | 30 年 | | | 30 年 | |
| | | 19 屋外场地单位工程施工及报审、报验 | 1. 单位工程开工报审；<br>2. 场地平整及地面：测量施工记录、地基处理、桩基施工记录、隐蔽工程验收记录、混凝土施工记录；<br>3. 屋外场地照明：隐蔽工程验收记录、混凝土施工记录、电气照明系统通电检测记录及全负荷运行记录、绝缘电阻、接地电阻性能测试记录；<br>4. 单位工程、分部、分项及检验批质量验收记录；<br>5. 单位工程混凝土试块试验报告及报审、强度汇总及评定表 | GB 50202—2018<br>GB 50204—2015<br>GB 50617—2010<br>DL/T 5210.1—2012 | 施工 | 施工 | 30 年 | | | 30 年 | |
| | | 20 室外给排水及雨污水系统建、构筑物单位工程施工及报审、报验 | 1. 单位工程开工报审；<br>2. 供水泵房（参照主控楼 1-8）；<br>3. 雨水、污水排水泵房（参照主控楼 1-8）； | GB 50141—2008<br>GB 50242—2002<br>DL/T 5210.1—2012 | 施工 | 施工 | 30 年 | | | 30 年 | |

续表

| 分类号 | 类目名称 | 归档范围 | | 执行标准 | 责任单位 | | 保存单位及保管期限 | | | | 备注 |
|---|---|---|---|---|---|---|---|---|---|---|---|
| | | 归档细目 | 主要项目文件 | | 来源 | 立卷 | 建设 | 设计 | 监理 | 施工 | |
| 8431 | 土建施工 | 20 室外给排水及雨污水系统建、构筑物单位工程施工及报审、报验 | 4．室外给水、排水管道、水池：测量施工记录、隐蔽工程验收记录、混凝土施工记录、混凝土预制管道加工及安装记录、承压管道系统/设备严密性水压试验记录、非承压管道灌水试验记录、给水管道通水试验记录、阀门强度及严密性试验记录；<br>5．单位工程、分部、分项及检验批质量验收记录；<br>6．单位工程混凝土试块试验报告及报审、强度汇总及评定表 | GB 50141—2008<br>GB 50242—2002<br>DL/T 5210.1—2012 | 施工 | 施工 | 30 年 | | | 30 年 | |
| | | 21 生产、生活辅助建筑单位工程（备品备件库）施工及报审、报验 | 1．参照主控楼；<br>2．行车安装调试记录；<br>3．室内环境污染检测等 | GB 50325—2010 | 相关 | 施工 | 30 年 | | | 30 年 | |
| 8439 | 其他 | | | | | | | | | | |
| 844 | 项目安装施工 | | | | | | | | | | |
| 8440 | 综合 | | 1．施工项目管理实施规划及报审（施工组织设计）；<br>2．创优实施细则及报审；<br>3．安全文明施工策划；<br>4．质量通病防治实施细则及实施记录；<br>5．设计变更通知单及执行报验、有关设计变更的工程联系单 | | 施工 | 施工 | 30 年 | | | 30 年 | |
| 8441 | 电气设备安装 | 01 管理文件 | 1．电气施工方案；<br>2．电气施工技术交底记录；<br>3．电气施工部分的采用标准规范清单及其执行计划及记录 | DL/T 5434—2009 | 施工 | 施工 | 30 年 | | | 30 年 | |
| | | 02 开工及报审 | 开（复）工报告 | DL/T 5434—2009 | 施工 | 施工 | 30 年 | | | 30 年 | |
| | | 03 质量管理 | 电气部分质量验评划分表及报审 | DL/T 5161<br>DL/T 5434—2009 | 施工 | 施工 | 30 年 | | | 30 年 | |
| | | 04 材料出厂、试验及报审、报验 | 1．管母、母线、电缆、绝缘子、金具、钢材、构支架、防火阻燃材料、通信、防雷接地、照明等数量清单、质量证明、合格证、自检结果、复试报告； | | 供货商<br>施工等 | 施工 | 30 年 | | | 30 年 | |

续表

| 分类号 | 类目名称 | 归档范围 | | 执行标准 | 责任单位 | | 保存单位及保管期限 | | | | 备注 |
|---|---|---|---|---|---|---|---|---|---|---|---|
| | | 归档细目 | 主要项目文件 | | 来源 | 立卷 | 建设 | 设计 | 监理 | 施工 | |
| 8441 | 电气设备安装 | 04 材料出厂、试验及报审、报验 | 2．管形母线焊接、耐张线夹液压试验报告等；<br>3．其他 | | 供货商<br>施工等 | 施工 | 30 年 | | | 30 年 | |
| | | 05 主变压器系统设备安装单位工程施工及报审、报验 | 1．单位工程开工报审；<br>2．单位工程、分部、分项工程质量验评记录：变压器运输冲击、变压器破氮前氮气压力检查、变压器绝缘油试验、变压器气体继电器检验、变压器器身检查隐蔽前签证、变压器冷却器密封试验签证、变压器真空注油及密封试验签证记录等；<br>3．施工及调整记录；<br>4．其他 | GB 50148—2010<br>GB 50149—2010<br>GB 50835—2013<br>DL/T 5161.3—2018 | 施工 | 施工 | 30 年 | | | 30 年 | |
| | | 06 主控及直流系统设备安装单位工程施工及报审、报验 | 1．单位工程开工报审；<br>2．单位工程、分部、分项工程质量验评记录：蓄电池组充电、放电记录及特性曲线、蓄电池组技术参数测量记录、蓄电池组充放电检查签证等；<br>3．施工及调整记录；<br>4．其他 | GB 50171—2012<br>GB 50172—2012<br>DL/T 5161.9—2018 | 施工 | 施工 | 30 年 | | | 30 年 | |
| | | 07 ×××千伏配电装置安装单位工程施工及报审、报验 | 1．单位工程开工报审；<br>2．单位工程、分部、分项工程质量验评记录：新 $SF_6$（六氟化硫）气体抽样检验记录、断路器调整记录、隔离开关、负荷开关调整记录等；<br>3．施工及调整记录；<br>4．其他 | GB 50147—2010<br>GB 50148—2010<br>GB 50149—2010<br>GB 50836—2013<br>DL/T 5161.9—2018 | 施工 | 施工 | 30 年 | | | 30 年 | |
| | | 08 ×××千伏组合电器安装单位工程施工及报审、报验 | 1．单位工程开工报审；<br>2．单位工程、分部、分项工程质量验评记录：新 $SF_6$ 气体抽样检验记录、封闭式组合电器安装及调整记录、封闭式组合电器隔气室气体密封试验、气体湿度检测记录等；<br>3．施工及调整记录；<br>4．其他 | GB 50147—2010<br>GB 50148—2010<br>GB 50149—2010<br>GB 50836—2013<br>DL/T 5161.9—2018 | 施工 | 施工 | 30 年 | | | 30 年 | |

续表

| 分类号 | 类目名称 | 归档范围 | | 执行标准 | 责任单位 | | 保存单位及保管期限 | | | | 备注 |
|---|---|---|---|---|---|---|---|---|---|---|---|
| | | 归档细目 | 主要项目文件 | | 来源 | 立卷 | 建设 | 设计 | 监理 | 施工 | |
| 8441 | 电气设备安装 | 09×××千伏及站用配电装置安装单位工程施工及报审、报验 | 1．单位工程开工报审；<br>2．单位工程、分部、分项工程质量验评记录：绝缘油试验记录、气体继电器检验记录、冷却器密封试验签证、变压器器身检查隐蔽前签证、真空注油及密封试验签证、站用高压、低压配电装置、母线隐蔽前检查（签证）记录等；<br>3．施工及调整记录；<br>4．其他 | GB 50147—2010<br>GB 50148—2010<br>GB 50149—2010<br>DL/T 5161.9—2018 | 施工 | 施工 | 30年 | | | 30年 | |
| | | 10 无功补偿装置安装单位工程施工及报审、报验 | 1．单位工程开工报审；<br>2．单位工程、分部、分项工程质量验评记录：电抗器绝缘油试验记录、电抗器器身检查隐蔽前签证、电抗器真空注油及密封试验签证、电容器组安装签证、组合式油浸电容器安装签证等；<br>3．施工及调整记录；<br>4．其他 | GB 50148—2010<br>DL/T 5161.3—2018 | 施工 | 施工 | 30年 | | | 30年 | |
| | | 11 全站电缆单位工程施工安装及报审、报验 | 1．单位工程开工报审；<br>2．单位工程、分部、分项工程质量验评记录：35千伏及以上电缆敷设记录、电缆敷设记录（设计变更部分）、直埋电缆（隐蔽前）检查签证、电缆中间接头位置记录等；<br>3．施工及调整记录；<br>4．其他 | GB 50168—2018<br>DL/T 5161.5—2018 | 施工 | 施工 | 30年 | | | 30年 | |
| | | 12 全站防雷及接地装置安装单位工程施工及报审、报验 | 1．单位工程开工报审；<br>2．单位工程、分部、分项工程质量验评记录：屋外接地装置隐蔽前检查（签证）记录、避雷针及接地引下线检查（签证）记录、接地电阻（局部）测量签证记录等；<br>3．施工及调整记录；<br>4．其他 | GB 50601—2010<br>GB 50169—2016<br>DL/T 5161.6—2018 | 施工 | 施工 | 30年 | | | 30年 | |
| | | 13 全站电气照明单位工程施工及报审、报验 | 1．单位工程开工报审；<br>2．单位工程、分部、分项工程质量验评记录；<br>3．施工及调整记录；<br>4．其他 | GB 50617—2010<br>DL/T 5161.17 | 施工 | 施工 | 30年 | | | 30年 | |

续表

| 分类号 | 类目名称 | 归档范围 | | 执行标准 | 责任单位 | | 保存单位及保管期限 | | | | 备注 |
|---|---|---|---|---|---|---|---|---|---|---|---|
| | | 归档细目 | 主要项目文件 | | 来源 | 立卷 | 建设 | 设计 | 监理 | 施工 | |
| 8441 | 电气设备安装 | 14 通信系统设备安装 | 1．施工组织设计、方案、开工报告；<br>2．设备材料出厂、质量证明；<br>3．微波塔接地电阻（局部）测量签证记录；<br>4．通信蓄电池组安装、通信系统整体施工质量验收签证；<br>5．单位工程、分部、分项工程质量验评记录 | DL/T 5161<br>DL/T 5232—2010<br>DL/T 5233—2010<br>DL/T 5344—2018 | 施工 | 施工 | 30 年 | | | 30 年 | |
| | | 15 视频监控 | 1．施工组织设计、方案、开工报告；<br>2．设备材料出厂、质量证明；<br>3．安装测试记录、隐蔽工程验收记录；<br>4．单位工程、分部、分项工程质量验评记录 | | 施工 | 施工 | 30 年 | | | 30 年 | |
| | | 16 消防工程施工安装、调试 | 1．施工组织设计、方案、开工报告；<br>2．管道清（吹）洗、试加压记录、室外消防给水管清（吹）洗、试加压记录、隐蔽验收记录；<br>3．设备材料出厂、质量证明、设备安装及调试运行记录、调试报告、接地电阻、线路绝缘电阻测试报告；<br>4．单位工程、分部、分项工程质量验评记录；<br>5．竣工报告及备品备件移交清单 | GB 50166—2007<br>GB 50261—2017<br>GB 50263—2007<br>GB 50281—2006 | 施工 | 施工 | 30 年 | | | 30 年 | |
| | | 17 其他电气装置安装施工 | 1．微机防误闭锁系统设备安装；<br>2．其他 | | 施工 | 施工 | 30 年 | | | 30 年 | |
| | | 18 一次设备试验报告及报审 | 1．主变压器本体试验报告、主变套管试验报告、主变套管电流互感器试验报告（三侧、中性点）、主变瓦斯继电器检验报告、主变温度控制器校验报告、主变局放、绕组变形试验报告、主变投切过电压测试报告；<br>2．站用变试验报告；<br>3．组合电器试验报告；<br>4．$SF_6$（六氟化硫）断路器试验报告、隔离开关试验报告；<br>5．开关柜内设备试验报告；<br>6．电流互感器、电压互感器试验报告； | GB 50150—2016<br>GB/T 50832—2013 | 施工 | 施工 | 30 年 | | | 30 年 | |

续表

| 分类号 | 类目名称 | 归档范围 | | 执行标准 | 责任单位 | | 保存单位及保管期限 | | | | 备注 |
|---|---|---|---|---|---|---|---|---|---|---|---|
| | | 归档细目 | 主要项目文件 | | 来源 | 立卷 | 建设 | 设计 | 监理 | 施工 | |
| 8441 | 电气设备安装 | 18 一次设备试验报告及报审 | 7. 电容器组试验报告、耦合电容器试验报告；<br>8. 电抗器试验报告、阻波器试验报告、放电线圈试验报告；<br>9. 避雷器试验报告；<br>10. 电缆试验报告；<br>11. 其他一次设备试验报告 | GB 50150—2016<br>GB/T 50832—2013 | 施工 | 施工 | 30 年 | | | 30 年 | |
| | | 19 特殊项目调试 | 1. 支柱绝缘子探伤报告；<br>2. 回路电阻测试报告；<br>3. 其他特殊项目试验报告 | GB 50150—2016 | 施工 | 施工 | 30 年 | | | 30 年 | |
| | | 20 油化、压力表、气体、继电器试验报告 | 1. 设备油化验报告；<br>2. 压力表、气体、继电器检验报告；<br>3. 各类表计测试、检定报告 | GB 50150—2016 | 施工<br>检测 | 施工 | 30 年 | | | 30 年 | |
| | | 21 现场设备开箱检查 | 开箱申请、设备缺陷通知单、缺陷处理等 | | 施工<br>监理 | 施工 | 30 年 | | | | |
| 8449 | 其他 | | | | | | | | | | |
| 845 | 项目调试 | | 调试大纲、计划、方案及报审、记录、调试报告等 | | 调试 | 调试 | 30 年 | | | | |
| 8450 | 综合 | | | | | | | | | | |
| 8451 | 元件调试 | 01 通信设备调试报告 | 1. 光缆试验报告、记录；<br>2. 光传输设备测试试验报告；<br>3. PCM[4]设备测试及功能检查报告；<br>4. 通信电源系统验收技术要求和记录报告；<br>5. 载波高频通道全程测试记录；<br>6. 微波设备现场试验报告 | | 施工 | 施工 | 30 年 | | | 30 年 | |
| | | 02 二次设备调试报告及报审 | 1. 主变保护、母差保护、线路保护、断路器保护、电抗器保护、电容器保护、所用变保护调试报告；<br>2. 主变屏继电器试验报告、继电器试验报告； | | 调试/施工 | 施工 | 30 年 | | | 30 年 | |

[4] PCM（Pulse Code Modulation，脉冲编码调制）。

续表

| 分类号 | 类目名称 | 归档范围 | | 执行标准 | 责任单位 | | 保存单位及保管期限 | | | | 备注 |
|---|---|---|---|---|---|---|---|---|---|---|---|
| | | 归档细目 | 主要项目文件 | | 来源 | 立卷 | 建设 | 设计 | 监理 | 施工 | |
| 8451 | 元件调试 | 02 二次设备调试报告及报审 | 3．主变无功补偿投切装置报告；<br>4．自动解列装置试验报告；<br>5．安全控制装置（自动解列、远方切机、备自投等）试验报告；<br>6．故障录波器试验报告；<br>7．自动化调试报告（主变、线路、母联、分段、母线、公用等测控单元调试报告）；<br>8．线路高频对调报告；<br>9．带负荷测试试验报告；<br>10．电压核相试验报告；<br>11．二次通流通压试验报告；<br>12．交流屏、直流屏、逆变器屏、UPS[5]屏表计报告；<br>13．关口计量表试验报告、电能表试验报告；<br>14．GPS[6]时间同步调试报告（保护装置、测控装置）；<br>15．微机五防装置试验报告；<br>16．其他二次设备（消弧线圈、短引线保护、收发信机、通信接口装置、接地变保护、操作箱、微机消谐装置等）调试报告 | | 调试/施工 | 施工 | 30 年 | | | 30 年 | |
| 8452 | 系统调试 | | 系统调试大纲、计划、方案及报审、系统调试报告等 | | 调试 | 调试 | 30 年 | | | 30 年 | |
| 846 | 监理 | | | | | | | | | | |
| 8460 | 综合 | | | | | | | | | | |
| 8461 | 设计监理 | | 项目部成立文件、组成人员资质；<br>设计监理规划、细则、强条计划、施工图审查纪要；<br>监理通知单及回复单、创优文件 | | 监理 | 监理 | 30 年 | | 30 年 | | |
| 8462 | 施工监理 | 01 监理策划 | 1．项目部成立文件、组成人员资质；<br>2．监理规划、细则、方案、采用标准规范清单及其执行计划及记录、创优细则、质量通病控制措施及评估 | GB/T 50319—2013<br>DL/T 5434—2009 | 监理 | 监理 | 30 年 | | 30 年 | | |

[5] UPS（Uninterruptible Power System，不间断电源）是一种含有储能装置，以逆变器为主要组成部分的恒压恒频的不间断电源。

[6] GPS（Global Positioning System，全球定位系统）。

续表

| 分类号 | 类目名称 | 归档范围 | | 执行标准 | 责任单位 | | 保存单位及保管期限 | | | | 备注 |
|---|---|---|---|---|---|---|---|---|---|---|---|
| | | 归档细目 | 主要项目文件 | | 来源 | 立卷 | 建设 | 设计 | 监理 | 施工 | |
| 8462 | 施工监理 | 02 监理记录 | 1. 监理工作联系单，监理工程师通知单、回复单；<br>2. 监理见证台账、平行检验记录、监理旁站记录；<br>3. 监理日志、月报、会议纪要、施工图会检纪要等 | GB/T 50319—2013<br>DL/T 5434—2009 | 监理 | 监理 | 30 年 | | 30 年 | | |
| | | 03 审查文件 | 供货商、分包、试验单位、施工专职管理人员及特殊工种资质审核，主要施工机械、工器具等各类报审文件审核、台账 | | 施工<br>监理等 | 施工<br>监理等 | 30 年 | | 10 年 | 10 年 | 施工提交审查的由施工立卷 |
| 8463 | 设备监理 | | 监理规划、监理总结（含见证、检查、试验等监理记录）等 | DL/T 586—2008 | 监理 | 建设<br>物资 | 30 年 | | 30 年 | | |
| 8464 | 环保、<br>水保监理 | | 监理规划、检查记录、总结、参建人员清册 | | 监理 | 监理 | 30 年 | | 30 年 | | |
| 8469 | 其他 | | 大件运输监理等 | | 监理 | 监理 | 30 年 | | 30 年 | | |
| 847 | 启动及<br>竣工验收 | | | | | | | | | | |
| 8470 | 综合 | 01 命名和编号 | 1. 变电站命名和设备调度编号、调度方案、调度关系确定函；<br>2. 运行委托及生产准备有关 | | 建设 | 建设 | 永久 | 30 年 | 30 年 | 30 年 | |
| | | 02 统计报表、简报 | 建设项目简报、建设项目大事记 | | 建设 | 建设 | 30 年 | | | | |
| 8471 | 启动竣工验收 | 01 启动、验收（竣工验收、专项验收） | 1. 启动验收委员会成立；<br>2. 启动方案；<br>3. 定值设定；<br>4. 生产准备有关；<br>5. 启动委员会会议纪要等 | DL/T 782—2001 | 建设 | 建设 | 永久 | | | | |
| | | | 工程初检、竣工预验收、竣工验收的申请、通知、验收方案、验收报告、整改记录及反馈、竣工报告 | | 监理 | 监理 | 30 年 | | | | |

续表

| 分类号 | 类目名称 | 归档范围 | | 执行标准 | 责任单位 | | 保存单位及保管期限 | | | | 备注 |
|---|---|---|---|---|---|---|---|---|---|---|---|
| | | 归档细目 | 主要项目文件 | | 来源 | 立卷 | 建设 | 设计 | 监理 | 施工 | |
| 8471 | 启动竣工验收 | 01 启动、验收（竣工验收、专项验收） | 1．消防专项验收（消防验收申请及意见）；<br>2．劳动保障、安全设施、职业卫生专项验收；<br>3．环境保护、水土保持验收；<br>4．档案专项验收；<br>5．工程竣工验收 | | 建设 | 建设 | 永久 | | | | |
| | | 02 工程总结 | 工程总结（建设、设计、监理、施工、调试、物资等单位） | | 相关 | 相关 | 永久 | 30 年 | 30 年 | 30 年 | |
| | | 03 移交 | 竣工档案（竣工图）移交签证及各种移交清单 | | 相关 | 建设 | 永久 | | 30 年 | 30 年 | |
| | | 04 试运行 | 试运行报告、设备运行缺陷记录等 | | 运行 | 运行 | 永久 | | | | |
| 8472 | 结算、决算、审计 | | 1．工程结算及审核报告；<br>2．竣工决算报告及批复；<br>3．竣工决算审计报告等 | GB/T 50326—2017 | 相关 | 建设 | 永久 | | 30 年 | 30 年 | |
| 8473 | 达标投产、质量评价、工程创优 | 01 达标投产工程创优 | 达标投产、工程创优申报及命名 | DL 5279—2012 | 主管验收 | 建设 | 永久 | 30 年 | 30 年 | 30 年 | |
| | | 02 质量评价 | 1．工程质量评价报告及批复；<br>2．勘察、设计对质量的检查报告；<br>3．监理工程总体质量评估报告 | GB/T 50375—2016 | 评价 | 建设 | 永久 | 10 年 | 10 年 | 10 年 | |
| 8474 | 科技创新、奖项 | | 1．新技术、新工艺、新流程、新装备、新材料获奖；<br>2．环境保护、优秀设计、专利、工法、科技成果、QC 小组成果、全过程质量控制示范工程、绿色施工、安全文明、科技示范工程、优质工程（含中国安装之星）等获奖 | | 鉴定评奖单位 | 建设 | 永久 | 永久 | 永久 | 永久 | |
| 8479 | 其他 | | | | | | | | | | |
| 848 | 竣工图 | | | | | | | | | | |
| 8480 | 综合（总交） | | 竣工图总目录及编制说明等 | DL/T 5229—2016 | 设计<br>施工 | 设计<br>施工 | 永久 | 30 年 | | 30 年 | |

续表

| 分类号 | 类目名称 | 归档范围 | | 执行标准 | 责任单位 | | 保存单位及保管期限 | | | | 备注 |
|---|---|---|---|---|---|---|---|---|---|---|---|
| | | 归档细目 | 主要项目文件 | | 来源 | 立卷 | 建设 | 设计 | 监理 | 施工 | |
| 8481 | 土建 | | 竣工图 | | 同上条 | 同上条 | 永久 | 30 年 | | 30 年 | |
| 8482 | 电气一次 | | | | 同上条 | 同上条 | 永久 | 30 年 | | 30 年 | |
| 8483 | 电气二次（含继电保护） | | | | 同上条 | 同上条 | 永久 | 30 年 | | 30 年 | |
| 8484 | 通信、自动化、远动、监控 | | | | 同上条 | 同上条 | 永久 | 30 年 | | 30 年 | |
| 8485 | 水工、暖通 | | | | 同上条 | 同上条 | 永久 | 30 年 | | 30 年 | |
| 8489 | 其他 | | | | 同上条 | 同上条 | 永久 | 30 年 | | 30 年 | |
| 849 | 其他 | | | | | | | | | | |
| 85 | 直流输电线路（含接地极线路） | | | | | | | | | | |
| 850 | 项目准备 | | | | | | | | | | |
| 8500 | 综合 | | 涉及两个以上分类号内容 | | | | | | | | |
| 8501 | 前期管理 | | 参照 8201 前期管理 | | | | | | | | |
| 8502 | 可行性研究 | | 参照 8202 可行性研究 | | | | | | | | |
| 8503 | 非物资类招投标文件、合同、协议 | | 参照 8203 非物资类招投标文件、合同、协议 | | | | | | | | |
| 8504 | 物资类招投标文件、合同、协议 | | 参照 8204 物资类招投标文件、合同、协议 | | | | | | | | |
| 8509 | 其他 | | | | | | | | | | |
| 851 | 项目设计 | | | | | | | | | | |
| 8510 | 综合 | | 设计创优实施细则、采用标准规范清单及其执行计划及记录、工程质量检查报告 | | 设计 | 建设 | 30 年 | 30 年 | | | |
| 8511 | 设计基础 | | 参照 8211 设计基础 | | | | | | | | |
| 8512 | 初步设计 | | 参照 8212 初步设计 | | | | | | | | |
| 8513 | 施工图设计 | | 参照 8213 施工图设计 | | | | | | | | |

续表

| 分类号 | 类目名称 | 归档范围 | | 执行标准 | 责任单位 | | 保存单位及保管期限 | | | | 备注 |
|---|---|---|---|---|---|---|---|---|---|---|---|
| | | 归档细目 | 主要项目文件 | | 来源 | 立卷 | 建设 | 设计 | 监理 | 施工 | |
| 8514 | 设计服务 | | 参照 8214 设计服务 | | | | | | | | |
| 8519 | 其他 | | | | | | | | | | |
| 852 | 项目建设管理 | | | | | | | | | | |
| 8520 | 综合 | | 建设管理纲要、策划（管理规划、安全文明施工/环境总体策划、创优策划、采用标准规范清单及其执行计划及记录等） | | 建设 | 建设 | 30 年 | | | | |
| 8521 | 工程管理 | | 参照 8221 工程管理 | | | | | | | | |
| 8522 | 质量监督 | | 参照 8222 质量监督 | | | | | | | | |
| 8529 | 其他 | | | | | | | | | | |
| 853 | 项目施工 | | | | | | | | | | |
| 8530 | 综合 | 01 工程开工及报审 | 工程开工报审、项目部成立、启用章、人员任免、调整文件 | DL/T 5434—2009 | 施工 | 施工 | 30 年 | | 30 年 | 30 年 | |
| | | 02 施工技术管理 | 1．施工项目管理实施规划及报审（施工组织设计）；<br>2．施工方案（技术措施、作业指导书）及报审；<br>3．施工技术、安全交底记录；<br>4．设计变更通知单及执行报验、有关设计变更的工程联系单 | DL/T 5434—2009 | 相关 | 施工 | 30 年 | | | 30 年 | |
| | | 03 安全质量管理及质量验评划分 | 1．安全及质量策划书实施细则及其审批表；<br>2．施工质量验收及评定项目划分及报审 | DL/T 5434—2009 | 施工 | 施工 | 30 年 | | | 30 年 | |
| | | 04 采用标准规范清单及其执行计划及记录、创优细则 | 1．施工采用标准规范清单及其执行计划及记录；<br>2．工程创优实施细则（有创优规划时）；<br>3．质量通病防治措施及实施记录 | | 施工 | 施工 | 30 年 | | | 30 年 | |
| | | 05 工程会议 | 1．工程协调会会议纪要、其他项目管理或专业会议纪要；<br>2．工程建设情况汇报 | | 施工 | 监理 | 30 年 | | | | |
| | | 06 阶段验收 | 中间验收申请、会议纪要，中间验收缺陷处理清单 | DL/T 968 | 相关 | 施工 | 30 年 | | | 30 年 | |
| | | 07 综合协调文件 | 施工日志、资源管理文件、协调文件 | | 相关 | 施工 | 30 年 | | | 30 年 | |

续表

| 分类号 | 类目名称 | 归档范围 | | 执行标准 | 责任单位 | | 保存单位及保管期限 | | | | 备注 |
|---|---|---|---|---|---|---|---|---|---|---|---|
| | | 归档细目 | 主要项目文件 | | 来源 | 立卷 | 建设 | 设计 | 监理 | 施工 | |
| 8531 | 土石方 | 01 路径复测及土石方工程 | 1. 路径复测记录及报审表；<br>2. 土石方分部工程开工及报审；<br>3. 普通基础分坑及开挖检查记录；<br>4. 拉线基础分坑检查记录；<br>5. 岩石、掏挖式基础分坑检查记录；<br>6. 施工基面及电气开方检查记录 | GB 50233—2014<br>DL/T 5168—2016<br>DL/T 5235—2010<br>DL/T 5236—2010 | 施工 | 施工 | 永久 | | | 30 年 | |
| 8532 | 基础 | 01 基础工程 | 1. 分部工程开工及报审表；<br>2. 现浇铁塔基础检查及评级记录；<br>3. 现浇拉线塔基础检查及评级记录；<br>4. 预制装配式基础检查及评级记录；<br>5. 混凝土杆预制基础检查及评级记录；<br>6. 岩石、掏挖基础检查及评级记录；<br>7. 灌注桩基础检查及评级记录；<br>8. 贯入桩基础检查及评级记录；<br>9. 其他特殊基础检查及评级记录；<br>10. 标准外的其他基础评级记录；<br>11. 隐蔽工程（基础）签证 | GB 50233—2014<br>DL/T 5168—2016<br>DL/T 5235—2010<br>DL/T 5236—2010 | 施工 | 施工 | 永久 | | | 30 年 | |
| | | 02 材料出厂、复试报告及报审、报验 | 1. 水泥出厂合格证、检验报告、复试报告、使用跟踪台账；<br>2. 砂、石、非饮用水等试验报告、使用跟踪台账（含混凝土粗、细骨料碱活性检测报告）；<br>3. 混凝土配合比试验报告、使用跟踪台账；<br>4. 砂浆配合比试验报告；<br>5. 混凝土掺合料、外加剂试验报告；<br>6. 预拌（商品）混凝土合格证、配合比；<br>7. 混凝土试块抗压强度检验报告、同条件试块温度养护记录；<br>8. 砂浆抗压强度试验报告；<br>9. 钢材出厂质量证明书、复试报告、使用跟踪台账、钢筋机械连接接头检测报告；<br>10. 焊条出厂合格证；<br>11. 钢筋焊接接头力学性能检测报告；<br>12. 土壤击实试验报告；<br>13. 锚杆、桩基检测报告；<br>14. 灰土地基检测报告；<br>15. 地脚螺栓、插入主角钢等出厂证明、焊接试验报告 | JGJ 94—2008 | 相关 | 施工 | 30 年 | | | 30 年 | |

续表

| 分类号 | 类目名称 | 归档范围 | | 执行标准 | 责任单位 | | 保存单位及保管期限 | | | | 备注 |
|---|---|---|---|---|---|---|---|---|---|---|---|
| | | 归档细目 | 主要项目文件 | | 来源 | 立卷 | 建设 | 设计 | 监理 | 施工 | |
| 8533 | 杆塔 | 01 杆塔工程 | 1．分部工程开工及报审表；<br>2．自立式铁塔组立检查及评级记录；<br>3．拉线铁塔组立检查及评级记录；<br>4．混凝土杆组立检查及评级记录；<br>5．铁塔拉线压接管施工检查及评级记录；<br>6．标准外的其他杆塔组立评级记录 | GB 50233—2014<br>DL/T 5168—2016<br>DL/T 5235—2010<br>DL/T 5236—2010 | 施工 | 施工 | 30 年 | | | 30 年 | |
| | | 02 现场设备开箱检查 | 杆、铁塔开包检查等开箱申请及检查记录 | DL/T 399—2010 | 施工<br>监理 | 施工 | 30 年 | | | | |
| | | 03 杆塔拉线压接试验、高强螺栓试验 | 1．高强度螺栓副连接坚固质量报告；<br>2．杆塔拉线压接试拉报告 | | 施工 | 施工 | 30 年 | | | 30 年 | |
| 8534 | 架线及附件安装 | 01 架线及附件安装工程 | 1．分部工程开工报审；<br>2．导、地线展放施工检查及评级记录；<br>3．导、地线直线爆压管施工检查及评级记录；<br>4．导、地线直线液压管施工检查及评级记录；<br>5．导、地线耐张爆压管施工检查及评级记录；<br>6．导、地线耐张液压管施工检查及评级记录；<br>7．导地线紧线施工检查及评级记录；<br>8．导地线附件安装施工检查及评级记录；<br>9．对地、风偏开方对地距离检查及评级记录；<br>10．交叉跨越检查及评级记录；<br>11．导、地线液压隐蔽工程签证记录 | GB 50233—2014<br>DL/T 5168—2016<br>DL/T 5235—2010<br>DL/T 5236—2010 | 施工 | 施工 | 30 年 | | | 30 年 | |
| | | 02 导地线压接试验 | 导线压接、地线压接试验报告 | | 施工 | 施工 | 30 年 | | | 30 年 | |
| | | 03 光缆工程 | 1．光缆工程开工报审；<br>2．OPGW 光缆展放施工检查及评级记录；<br>3．OPGW 光缆紧线施工检查及评级记录；<br>4．OPGW 光缆接头盒、引下线等附件安装施工检查及评级记录；<br>5．OPGW 光缆附件安装施工检查及评级 | DL/T 5344—2018 | 相关 | 相关 | 30 年 | | | 30 年 | |

续表

| 分类号 | 类目名称 | 归档范围 | | 执行标准 | 责任单位 | | 保存单位及保管期限 | | | | 备注 |
|---|---|---|---|---|---|---|---|---|---|---|---|
| | | 归档细目 | 主要项目文件 | | 来源 | 立卷 | 建设 | 设计 | 监理 | 施工 | |
| 8534 | 架线及附件安装 | 03 光缆工程 | 记录；<br>6. 光缆接续施工检查及评级记录表；<br>7. 全程光纤传输损耗试验测试记录 | DL/T 5344—2018 | 相关 | 相关 | 30 年 | | | 30 年 | |
| | | 04 光缆测试 | 1. 光缆 OPGW 现场开盘测试报告；<br>2. 光缆 OPGW 接头衰减测试报告；<br>3. 光缆 OPGW 纤芯衰减测试报告；<br>4. 光缆拉力试验报告；<br>5. 光缆单盘测试熔接报告；<br>6. 光缆接头塔位明细 | DL/T 5344—2018 | 相关 | 相关 | 30 年 | | | 30 年 | |
| | | 05 现场设备开箱检查 | 导线、地线、绝缘子、金具等开箱申请及检查记录 | DL/T 399—2010 | 施工<br>监理 | 施工 | 30 年 | | | | |
| | | 06 在线监测 | 监测设备安装 | | 施工 | 施工 | 30 年 | | | 30 年 | |
| 8535 | 接地 | 01 接地工程 | 1. 分部工程开工报审、接地施工记录；<br>2. 接地装置施工检查及评级记录；<br>3. 接地线埋设隐蔽工程签证记录 | GB 50233—2014<br>DL/T 5235—2010<br>DL/T 5236—2010 | 施工 | 施工 | 永久 | | | 30 年 | |
| | | 02 现场设备开箱检查 | 接地线、接地模块开箱申请及检查记录 | DL/T 399—2010 | 施工<br>监理 | 施工 | 30 年 | | | | |
| 8536 | 线路防护 | | 参照 8236 线路防护 | | | | | | | | |
| 8537 | 质量评定 | | 参照 8237 质量评定 | | | | | | | | |
| 8538 | 融冰装置 | | 现场到货检查记录、安装记录等 | | 相关 | 施工 | 30 年 | | | 30 年 | |
| 8539 | 其他 | | | | | | | | | | |
| 855 | 线路参数测试 | | 参照 825 线路参数测试 | | | | | | | | |
| 856 | 监理 | | | | | | | | | | |
| 8560 | 综合 | | 安全、质量事故报告、处理方案、处理结果 | GB/T 50319—2013 | | | | | | | |
| 8561 | 设计监理 | | 参照 8261 设计监理 | | | | | | | | |
| 8562 | 施工监理 | | 参照 8262 施工监理 | | | | | | | | |
| 8563 | 设备监理 | | 参照 8263 设备监理 | | | | | | | | |
| 8564 | 环保、水保监理 | | 参照 8264 环保、水保监理 | | | | | | | | |

续表

| 分类号 | 类目名称 | 归档范围 | | 执行标准 | 责任单位 | | 保存单位及保管期限 | | | | 备注 |
|---|---|---|---|---|---|---|---|---|---|---|---|
| | | 归档细目 | 主要项目文件 | | 来源 | 立卷 | 建设 | 设计 | 监理 | 施工 | |
| 8569 | 其他 | | 参照 8269 大件运输监理等 | | | | | | | | |
| 857 | 启动及竣工验收 | | | | | | | | | | |
| 8570 | 综合 | 01 线路命名 | 1．线路命名及调度编号、杆塔对照；<br>2．杆塔施工命名、运行命名一览表 | | 建设 | 建设 | 永久 | | | | |
| | | 02 统计报表、简报 | 建设项目简报、建设项目大事记 | | 建设 | 建设 | 30 年 | | | | |
| 8571 | 启动竣工验收 | 01 启动、验收（竣工验收、专项验收） | 1．启动验收委员会成立；<br>2．启动方案；<br>3．启动委员会会议纪要等；<br>4．生产准备有关 | DL/T 968<br>DL/T 5234—2010 | 启委会 | 建设 | 永久 | | 30 年 | 30 年 | |
| | | 01 启动、验收（竣工验收、专项验收） | 工程初检、竣工预验收、竣工验收的申请、通知、验收方案、验收报告、整改记录及反馈、竣工报告 | | 建设<br>施工<br>监理 | 建设 | 永久 | | 30 年 | 30 年 | |
| | | | 1．劳动保障、安全设施、职业卫生专项验收；<br>2．环境保护、水土保持验收；<br>3．档案专项验收；<br>4．工程竣工验收 | DL/T 968<br>DL/T 5234—2010 | 相关 | 建设 | 永久 | | 30 年 | 30 年 | |
| | | 02 工程总结 | 工程总结（建设、设计、监理、施工、调试、物资等单位） | | 相关 | 相关 | 永久 | 30 年 | 30 年 | 30 年 | |
| | | 03 移交 | 竣工档案（竣工图）移交签证及各种移交清单 | | 相关 | 建设 | 永久 | 30 年 | 30 年 | 30 年 | |
| 8572 | 结算、决算、审计 | | 参照 8272 结算、决算、审计 | | | | | | | | |
| 8573 | 达标投产、质量评价、工程创优 | | 参照 8273 达标投产、质量评价、工程创优 | | | | | | | | |
| 8574 | 科技创新、奖项 | | 参照 8274 科技创新、奖项 | | | | | | | | |
| 8579 | 其他 | | | | | | | | | | |
| 858 | 竣工图 | | | DL/T 5229—2016 | 设计<br>施工 | 设计<br>施工 | | | | | |

续表

| 分类号 | 类目名称 | 归档范围 | | 执行标准 | 责任单位 | | 保存单位及保管期限 | | | | 备注 |
|---|---|---|---|---|---|---|---|---|---|---|---|
| | | 归档细目 | 主要项目文件 | | 来源 | 立卷 | 建设 | 设计 | 监理 | 施工 | |
| 8580 | 综合 | | 竣工图总目录、编制说明及线路路径图、杆塔一览图等竣工图 | | 设计<br>施工 | 设计<br>施工 | 永久 | 30年 | | 30年 | |
| 8581 | 杆塔与基础 | | 一般钢结构塔、一般杆、杆塔基础等竣工图 | | 设计<br>施工 | 设计<br>施工 | 永久 | 30年 | | 30年 | |
| 8582 | 机电安装 | | 平断面图、明细表、机电特性安装、金具及防震装置、网络通信、线路避雷器等竣工图 | | 设计<br>施工 | 设计<br>施工 | 永久 | 30年 | | 30年 | |
| 8589 | 其他 | | | | | | | | | | |
| 859 | 其他 | | 接地极线路入859 | DL 5275—2012<br>DL/T 5231—2010 | | | | | | | |
| 86 | 换流站（含接地极极址） | | | | | | | | | | |
| 860 | 项目准备 | | | | | | | | | | |
| 8600 | 综合 | | 涉及两个以上四级类目内容 | | | | | | | | |
| 8601 | 前期管理 | | 参照8401前期管理 | | | | | | | | |
| 8602 | 可行性研究 | | 参照8402可行性研究 | | | | | | | | |
| 8603 | 非物资类招投标文件、合同、协议 | | 参照8403非物资类招投标文件、合同、协议 | | | | | | | | |
| 8604 | 物资类招投标文件、合同、协议 | | 参照8404物资类招投标文件、合同、协议 | | | | | | | | |
| 8609 | 其他 | | | | | | | | | | |
| 861 | 项目设计 | | | | | | | | | | |
| 8610 | 综合 | | 参照8410综合 | | | | | | | | |
| 8611 | 设计基础 | | 参照8411设计基础 | | | | | | | | |
| 8612 | 初步设计 | | 参照8412初步设计 | | | | | | | | |
| 8613 | 施工图设计 | | 参照8413施工图设计 | | | | | | | | |
| 8614 | 设计服务 | | 参照8414设计服务 | | | | | | | | |

续表

| 分类号 | 类目名称 | 归档范围 | | 执行标准 | 责任单位 | | 保存单位及保管期限 | | | | 备注 |
|---|---|---|---|---|---|---|---|---|---|---|---|
| | | 归档细目 | 主要项目文件 | | 来源 | 立卷 | 建设 | 设计 | 监理 | 施工 | |
| 8619 | 其他 | | | | | | | | | | |
| 862 | 项目建设管理 | | | | | | | | | | |
| 8620 | 综合 | | 参照 8420 综合 | | | | | | | | |
| 8621 | 工程管理 | | 参照 8421 工程管理 | | | | | | | | |
| 8622 | 质量监督 | | 参照 8422 质量监督 | | | | | | | | |
| 8629 | 其他 | | | | | | | | | | |
| 863 | 项目土建施工 | | | | | | | | | | |
| 8630 | 综合 | | 1．施工项目管理实施规划及报审（施工组织设计）；<br>2．创优实施细则及报审；<br>3．安全管理策划文件；<br>4．质量通病防治实措施及实施记录；<br>5．设计变更通知单及执行报验、有关设计变更的工程联系单 | GB/T 50326—2017<br>GB/T 50430—2017<br>GB/T 50502—2009 | 施工 | 施工 | 30 年 | | | 30 年 | |
| 8631 | 土建施工 | 01 管理文件 | 1．土建施工方案（技术措施、作业指导书、安全措施）；<br>2．土建施工技术交底记录；<br>3．采用标准规范清单及其执行计划及记录（执行记录按单位工程组卷） | GB/T 50326—2017 | 施工 | 施工 | 30 年 | | | 30 年 | |
| | | 02 开工及报审 | 开（复）工报告、项目部成立、启用章、人员任免、调整文件 | DL/T 5434—2009 | 施工 | 施工 | 30 年 | | | 30 年 | |
| | | 03 质量管理 | 1．土建施工质量验评划分表及报审；<br>2．质量控制：重要混凝土结构部位的技术文件（按单位工程组卷） | GB 50209—2010<br>GB 50729—2012<br>DL/T 5210.1—2012 | 施工 | 施工 | 30 年 | | | 30 年 | |
| | | 04 材料出厂、复试 | 1．构/配件、成品/半成品出厂质量证明、进场报审、复试报告；<br>2．钢筋、水泥、商品混凝土、砂、石等土建原材料出厂合格证、检验报告、质量证明、进场报审、复试报告、跟踪记录；<br>3．防水、防火、保温材料出厂质量证明、进场报审、检验报告；<br>4．其他施工物资（门窗、玻璃、石材、 | | 供货商<br>施工<br>检测 | 施工 | 30 年 | | | 30 年 | |

续表

| 分类号 | 类目名称 | 归档范围 | | 执行标准 | 责任单位 | | 保存单位及保管期限 | | | | 备注 |
|---|---|---|---|---|---|---|---|---|---|---|---|
| | | 归档细目 | 主要项目文件 | | 来源 | 立卷 | 建设 | 设计 | 监理 | 施工 | |
| 8631 | 土建施工 | 04 材料出厂、复试 | 饰面砖、涂料、黏结材料、焊接材料、幕墙用铝塑板、低压配电电缆、节能环保材料等）出厂质量证明、进场报审、复试报告 | | 供货商<br>施工<br>检测 | 施工 | 30 年 | | | 30 年 | |
| | | 05 土建试验 | 1. 回填土、压实系数、拌合水、桩基检测报告；<br>2. 混凝土、砂浆配合比试验报告及混凝土开盘鉴定；<br>3. 钢筋接头模拟焊接试验报告及钢筋焊接试验报告；<br>4. 高强度螺栓连接副试验报告；<br>5. 钢结构摩擦面的抗滑移系数、结构实体钢筋保护层厚度、外墙饰面砖黏结强度、室内环境、第三方沉降观测等检测报告；<br>6. 其他 | | 施工<br>检测 | 施工 | 30 年 | | | 30 年 | |
| | | 06 土建施工综合记录及报审 | 1. 工程控制网测量记录；<br>2. 全所桩位图、桩位偏移图；<br>3. 工序交接（三级自检报告及不合格品） | | 施工 | 施工 | 30 年 | | | 30 年 | |
| | | 07 四通一平（通水、电、道路、通信及场平） | 1. 单位工程开工报审；<br>2. 场平、站外道路、站外给排水、桩基施工记录；<br>3. 场平、站外道路、站外给排水、桩基、桥梁、涵洞工程单位（子单位）、分部、分项及检验批质量验收记录 | GB 50729—2012<br>DL/T 5210.1—2012 | 施工 | 施工 | 30 年 | | | 30 年 | |
| | | 08 主控楼（综合楼）建筑物单位工程施工 | 1. 单位工程开工报审；<br>2. 测量施工记录；<br>3. 地基处理（换填、复合基础、桩基）；<br>4. 隐蔽工程验收记录（地基验槽、钢筋、地下混凝土、地下防水、防腐、预埋件、埋管、螺栓、屋面、施工缝、屏蔽网、吊顶、抹灰、接地、门窗、饰面砖等）；<br>5. 钢筋加工记录；<br>6. 混凝土施工记录；<br>7. 大体积混凝土结构测温记录及示意图；<br>8. 施工调试及试验检验记录（通水、通球、清洗吹洗、水压试压、通风空调调试、绝缘电阻、接地电阻、满水、淋水、蓄水 | GB 50141—2008<br>GB 50202—2009<br>GB 50204—2015<br>GB 50205—2001<br>GB 50207—2012<br>GB 50209—2010<br>GB 50210—2018<br>GB 50224—2018<br>GB 50242—2002<br>GB 50243—2016<br>GB 50300—2013<br>GB 50303—2015<br>GB 50310—2002 | 施工<br>检测<br>监理 | 施工 | 30 年 | | | 30 年 | |

续表

| 分类号 | 类目名称 | 归档范围 | | 执行标准 | 责任单位 | | 保存单位及保管期限 | | | | 备注 |
|---|---|---|---|---|---|---|---|---|---|---|---|
| | | 归档细目 | 主要项目文件 | | 来源 | 立卷 | 建设 | 设计 | 监理 | 施工 | |
| 8631 | 土建施工 | 08 主控楼（综合楼）建筑物单位工程施工 | 试验记录等）；<br>9．电梯安装、调试记录等；<br>10．单位、分部、分项及检验批质量验收记录；<br>11．单位工程混凝土试块试验报告及报审、强度汇总及评定表；<br>12．室内环境污染检测等 | GB 50325—2010<br>GB 50339—2013<br>GB 50601—2010<br>GB 50617—2010<br>GB 50729—2012<br>JGJ 18—2012<br>DL/T 5210.1—2012 | 施工<br>检测<br>监理 | 施工 | 30 年 | | | 30 年 | |
| | | 09 阀厅及其附属设施单位工程施工 | 1．单位工程开工报审；<br>2．测量施工记录；<br>3．地基处理（换填、复合基础、桩基）；<br>4．隐蔽工程验收记录（地基验槽、钢筋、地下混凝土、地下防水、防腐、预埋件、埋管、螺栓、屋面、施工缝、屏蔽网、吊顶、抹灰、接地、门窗、饰面砖等）；<br>5．钢筋加工记录；<br>6．混凝土施工记录；<br>7．大体积混凝土结构测温记录及示意图；<br>8．（钢结构、屋面跳线架等）焊接施工记录、高强度螺栓连接施工记录、结构吊装记录、中间验收记录；<br>9．架构立柱、钢梁、隔音屏钢结构安装记录、钢结构架预拼装记录；<br>10．施工调试及试验检验记录（通水、通球、清洗吹洗、水压试压、通风空调调试、绝缘电阻、接地电阻、满水、淋水、蓄水试验记录等）；<br>11．单位、分部、分项及检验批质量验收记录；<br>12．单位工程混凝土试块试验报告及报审、强度汇总及评定表 | GB 50202—2009<br>GB 50204—2015<br>GB 50205—2001<br>GB 50207—2012<br>GB 50209—2010<br>GB 50210—2018<br>GB 50242—2002<br>GB 50243—2016<br>GB 50300—2013<br>GB 50303—2015<br>GB 50310—2002<br>GB 50601—2010<br>GB 50617—2010<br>GB50729—2012<br>JGJ 18—2012<br>DL/T 5210.1—2012 | 施工<br>检测 | 施工 | 30 年 | | | 30 年 | |
| | | 10 换流变、平波电抗器系统构筑物施工 | 1．单位工程开工报审；<br>2．测量施工记录；<br>3．地基处理（换填、复合基础、桩基）；<br>4．隐蔽工程验收记录（地基验槽、钢筋、地下混凝土、地下防水、防腐、预埋件等）；<br>5．钢筋加工记录；<br>6．混凝土焊接施工记录；<br>7．大体积混凝土结构测温记录及示意图； | GB 50202—2009<br>GB 50204—2015<br>GB 50729—2012<br>GB 50774—2012<br>GB 50777—2012<br>JGJ 18—2012<br>DL/T 5210.1—2012 | 施工 | 施工 | 30 年 | | | 30 年 | |

续表

| 分类号 | 类目名称 | 归档范围 | | 执行标准 | 责任单位 | | 保存单位及保管期限 | | | | 备注 |
|---|---|---|---|---|---|---|---|---|---|---|---|
| | | 归档细目 | 主要项目文件 | | 来源 | 立卷 | 建设 | 设计 | 监理 | 施工 | |
| 8631 | 土建施工 | 10 换流变、平波电抗器系统构筑物施工 | 8．钢结构吊装记录；<br>9．钢结构高强度螺栓连接施工记录；<br>10．构架立柱、钢梁、隔音屏钢结构安装记录、钢结构架预拼装记录；<br>11．焊接施工记录；<br>12．单位、分部、分项及检验批质量验收记录；<br>13．单位工程混凝土试块试验报告及报审、强度汇总及评定表 | GB 50202—2009<br>GB 50204—2015<br>GB 50729—2012<br>GB 50774—2012<br>GB 50777—2012<br>JGJ 18—2012<br>DL/T 5210.1—2012 | 施工 | 施工 | 30 年 | | | 30 年 | |
| | | 11 屋内配电装置系统建、构筑物单位工程施工 | 1．单位工程开工报审；<br>2．屋内配电装置室参照主控楼 2-8；<br>3．设备基础（构件接头）灌浆施工记录；<br>4．钢结构吊装记录；<br>5．钢结构高强度螺栓连接施工记录；<br>6．构架立柱、钢梁安装记录、钢结构架预拼装记录；<br>7．焊接施工记录；<br>8．单位、分部、分项及检验批质量验收记录；<br>9．单位工程混凝土试块试验报告及报审、强度汇总及评定表 | GB 50202—2009<br>GB 50204—2015<br>GB 50205—2001<br>GB 50300—2013<br>GB 50303—2015<br>GB 50601—2010<br>GB 50617—2010<br>GB50729—2012<br>GB 50777—2012<br>JGJ 18—2012 | 施工 | 施工 | 30 年 | | | 30 年 | |
| | | 12 交流系统屋外配电装置构筑物单位工程施工 | 1．单位工程开工报审表；<br>2．参照换流变、平波电抗器系统构筑物 2-11；<br>3．避雷针检查及安装记录；<br>4．围栏制作及安装记录；<br>5．单位、分部、分项及检验批质量验收记录；<br>6．单位工程混凝土试块试验报告及报审、强度汇总及评定表 | | 施工 | 施工 | 30 年 | | | 30 年 | |
| | | 13 交流滤波场构筑物单位工程施工 | 参照交流系统屋外配电装置、构筑物单位工程施工 | | 施工 | 施工 | 30 年 | | | 30 年 | |
| | | 14 直流系统屋外配电装置构筑物单位工程施工 | 参照交流系统屋外配电装置、构筑物单位工程施工 | | 施工 | 施工 | 30 年 | | | 30 年 | |

续表

| 分类号 | 类目名称 | 归档范围 | | 执行标准 | 责任单位 | | 保存单位及保管期限 | | | | 备注 |
|---|---|---|---|---|---|---|---|---|---|---|---|
| | | 归档细目 | 主要项目文件 | | 来源 | 立卷 | 建设 | 设计 | 监理 | 施工 | |
| 8631 | 土建施工 | 15 继保室单位工程施工 | 参照主控楼 | | 施工 | 施工 | 30年 | | | | |
| | | 16 备品备件库单位工程施工 | 参照主控楼（行车安装调试记录入此） | | 施工 | 施工 | 30年 | | | | |
| | | 17 油罐区建筑物单位工程 | 参照主控楼 | | 施工 | 施工 | 30年 | | | | |
| | | 18 屋外电缆沟、单位工程施工 | 1. 单位工程开工报审；<br>2. 测量施工记录；<br>3. 地基处理（换填、复合基础、桩基）；<br>4. 隐蔽工程验收记录；<br>5. 钢筋加工记录；<br>6. 混凝土施工记录；<br>7. 单位工程、分部、分项及检验批质量验收记录；<br>8. 单位工程混凝土试块试验报告及报审、强度汇总及评定表 | GB 50202—2009<br>GB 50204—2015<br>GB 50208—2011<br>GB 50729—2012<br>JGJ 18—2012<br>DL/T 5210.1—2012 | 施工 | 施工 | 30年 | | | 30年 | |
| | | 19 电缆隧道单位工程施工 | 参照屋外电缆沟 | | 施工 | 施工 | 30年 | | | 30年 | |
| | | 20 消防系统建、构筑物单位工程施工 | 1. 单位工程开工报审；<br>2. 消防室、消防水泵房、消防水池参照主控楼2-8；<br>3. 单位工程、分部、分项及检验批质量验收记录；<br>4. 单位工程混凝土试块试验报告及报审、强度汇总及评定表 | GB 50166—2007<br>GB 50261—2017<br>GB 50263—2007<br>GB 50281—2006<br>GB 50729—2012<br>JGJ 18—2012<br>DL/T 5210.1—2012 | 施工 | 施工 | 30年 | | | 30年 | |
| | | 21 站用电系统建、构筑物单位工程施工 | 1. 单位工程开工报审；<br>2. 站用电室参照主控楼2-8；<br>3. 站用变压器基础及构支架安装记录；<br>4. 单位工程、分部、分项及检验批质量验收记录；<br>5. 单位工程混凝土试块试验报告及报审、强度汇总及评定表 | GB 50202—2009<br>GB 50204—2015<br>GB 50729—2012<br>JGJ 18—2012<br>DL/T 5210.1—2012 | 施工 | 施工 | 30年 | | | 30年 | |
| | | 22. 围墙及大门单位工程施工 | 1. 单位工程开工报审；<br>2. 围墙及大门（参照主控楼）；<br>3. 警卫室（参照主控楼）；<br>4. 站外护坡、泄洪沟（参照屋外电缆沟）； | GB 50202—2009<br>GB 50729—2012<br>JGJ 18—2012 | 施工 | 施工 | 30年 | | | 30年 | |

续表

| 分类号 | 类目名称 | 归档范围 | | 执行标准 | 责任单位 | | 保存单位及保管期限 | | | | 备注 |
|---|---|---|---|---|---|---|---|---|---|---|---|
| | | 归档细目 | 主要项目文件 | | 来源 | 立卷 | 建设 | 设计 | 监理 | 施工 | |
| 8631 | 土建施工 | 22. 围墙及大门单位工程施工 | 5. 排水管道通水、灌水、通球试验记录；<br>6. 防水工程试水检查记录、地下防水效果检查记录（视设计要求而定）；<br>7. 单位工程、分部、分项及检验批质量验收记录；<br>8. 单位工程混凝土试块试验报告及报审、强度汇总及评定表 | DL/T 5210.1—2012 | 施工 | 施工 | 30年 | | | 30年 | |
| | | 23. 站内外道路单位工程施工 | 1. 单位工程开工报审；<br>2. 测量施工记录；<br>3. 地基处理；<br>4. 隐蔽工程验收记录；<br>5. 混凝土施工记录；<br>6. 单位工程、分部、分项及检验批质量验收记录；<br>7. 单位工程混凝土试块试验报告及报审、强度汇总及评定表 | GB 50202—2009<br>GB 50729—2012<br>JGJ 18—2012<br>DL/T 5210.1—2012 | 施工 | 施工 | 30年 | | | 30年 | |
| | | 24 屋外场地工程单位工程施工 | 1. 单位工程开工报审；<br>2. 场地平整及地面：测量施工记录、地基处理、隐蔽工程验收记录、混凝土施工记录；<br>3. 屋外场地照明：隐蔽工程验收记录、混凝土施工记录、电气照明系统通电检测记录及全负荷运行记录；绝缘电阻、接地电阻性能测试记录；<br>4. 单位工程、分部、分项及检验批质量验收记录；<br>5. 单位工程混凝土试块试验报告及报审、强度汇总及评定表 | GB 50617—2010<br>GB 50729—2012<br>DL/T 5210.1—2012 | 施工 | 施工 | 30年 | | | 30年 | |
| | | 25 室外给排水及雨污水系统建、构筑物单位工程施工 | 1. 单位工程开工报审；<br>2. 供水泵房（参照主控楼2-7）；<br>3. 雨水、污水排水泵房（参照主控楼2-7）；<br>4. 室外给水、排水管道、水池：测量施工记录、隐蔽工程验收记录、混凝土施工记录、混凝土预制管道加工及安装记录、承压管道系统（设备）严密性水压试验记录、非承压管道灌水试验记录、给水管道通水试验记录、给水系统清洗记录、阀门 | GB 50141—2008<br>GB 50202—2009<br>GB 50204—2015<br>GB 50242—2002<br>GB 50729—2012 | 施工 | 施工 | 30年 | | | 30年 | |

续表

| 分类号 | 类目名称 | 归档范围 | | 执行标准 | 责任单位 | | 保存单位及保管期限 | | | | 备注 |
|---|---|---|---|---|---|---|---|---|---|---|---|
| | | 归档细目 | 主要项目文件 | | 来源 | 立卷 | 建设 | 设计 | 监理 | 施工 | |
| 8631 | 土建施工 | 25 室外给排水及雨污水系统建、构筑物单位工程施工 | 轻度及严密性试验记录等；<br>5．单位工程、分部、分项及检验批质量验收记录；<br>6．混凝土试块试验报告及报审、强度汇总及评定表 | DL/T 5210.1—2012 | 施工 | 施工 | 30 年 | | | 30 年 | |
| | | 26 通风空调（集中空调）单位工程施工 | 1．单位工程开工报审；<br>2．通风空调（集中空调）单位工程施工记录 | GB 50243—2016 | 施工 | 施工 | 30 年 | | | 30 年 | |
| | | 27 隔声降噪单位工程施工 | 1．单位工程开工报审表；<br>2．隔声降噪单位工程施工记录 | | 施工 | 施工 | 30 年 | | | 30 年 | |
| | | 28 码头及大件运输道路施工 | 1．单位工程开工报审；<br>2．参照主控楼；<br>3．参照站外道路；<br>4．大直径预应力混凝土：管缠丝记录、保护施工记录、成品管水压试验记录、成品管外观质量记录、输水管安装记录、输水管接头检查记录；<br>5．单位工程、分部、分项及检验批质量验收记录；<br>6．混凝土试块试验报告及报审、强度汇总及评定表 | | 施工 | 施工 | 30 年 | | | 30 年 | |
| 8639 | 其他 | | | | | | | | | | |
| 864 | 项目安装施工 | | | | | | | | | | |
| 8640 | 综合 | | 参照 8440 综合 | | | | | | | | |
| 8641 | 电气设备安装 | 01 管理文件 | 1．电气施工方案；<br>2．电气施工技术交底记录；<br>3．电气施工部分的采用标准规范清单及其执行计划及记录 | DL/T 5434—2009 | 施工 | 施工 | 30 年 | | | 30 年 | |
| | | 02 开工及报审 | 开（复）工报告、项目部成立、启用章、人员任免、调整文件 | DL/T 5434—2009 | 施工 | 施工 | 30 年 | | | 30 年 | |
| | | 03 质量管理 | 电气部分质量验评划分表及报审 | DL/T 5233—2010<br>DL/T 5434—2009 | 施工 | 施工 | 30 年 | | | 30 年 | |

续表

| 分类号 | 类目名称 | 归档范围 | | 执行标准 | 责任单位 | | 保存单位及保管期限 | | | | 备注 |
|---|---|---|---|---|---|---|---|---|---|---|---|
| | | 归档细目 | 主要项目文件 | | 来源 | 立卷 | 建设 | 设计 | 监理 | 施工 | |
| 8641 | 电气设备安装 | 04 材料出厂、试验及报审、报验 | 1. 管母、母线、电缆、绝缘子、金具、钢材、构支架、防火阻燃材料、通信、防雷接地、照明等数量清单、质量证明、合格证、自检结果、复试报告；<br>2. 管形母线焊接、耐张线夹液压试验报告等；<br>3. 其他 | | 供货商<br>施工等 | 施工 | 30 年 | | | 30 年 | |
| | | 05 换流阀系统设备安装单位工程施工记录及报审、报验 | 1. 单位工程开工报审；<br>2. 单位工程、分部、分项工程质量验评记录：接地开关调整记录等；<br>3. 施工及调整记录；<br>4. 其他 | GB/T 50775—2012<br>DL/T 5232—2010<br>DL/T 5233—2010 | 施工 | 施工 | 30 年 | | | 30 年 | |
| | | 06 变压器（平波电抗器）系统设备安装单位工程施工及报审、报验 | 1. 单位工程开工报审；<br>2. 单位工程、分部、分项工程质量验评记录：换流变压器运输冲击记录、换流变压器破氮前氮气压力检查记录、换流变压器绝缘油试验记录、换流变压器气体继电器检验记录、换流变压器器身检查隐蔽前签证记录、换流变压器冷却器密封试验签证记录、换流变压器真空注油及密封试验签证记录等；<br>3. 施工及调整记录；<br>4. 其他 | GB 50774—2012<br>GB 50776—2012<br>DL/T 5232—2010<br>DL/T 5233—2010 | 施工 | 施工 | 30 年 | | | 30 年 | |
| | | 07 交流配电装置安装单位工程施工记录及报审、报验 | 1. 单位工程开工报审；<br>2. 单位工程、分部、分项工程质量验评记录：新 $SF_6$ 气体抽样检验记录、断路器、隔离开关、负荷开关调整记录等；<br>3. 施工及调整记录；<br>4. 其他 | GB 50147—2010<br>GB 50148—2010<br>GB 50149—2010<br>GB 50171—2012<br>GB 50777—2012<br>DL/T 5232—2010<br>DL/T 5233—2010 | 施工 | 施工 | 30 年 | | | 30 年 | |
| | | 08 交流滤波器场配电装置安装单位工程施工记录及报审、报验 | 1. 单位工程开工报审；<br>2. 单位工程、分部、分项工程质量验评记录：断路器、隔离开关安装及调整记录等；<br>3. 施工及调整记录；<br>4. 其他 | GB 50147—2010<br>GB 50148—2010<br>GB 50149—2010<br>GB 50171—2012<br>DL/T 5232—2010<br>DL/T 5233—2010 | 施工 | 施工 | 30 年 | | | 30 年 | |

续表

| 分类号 | 类目名称 | 归档范围 | | 执行标准 | 责任单位 | | 保存单位及保管期限 | | | | 备注 |
|---|---|---|---|---|---|---|---|---|---|---|---|
| | | 归档细目 | 主要项目文件 | | 来源 | 立卷 | 建设 | 设计 | 监理 | 施工 | |
| 8641 | 电气设备安装 | 09 无功补偿装置安装单位工程施工记录及报审、报验 | 1. 单位工程开工报审；<br>2. 单位工程、分部、分项工程质量验评记录：电抗器绝缘油试验记录等；<br>3. 施工及调整记录；<br>4. 其他 | DL/T 5232—2010<br>DL/T 5233—2010 | 施工 | 施工 | 30 年 | | | 30 年 | |
| | | 10 直流场配电装置、直流滤波器安装单位工程施工记录及报审、报验 | 1. 单位工程开工报审；<br>2. 单位工程、分部、分项工程质量验评记录：断路器、隔离开关、电容器调整记录等；<br>3. 施工及调整记录；<br>4. 其他 | DL/T 5232—2010<br>DL/T 5233—2010 | 施工 | 施工 | 30 年 | | | 30 年 | |
| | | 11 站用电系统设备安装单位工程施工及报审、报验 | 1. 单位工程开工报审；<br>2. 单位工程、分部、分项工程质量验评记录：母线检查隐蔽记录等；<br>3. 施工及调整记录；<br>4. 其他 | DL/T 5232—2010<br>DL/T 5233—2010 | 施工 | 施工 | 30 年 | | | 30 年 | |
| | | 12 控制及保护设备安装及报审、报验 | 1. 单位工程开工报审；<br>2. 单位工程、分部、分项工程质量验评记录：蓄电池充放电记录等；<br>3. 施工及调整记录；<br>4. 其他 | GB 50171—2012<br>GB 50172—2012<br>DL/T 5232—2010<br>DL/T 5233—2010 | 施工 | 施工 | 30 年 | | | 30 年 | |
| | | 13 全站电缆单位工程施工及报审、报验 | 1. 单位工程开工报审；<br>2. 单位工程、分部、分项工程质量验评记录：35 千伏及以上电缆敷设记录、电缆敷设记录（设计变更部分）、直埋电缆（隐蔽前）检查签证、电缆中间接头位置记录等；<br>3. 施工及调整记录；<br>4. 其他 | DL/T 5232—2010<br>DL/T 5233—2010 | 施工 | 施工 | 30 年 | | | 30 年 | |
| | | 14 全站防雷及接地单位工程施工及报审、报验 | 1. 单位工程开工报审；<br>2. 单位工程、分部、分项工程质量验评记录：屋外接地装置隐蔽前检查（签证）记录、避雷针及接地引下线检查（签证）记录、接地电阻（局部）测量签证记录等；<br>3. 施工及调整记录；<br>4. 其他 | GB 50169—2016<br>GB 50601—2010<br>DL/T 5232—2010<br>DL/T 5233—2010 | 施工 | 施工 | 30 年 | | | 30 年 | |

续表

| 分类号 | 类目名称 | 归档范围 | | 执行标准 | 责任单位 | | 保存单位及保管期限 | | | | 备注 |
|---|---|---|---|---|---|---|---|---|---|---|---|
| | | 归档细目 | 主要项目文件 | | 来源 | 立卷 | 建设 | 设计 | 监理 | 施工 | |
| 8641 | 电气设备安装 | 15 全站电气照明单位工程施工及报审、报验 | 1．单位工程开工报审；<br>2．单位工程、分部、分项工程质量验评记录；<br>3．施工及调整记录；<br>4．其他 | GB 50617—2010<br>DL/T 5161.17 | 施工 | 施工 | 30年 | | | 30年 | |
| | | 16 通信系统设备安装 | 1．施工组织设计、方案、开工报告；<br>2．设备材料出厂、质量证明；<br>3．微波塔接地电阻（局部）测量签证记录；<br>4．通信蓄电池组安装、通信系统整体施工质量验收签证；<br>5．单位工程、分部、分项工程质量验评记录 | DL/T 5161.1—2018<br>DL/T 5232—2010<br>DL/T 5233—2010 | 施工 | 施工 | 30年 | | | 30年 | |
| | | 17 视频监控 | 1．施工组织设计、方案、开工报告；<br>2．设备材料出厂、质量证明；<br>3．安装测试记录、隐蔽工程验收记录；<br>4．单位工程、分部、分项工程质量验评记录 | | 施工 | 施工 | 30年 | | | 30年 | |
| | | 18 消防工程施工安装单位工程安装、调试记录 | 1．施工组织设计、方案、开工报告；<br>2．管道清（吹）洗、试加压记录、室外消防给水管清（吹）洗、试加压记录、隐蔽验收记录；<br>3．设备材料出厂、质量证明、设备安装及调试运行记录、调试报告、接地电阻、线路绝缘电阻测试报告；<br>4．单位工程、分部、分项工程质量验评记录；<br>5．竣工报告及备品备件移交清单 | GB 50166—2007<br>GB 50261—2017<br>GB 50263—2007<br>GB 50281—2006 | 施工 | 施工 | 30年 | | | 30年 | |
| | | 19 其他电气装置安装施工记录 | 1．微机防误闭锁系统设备安装文件；<br>2．其他 | | 施工 | 施工 | 30年 | | | 30年 | |
| | | 20 一次设备试验报告及报审 | 1．换流变压器及平波电气设备试验报告；<br>2．阀厅电气设备高压试验报告；<br>3．主变压器系统设备试验报告（本体试验、套管试验、套管电流互感器试验、三侧、中性点试验报告）； | GB 50150—2016 | 施工 | 施工 | 30年 | | | 30年 | |

续表

| 分类号 | 类目名称 | 归档范围 | | 执行标准 | 责任单位 | | 保存单位及保管期限 | | | | 备注 |
|---|---|---|---|---|---|---|---|---|---|---|---|
| | | 归档细目 | 主要项目文件 | | 来源 | 立卷 | 建设 | 设计 | 监理 | 施工 | |
| 8641 | 电气设备安装 | 20 一次设备试验报告及报审 | 4．主变瓦斯继电器检验报告、主变温度控制器校验报告、主变局放、绕组变试验报告、主变投切过电压测试报告；<br>5．站用变试验报告；<br>6．组合电器试验报告；<br>7．$SF_6$ 断路器试验报告、隔离开关试验报告；<br>8．开关柜内设备试验报告；<br>9．电流互感器试验报告、电压互感器试验报告；<br>10．电容器组试验报告、耦合电容器试验报告；<br>11．电抗器试验报告；<br>12．阻波器试验报告；<br>13．避雷器试验报告；<br>14．放电线圈试验报告；<br>15．电缆试验报告；<br>16．其他一次设备试验报告 | GB 50150—2016 | 施工 | 施工 | 30 年 | | | 30 年 | |
| | | 21 特殊项目调试报告 | 1．支柱绝缘子探伤报告；<br>2．地网导通试验报告（点对点试验报告）；<br>3．回路电阻测试报告；<br>4．全站接地网测试报告；<br>5．换流变局放和频率响应试验报告；<br>6．绝缘油试验报告；<br>7．GIS[7]耐压（含局放）试验报告；<br>8．主变及电抗器原油出厂及现场试验报告；<br>9．准备注入充油设备的变压器油试验报告；<br>10．充油设备注油静置后油试验报告；<br>11．充油设备耐压、局放试验 24 小时后油中溶解气体的色谱试验报告；<br>12．充油设备瓦斯继电器、温度控制器校验报告；<br>13．换流变、降压变、电抗器内部检查；<br>14．其他特殊项目试验报告 | GB 50150—2016 | 施工 | 施工 | 30 年 | | | 30 年 | |

[7] GIS（Gas Insulated Switchgare，气体绝缘金属封闭开关设备）。

续表

| 分类号 | 类目名称 | 归档范围 | | 执行标准 | 责任单位 | | 保存单位及保管期限 | | | | 备注 |
|---|---|---|---|---|---|---|---|---|---|---|---|
| | | 归档细目 | 主要项目文件 | | 来源 | 立卷 | 建设 | 设计 | 监理 | 施工 | |
| 8641 | 电气设备安装 | 22 油化试验报告 | 1. 变压器油化报告；<br>2. 组合电器油化报告；<br>3. 断路器油化报告；<br>4. 电流互感器油化报告、电压互感器油化报告；<br>5. 低抗油化报告 | GB 50150—2106 | 施工 | 施工 | 30年 | | | 30年 | |
| | | 23 现场设备开箱检查 | 开箱申请、设备缺陷通知单、缺陷处理等 | | 施工<br>监理 | 施工 | 30年 | | | | |
| | | | 其他质量验评记录 | | 施工 | 施工 | 30年 | | | 30年 | |
| 865 | 项目调试 | | | | | | | | | | |
| 8650 | 综合 | | | | | | | | | | |
| 8651 | 元件调试 | 01 通信设备调试报告 | 1. 光缆试验报告、记录；<br>2. 光传输设备测试试验报告；<br>3. PCM 设备测试及功能检查报告；<br>4. 通信电源系统验收技术要求和记录报告；<br>5. 载波高频通道全程测试记录；<br>6. 微波设备现场试验报告 | | 施工 | 施工 | 30年 | | | 30年 | |
| | | 02 二次设备调试报告及报审 | 1. 变压器及平抗（含主变）保护、所用变保护调试报告；<br>2. 主变屏继电器试验报告、主变无功补偿投切装置报告；<br>3. 母差保护、线路保护调试报告、断路器保护调试报告、继电器试验报告、电抗器保护、电容器保护调试报告；<br>4. 自动解列装置、安全控制装置（远方切机、备自投等）、故障录波器、带负荷测试、电压核相、二次通流通压、关口计量表、电能表、微机五防装置等试验报告；<br>5. 自动化调试报告（主变、线路、母联、分段、母线、公用等测控单元）；<br>6. 线路高频对调报告；<br>7. 交流屏、直流屏、逆变器屏、UPS 屏表计报告； | | 施工 | 施工 | 30年 | | | 30年 | |

续表

| 分类号 | 类目名称 | 归档范围 | | 执行标准 | 责任单位 | | 保存单位及保管期限 | | | | 备注 |
|---|---|---|---|---|---|---|---|---|---|---|---|
| | | 归档细目 | 主要项目文件 | | 来源 | 立卷 | 建设 | 设计 | 监理 | 施工 | |
| 8651 | 元件调试 | 02 二次设备调试报告及报审 | 8．GPS 时间同步调试报告保护装置、测控装置；<br>9．其他二次设备（消弧线圈、短引线保护、收发信机、通信接口装置、接地变保护、操作箱、微机消谐装置等）调试报告 | | 施工 | 施工 | 30 年 | | | 30 年 | |
| 8652 | 系统调试 | | 系统调试大纲、计划、方案及报审、系统调试报告等 | | 调试 | 调试 | 30 年 | | | 30 年 | |
| 866 | 监理 | | 参照 846 | | | | | | | | |
| 8660 | 综合 | | 参照 8460 综合 | | | | | | | | |
| 8661 | 设计监理 | | 参照 8461 设计监理 | | | | | | | | |
| 8662 | 施工监理 | | 参照 8462 施工监理 | | | | | | | | |
| 8663 | 设备监理 | | 参照 8463 设备监理 | DL/T 399—2010<br>DL/T 586—2008 | | | | | | | |
| 8664 | 环保、水保监理 | | 参照 8464 环保、水保监理 | | | | | | | | |
| 8669 | 其他 | | 参照 8469 大件运输监理等 | | | | | | | | |
| 867 | 启动及竣工验收 | | | | | | | | | | |
| 8670 | 综合 | | 参照 8470 综合 | | | | | | | | |
| 8671 | 启动竣工验收 | | 参照 8471 启动竣工验收 | DL/T 968<br>DL/T 5234—2010 | | | | | | | |
| 8672 | 结算、决算、审计 | | 参照 8472 结算、决算、审计 | | | | | | | | |
| 8673 | 达标投产、质量评价、工程创优 | | 参照 8473 达标投产、质量评价、工程创优 | | | | | | | | |
| 8674 | 科技创新、奖项 | | 参照 8474 科技创新、奖项 | | | | | | | | |
| 8679 | 其他 | | | | | | | | | | |
| 868 | 竣工图 | | | | | | | | | | |

续表

| 分类号 | 类目名称 | 归档范围 | | 执行标准 | 责任单位 | | 保存单位及保管期限 | | | | 备注 |
|---|---|---|---|---|---|---|---|---|---|---|---|
| | | 归档细目 | 主要项目文件 | | 来源 | 立卷 | 建设 | 设计 | 监理 | 施工 | |
| 8680 | 综合（总交） | | 竣工图总目录及编制说明等 | DL/T 5229—2016 | 设计<br>施工 | 设计<br>施工 | 永久 | 30 年 | | | |
| 8681 | 土建 | | 竣工图 | | 同上条 | 同上条 | 永久 | 30 年 | | | |
| 8682 | 电气一次 | | 竣工图 | | 同上条 | 同上条 | 永久 | 30 年 | | | |
| 8683 | 电气二次（含继电保护） | | 竣工图 | | 同上条 | 同上条 | 永久 | 30 年 | | | |
| 8684 | 通信、自动化、运动、监控 | | 竣工图 | | 同上条 | 同上条 | 永久 | 30 年 | | | |
| 8685 | 水工、暖通 | | 竣工图 | | 同上条 | 同上条 | 永久 | 30 年 | | | |
| 8689 | 其他 | | | | | | | | | | |
| 869 | 其他 | | 接地极极址文件入此，参照换流站四级类目分类 | DL 5275—2012<br>DL/T 5231—2010 | | | | | | | |
| 89 | 其他工程 | | | | | | | | | | |
| 890 | 配电网工程 | 01 项目准备 | 立项、审批、可研、招投标文件、合同等 | | 相关 | 建设 | 永久 | | | | |
| | | 02 项目设计 | 设计变更、设计基础文件等 | | 设计 | 建设 | 永久 | | | | |
| | | 03 项目管理 | 项目质量、进度等管理 | | 建设 | 建设 | 30 年 | | | | |
| | | 04 项目施工 | 1．工程控制网测量/线路复测报审表。<br>2．开（复）工、施工记录、调试记录（报告）、质量检查评定、报验单等施工安装全套文件（配电线路、配电变压器、公用配电所、开闭所、用户分界负荷开关等施工、安装）。<br>3．隐蔽工程记录（停工待检点质量控制记录——附件有基础及隐蔽工程、杆坑、拉线坑隐蔽检查记录）。<br>4．施工记录：<br>A．旁站点（S）质量控制记录表——附件有变压器台架安装、配电房电气安装；<br>B．b 见证点（W）质量控制记录表——附件有 10 千伏架空线路、低压台区安装、10 千伏架空线路安装质量检查表、低压台区安装质量检查表、变压器台架安装质量检查表、配网工程安全检查卡； | | 建设 | 建设 | 30 年 | | | | |

续表

| 分类号 | 类目名称 | 归档范围 | | 执行标准 | 责任单位 | | 保存单位及保管期限 | | | | 备注 |
|---|---|---|---|---|---|---|---|---|---|---|---|
| | | 归档细目 | 主要项目文件 | | 来源 | 立卷 | 建设 | 设计 | 监理 | 施工 | |
| 890 | 配电网工程 | 04 项目施工 | C．质量控制点检查申请表；<br>D．工程材料/构配件/设备进场使用报审表；<br>E．监理初检缺陷整改通知单；<br>F．工程缺陷清单；<br>G．甲供领料原始记录及凭证；<br>H. 自购材料合同、原始记录及相关凭证。<br>5．竣工文件：<br>配网工程验收缺陷记录及整改情况表、10 千伏架空线路、电缆线路、变压器台架、低压台区、配电室（含开闭所）安装质量及工程量检查验收表、开闭所土建工程施工质量验收表、箱变、电缆分支箱、环网柜验收表、电缆终端、接头中间验收记录表 | | 建设 | 建设 | 30 年 | | | | |
| | | 05 项目监理 | 图纸会检、设计交底、监理规划、监理实施细则及审批、采用标准规范清单及其执行计划及记录、监理工程师通知单、监理检查记录等 | | 监理 | 监理 | 30 年 | | | | |
| | | 06 竣工验收 | 工程竣工验收申请表、工程验收项目表、工程验收签到表、工程量确认表、工程验收签证书、财产清册、竣工验收、投产、资产移交等 | | 相关 | 建设 | 30 年 | | | | |
| | | 07 竣工图 | 各类竣工图 | | 设计/施工 | 建设 | 永久 | | | | |
| 891 | 微电网工程 | 01 项目准备 | 立项、审批、可研、招投标文件、合同等 | | 相关 | 建设 | 永久 | | | | |
| | | 02 项目设计 | 设计、更改、图纸会检等 | | 设计 | 建设 | 永久 | | | | |
| | | 03 项目管理 | 项目质量、进度等管理 | | 建设 | 建设 | 30 年 | | | | |
| | | 04 项目施工 | 开（复）工、施工记录、调试记录（报告）、质量检查评定、报验单等施工安装全套文件（含集控中心、分布式电源、用户负荷、储能设备的配电网网络建设） | | 施工 | 施工 | 30 年 | | | | |
| | | 05 项目监理 | 监理规划、监理实施细则及审批、采用标准规范清单及其执行计划及记录、监理工程师通知单、监理检查记录等 | | 监理 | 监理 | 30 年 | | | | |

续表

| 分类号 | 类目名称 | 归档范围 | | 执行标准 | 责任单位 | | 保存单位及保管期限 | | | | 备注 |
|---|---|---|---|---|---|---|---|---|---|---|---|
| | | 归档细目 | 主要项目文件 | | 来源 | 立卷 | 建设 | 设计 | 监理 | 施工 | |
| 891 | 微电网工程 | 06 竣工验收 | 竣工验收、投产、资产移交等 | | | 建设 | 30年 | | | | |
| | | 07 竣工图 | 各类竣工图 | | 设计/施工 | 建设 | 永久 | | | | |
| 892 | 低压、路灯工程 | 01 项目规划、计划等 | 项目各类规划、计划 | | 建设 | 建设 | 30年 | | | | |
| | | 02 项目设计 | 灯型、灯具、灯杆设计、安装、光照度计算、测试报告、图纸 | | 施工 | 施工 | 30年 | | | | |
| | | 03 新光源测试 | 应用、测试报告，使用总结 | | 施工 | 施工 | 30年 | | | | |
| | | 04 施工、安装 | 开关、引线系统接线 | | 设计/施工 | 建设 | 永久 | | | | |
| | | 05 竣工图 | 架空线路、电缆路径及安装竣工图、系统图、路径图等 | | 设计/施工 | 建设 | 永久 | | | | |
| 893 | 电动汽车充电站（桩）工程 | 01 立项及批文 | 立项及审批、招投标文件、合同等 | | 相关 | 建设 | 永久 | | | | |
| | | 02 可研报告及审查批文 | 可研报告、审查意见等 | | 相关 | 建设 | 永久 | | | | |
| | | 03 初步设计、施工图设计 | 初步设计、施工图设计等 | | 设计 | 建设 | 永久 | | | | |
| | | 04 项目管理 | 项目质量、进度等管理 | | 建设 | 建设 | 30年 | | | | |
| | | 05 项目施工 | 站点基础、房屋构架、屋顶、接地、消防、照明、设施、设备安装等开（复）工、施工记录、调试记录（报告）、质量检查评定、报验单等 | | 施工 | 施工 | 30年 | | | | |
| 899 | 其他 | | | | | | | | | | |
| 9 | 设备仪器 | | | | | | | | | | |
| 90 | 综合 | | | | | | | | | | |
| 91 | 调度自动化、通信 | | | | | | | | | | 调度保存 30年 |
| 910 | 调度设备 | | 调度自动化工作站、时钟同步系统等：装箱单、合格证、说明书；出厂试验报告、图纸等 | | 厂家 | 建设物资供应 | | | | | |

续表

| 分类号 | 类目名称 | 归档范围 | | 执行标准 | 责任单位 | | 保存单位及保管期限 | | | | 备注 |
|---|---|---|---|---|---|---|---|---|---|---|---|
| | | 归档细目 | 主要项目文件 | | 来源 | 立卷 | 建设 | 设计 | 监理 | 施工 | |
| 911 | 通信设备 | | 交换网、传输通信网、卫星系统、通信接口装置等：装箱单、合格证、说明书；出厂试验报告、图纸等 | | 厂家 | 建设物资供应 | | | | | |
| 912 | 检测、试验等 | | | | 厂家 | 建设物资供应 | | | | | |
| 919 | 其他 | | | | | | | | | | |
| 92 | 交流输电线路 | | | | | | | | | | |
| 920 | 综合 | | 综合或无法归入其他分类号的设备厂家资料 | | | | | | | | |
| 9201 | 铁（杆）塔 | | 1．产品质量合格证（含交货清单）；<br>2．产品质量检验报告；<br>3．出厂见证单 | | 厂家 | 建设物资供应 | 30 年 | | | | |
| 9202 | 导、地线 | | 1．产品合格证（含技术参数、交货清单）；<br>2．产品原材料出厂检验报告；<br>3．产品原材料原始质量证明、质量复检，原材料使用汇总表；<br>4．绞线型式试验报告；<br>5．产品特殊试验报告（按照技术协议要求提供）；<br>6．出厂见证单 | | 厂家 | 建设物资供应 | 30 年 | | | | |
| 9203 | 绝缘子、金具 | 01 绝缘子 | 1．产品质量合格证（含技术参数、交货清单）；<br>2．产品出厂检验报告、型式试验报告（含逐个及抽样试验项目）；<br>3．原材料及零部件原始质量证明、质量复检；<br>4．合同要求的工程验收第三方抽样检验报告；<br>5．出厂见证单 | | 厂家 | 建设物资供应 | 30 年 | | | | |
| | | 02 金具 | 1．产品质量合格证、装箱单（产品交货清单）；<br>2．产品检验报告、型式试验报告；<br>3．产品原材料使用跟踪表；<br>4．钢材、锌锭、铝锭、紧固件、电焊条原始质量证明、质量复检；<br>5．出厂见证单 | | 厂家 | 建设物资供应 | 30 年 | | | | |

续表

| 分类号 | 类目名称 | 归档范围 | | 执行标准 | 责任单位 | | 保存单位及保管期限 | | | | 备注 |
|---|---|---|---|---|---|---|---|---|---|---|---|
| | | 归档细目 | 主要项目文件 | | 来源 | 立卷 | 建设 | 设计 | 监理 | 施工 | |
| 9204 | 光缆（含金具） | | 1. 光纤原始质量证明及进厂复检报告；<br>2. 铝包钢单丝、铝合金单丝质量证明及复测报告；<br>3. 光缆及光缆金具产品质量合格证（含技术参数、交货清单）；<br>4. 光缆产品的抽样检测方案及出厂检验报告；<br>5. 光缆第三方抽样检验报告；<br>6. 光缆的型式试验报告；<br>7. 光缆金具的抽样检测方案及出厂检验报告、型式试验报告；<br>8. 安装手册；<br>9. 光缆木盘的检验检疫证明；<br>10. 出厂见证单 | | 厂家 | 建设<br>物资<br>供应 | 30年 | | | | |
| 9205 | 防雷接地 | | 装箱单、合格证、说明书、出厂试验报告等 | | 厂家 | 建设<br>物资<br>供应 | 30年 | | | | |
| 9206 | 线路监测、检测 | | 1. 产品合格证；<br>2. 出厂证明、试验报告；<br>3. 现场检验移交单 | | 厂家 | 建设<br>物资<br>供应 | 30年 | | | | |
| 9207 | 防坠落、攀爬机、航空障碍灯、融冰装置质量证明文件 | 01 防坠落 | 1. 产品合格证、验收报告；<br>2. 出厂检验报告、产品型式试验报告；<br>3. 原材料质检报告及复检报告；<br>4. 外购件质量合格证 | | 厂家 | 建设<br>物资<br>供应 | 30年 | | | | |
| | | 02 攀爬梯 | 出厂资料、安装方案、安装检查记录、验收报告等 | | 厂家 | 建设<br>物资<br>供应 | 30年 | | | | |
| | | 03 航空障碍灯 | 合格证、质量保证书、检验报告等 | | 厂家 | 建设<br>物资<br>供应 | 30年 | | | | |
| | | 04 融冰装置 | 1. 产品合格证、验收报告；<br>2. 出厂检验报告、产品型式试验报告；<br>3. 原材料质检报告及复检报告 | | 厂家 | 建设<br>物资<br>供应 | 30年 | | | | |
| 9209 | 其他 | | | | | | | | | | |
| 929 | 其他 | | | | | | | | | | |

续表

| 分类号 | 类目名称 | 归档范围 | | 执行标准 | 责任单位 | | 保存单位及保管期限 | | | | 备注 |
|---|---|---|---|---|---|---|---|---|---|---|---|
| | | 归档细目 | 主要项目文件 | | 来源 | 立卷 | 建设 | 设计 | 监理 | 施工 | |
| 93 | 电力电缆线路 | | | | | | | | | | |
| 930 | 电力电缆综合 | | 综合或无法归入其他分类号的设备厂家资料 | | | | | | | | |
| 931 | 电缆及附件 | | | | | | | | | | |
| 9310 | 100千伏及以上电缆、附件 | | 1. 装箱单、合格证、说明书；<br>2. 出厂试验报告、质量证明书、自检证明等 | | 厂家 | 建设物资供应 | 30年 | | | | |
| 9311 | 100千伏以下电缆、附件 | | 1. 装箱单、合格证、说明书；<br>2. 出厂试验报告、质量证明书、自检证明等 | | 厂家 | 建设物资供应 | 30年 | | | | |
| 939 | 其他 | | | | | | | | | | |
| 94 | 变电站 | | | | | | | | | | |
| 940 | 综合 | | | | | | | | | | |
| 941 | 一次设备 | | | | | | | | | | |
| 9410 | 综合 | 01 晶闸管阀、间隙（GAP）、晶闸管阀触发控制装置 | 1. 装箱单、合格证、说明书；<br>2. 试验报告；<br>3. 调试、安装记录；<br>4. 图纸；<br>5. 其他 | | 厂家 | 建设物资供应 | 30年 | | | | 串补站 |
| 9411 | 变压器、互感器 | 01 主变压器（含辅助设备） | 1. 装箱单、合格证、使用说明书、主要部件说明书；<br>2. 出厂试验报告、质量证明书、总的质保书；<br>3. 安装手册、试验导则；<br>4. 主变压器一次部分、二次部分认可图、最终图；<br>5. 压力释放阀说明书、合格证、试验报告；<br>6. 气体继电器、取气装置说明书、合格证、试验报告；<br>7. 有（无）载调压开关安装使用说明书、合格证；<br>8. 油温计说明书、试验报告； | | 厂家 | 建设物资供应 | 30年 | | | | |

续表

| 分类号 | 类目名称 | 归档范围 |  | 执行标准 | 责任单位 |  | 保存单位及保管期限 |  |  |  | 备注 |
|---|---|---|---|---|---|---|---|---|---|---|---|
|  |  | 归档细目 | 主要项目文件 |  | 来源 | 立卷 | 建设 | 设计 | 监理 | 施工 |  |
| 9411 | 变压器、互感器 | 01 主变压器（含辅助设备） | 9．高压套管说明书、合格证、试验报告；<br>10．吸湿计试验报告；<br>11．运输参考图；<br>12．备品备件清单、专用工具出厂资料；<br>13．其他 |  | 厂家 | 建设<br>物资<br>供应 | 30 年 |  |  |  |  |
| 9411 | 变压器、互感器 | 02 站（所）用变 | 1．装箱单、合格证、安装使用说明书；<br>2．出厂试验报告；<br>3．有载分接开关使用说明书、合格证；<br>4．压力释放阀说明书、合格证；<br>5．气体继电器说明书、合格证；<br>6．其他 |  | 厂家 | 建设<br>物资<br>供应 | 30 年 |  |  |  |  |
| 9411 | 变压器、互感器 | 03 电流互感器、电压互感器、电子互感器 | 1．装箱单、合格证、说明书；<br>2．出厂试验报告、油分析报告；<br>3．认可图、最终图；<br>4．其他 |  | 厂家 | 建设<br>物资<br>供应 | 30 年 |  |  |  |  |
| 9412 | 组合电器、开关柜 | 01 组合电器 | 1．装箱单、合格证、说明书；<br>2．出厂试验报告、图纸等 |  | 厂家 | 建设<br>物资<br>供应 | 30 年 |  |  |  | GIS |
| 9412 | 组合电器、开关柜 | 02 高压带电显示闭锁装置 | 1．装箱单、合格证、说明书；<br>2．出厂试验报告、图纸等 |  | 厂家 | 建设<br>物资<br>供应 | 30 年 |  |  |  |  |
| 9412 | 组合电器、开关柜 | 03 开关柜 | 1．装箱单、合格证、说明书；<br>2．出厂试验报告；<br>3．认可图、最终图（操作原理、二次接线、铭牌、外形尺寸图）；<br>4．备品备件清单、专用工具出厂资料；<br>5．其他 |  | 厂家 | 建设<br>物资<br>供应 | 30 年 |  |  |  |  |
| 9413 | 断路器、隔离开关、接地开关、熔断器 | 01 空气断路器、真空断路器、油断路器、旁路断路器 | 1．装箱单、合格证、说明书；<br>2．出厂试验报告；<br>3．认可图、最终图（操作原理、二次接线、铭牌、外形尺寸图）；<br>4．备品备件清单、专用工具出厂资料；<br>5．其他 |  | 厂家 | 建设<br>物资<br>供应 | 30 年 |  |  |  |  |

续表

| 分类号 | 类目名称 | 归档范围 | | 执行标准 | 责任单位 | | 保存单位及保管期限 | | | | 备注 |
|---|---|---|---|---|---|---|---|---|---|---|---|
| | | 归档细目 | 主要项目文件 | | 来源 | 立卷 | 建设 | 设计 | 监理 | 施工 | |
| 9413 | 断路器、隔离开关、接地开关、熔断器 | 02 $SF_6$（六氟化硫）断路器 | 1．装箱单、合格证、说明书；<br>2．出厂试验报告、质量证明书；<br>3．认可图、最终图（操作原理、二次接线、铭牌、外形尺寸图）；<br>4．断路器测试系统说明书；<br>5．断路器微水测试仪使用说明书；<br>6．六氟化硫气体回收装置说明书、质量证明及例行试验报告；<br>7．其他 | | 厂家 | 建设<br>物资<br>供应 | 30 年 | | | | |
| | | 03 中性点隔离开关、旁路隔离开关、串联隔离开关 | 1．装箱单、合格证；<br>2．使用说明书、安装及维护说明书；<br>3．出厂试验报告、质量证明；<br>4．认可图、最终图；<br>5．操作机构安装及维护说明书、试验报告；<br>6．支柱绝缘子说明书、合格证、试验报告；<br>7．其他 | | 厂家 | 建设<br>物资<br>供应 | 30 年 | | | | |
| | | 04 接地开关 | 1．装箱单、合格证；<br>2．使用说明书、安装及维护说明书；<br>3．出厂试验报告、质量证明；<br>4．认可图、最终图；<br>5．操作机构安装及维护说明书、试验报告；<br>6．支柱绝缘子说明书、合格证、试验报告；<br>7．其他 | | 厂家 | 建设<br>物资<br>供应 | 30 年 | | | | 中性点隔离开关、旁路隔离开关 |
| | | 05 熔断器 | 1．装箱单、合格证、说明书；<br>2．出厂试验报告、图纸等 | | 厂家 | 建设<br>物资<br>供应 | 30 年 | | | | |
| 9414 | 防雷接地 | 01 避雷器、避雷针 | 1．装箱单、合格证、说明书；<br>2．出厂试验报告；<br>3．在线监测仪安装使用说明书；<br>4．其他 | | 厂家 | 建设<br>物资<br>供应 | 30 年 | | | | |
| | | 02 接地装置 | 1．装箱单、合格证、说明书；<br>2．出厂试验报告；<br>3．在线监测仪安装使用说明书；<br>4．其他 | | 厂家 | 建设<br>物资<br>供应 | 30 年 | | | | |

续表

| 分类号 | 类目名称 | 归档范围 | | 执行标准 | 责任单位 | | 保存单位及保管期限 | | | | 备注 |
|---|---|---|---|---|---|---|---|---|---|---|---|
| | | 归档细目 | 主要项目文件 | | 来源 | 立卷 | 建设 | 设计 | 监理 | 施工 | |
| 9414 | 防雷接地 | 03 金属氧化物限压器（MOV） | 1．装箱单、合格证、说明书；<br>2．出厂试验报告；<br>3．在线监测仪安装使用说明书；<br>4．其他 | | 厂家 | 建设物资供应 | 30 年 | | | | |
| 9415 | 电容器组、电抗器 | 01 电抗器 | 1．装箱单；<br>2．总的质保书、质量证明书；<br>3．使用说明书、安装指导手册；<br>4．出厂试验报告；<br>5．出厂图；<br>6．压力释放阀、气体继电器、高压套管说明书、合格证；<br>7．油温计说明书、试验报告；<br>8．说明书、合格证；<br>9．备品备件清单、专用工具出厂资料；<br>10．其他 | | 厂家 | 建设物资供应 | 30 年 | | | | 串补站限流阻尼装置（限流电抗器、阻尼回路）、旁路电抗器入此 |
| | | 02 电容器组 | 1．装箱单、合格证、说明书；<br>2．出厂试验报告、装配图；<br>3．其他 | | 厂家 | 建设物资供应 | 30 年 | | | | 串补站串联电容器组入此 |
| | | 03 高压并联成套补偿装置 | 1．装箱单；<br>2．电抗器合格证、使用说明书、出厂试验报告、外形尺寸图；<br>3．并联电容器专用放电线圈使用说明书；<br>4．电容器专用放电线圈合格证明书；<br>5．并联电容器使用说明书、合格证明书；<br>6．避雷器使用说明书、检验合格证；<br>7．其他 | | 厂家 | 建设物资供应 | 30 年 | | | | |
| | | 04 消弧线圈 | 1．装箱单、合格证、说明书；<br>2．出厂试验报告；<br>3．认可图、最终图；<br>4．其他 | | 厂家 | 建设物资供应 | 30 年 | | | | |
| 9419 | 其他 | | | | | | | | | | |
| 942 | 二次设备 | | | | | | | | | | |
| 9420 | 继电保护 | 01 变压器保护 | 1．装箱单、合格证、说明书；<br>2．出厂试验报告、型式试验报告；<br>3．认可图、最终图；<br>4．其他 | | 厂家 | 建设物资供应 | 30 年 | | | | |

续表

| 分类号 | 类目名称 | 归档范围 | | 执行标准 | 责任单位 | | 保存单位及保管期限 | | | | 备注 |
|---|---|---|---|---|---|---|---|---|---|---|---|
| | | 归档细目 | 主要项目文件 | | 来源 | 立卷 | 建设 | 设计 | 监理 | 施工 | |
| 9420 | 继电保护 | 02 母线保护 | 1．装箱单、合格证、说明书；<br>2．出厂试验报告、型式试验报告；<br>3．认可图、最终图；<br>4．其他 | | 厂家 | 建设物资供应 | 30 年 | | | | |
| | | 03 线路保护 | 1．装箱单、合格证、说明书；<br>2．调试大纲及记录、出厂图；<br>3．断路器失灵启动及三相不一致保护装置说明书、电原理图、调试记录；<br>4．微机高频传输信号装置、分相操作箱、电压切换箱等的说明书、电原理图、调试大纲（记录）；<br>5．继电保护收发信机说明书；<br>6．保护柜调试记录、出厂图；<br>7．线路保护柜配套中英文打印机命令参考手册、操作手册；<br>8．其他 | | 厂家 | 建设物资供应 | 30 年 | | | | |
| | | 04 断路器保护 | 1．装箱单、合格证、说明书；<br>2．出厂试验报告、型式试验报告；<br>3．认可图、最终图；<br>4．其他 | | 厂家 | 建设物资供应 | 30 年 | | | | |
| | | 05 电抗器保护 | 1．装箱单、合格证、说明书；<br>2．调试大纲及记录；<br>3．保护柜电气设计、原理图及接线图；<br>4．其他 | | 厂家 | 建设物资供应 | 30 年 | | | | |
| | | 06 电容器保护 | 1．装箱单、合格证、说明书；<br>2．调试大纲及记录；<br>3．通信管理装置使用说明书（含调试大纲）；<br>4．保护柜电气设计、电气原理图、布置图及接线图；<br>5．保护柜整机调试大纲及记录；<br>6．其他 | | 厂家 | 建设物资供应 | 30 年 | | | | 串补站电容器不平衡保护、电容器过负荷保护入此 |

续表

| 分类号 | 类目名称 | 归档范围 | | 执行标准 | 责任单位 | | 保存单位及保管期限 | | | | 备注 |
|---|---|---|---|---|---|---|---|---|---|---|---|
| | | 归档细目 | 主要项目文件 | | 来源 | 立卷 | 建设 | 设计 | 监理 | 施工 | |
| 9420 | 继电保护 | 07 MOV 保护 | 1．装箱单、合格证、说明书、图纸；<br>2．试验报告、调试、安装记录等 | | 厂家 | 建设物资供应 | 30 年 | | | | 串补站 MOV 保护（过负荷、不平衡、大电流、高能量保护等） |
| | | 08 差动保护 | 1．装箱单、合格证；<br>2．使用说明书、用户手册；<br>3．调试大纲及记录；<br>4．保护柜电气设计、电气原理图、布置图及接线图；<br>5．其他 | | 厂家 | 建设物资供应 | 30 年 | | | | |
| | | 09 故障信息管理系统 | 1．装箱单、合格证、说明书；<br>2．出厂试验报告、型式试验报告；<br>3．认可图、最终图、分板原图；<br>4．继电器测试单元用户手册、配套软件用户手册、试验报告；<br>5．其他 | | 厂家 | 建设物资供应 | 30 年 | | | | |
| | | 10 操作继电器柜（用于 500 千伏保护） | 1．装箱单、合格证、出厂调试报告、接线图；<br>2．备品备件清单等 | | 厂家 | 建设物资供应 | 30 年 | | | | |
| | | 11 微机防误闭锁装置 | 装箱单、合格证、说明书、验收规程、电气主接线示意图等 | | 厂家 | 建设物资供应 | 30 年 | | | | |
| | | 12 端子箱、电源箱、配电箱 | 1．装箱单、合格证、说明书、认可图、最终图；<br>2．出厂试验报告等 | | 厂家 | 建设物资供应 | 30 年 | | | | |
| | | 13 保护信息通信柜 | 1．装箱单、合格证、说明书；<br>2．出厂试验报告、认可图、最终图等 | | 厂家 | 建设物资供应 | 30 年 | | | | |
| | | 14 触发间隙保护、间隙监测保护 | 1．装箱单、合格证、说明书、图纸；<br>2．试验报告、调试、安装记录等 | | 厂家 | 建设物资供应 | 30 年 | | | | 串补站 |

续表

| 分类号 | 类目名称 | 归档范围 | | 执行标准 | 责任单位 | | 保存单位及保管期限 | | | | 备注 |
|---|---|---|---|---|---|---|---|---|---|---|---|
| | | 归档细目 | 主要项目文件 | | 来源 | 立卷 | 建设 | 设计 | 监理 | 施工 | |
| 9420 | 继电保护 | 15 阀冷却系统控制保护 | 1. 装箱单、合格证、说明书、图纸；<br>2. 试验报告、调试、安装记录等 | | 厂家 | 建设物资供应 | 30年 | | | | 串补站 |
| 9421 | 自动装置 | 01 故障录波器 | 1. 装箱单、合格证、说明书；<br>2. 出厂试验报告；<br>3. 配套软件说明书、软件手册、硬件手册；<br>4. 其他 | | 厂家 | 建设物资供应 | 30年 | | | | |
| | | 02 安全自动稳定控制装置 | 1. 装箱单、合格证、说明书；<br>2. 出厂调试报告等 | | 厂家 | 建设物资供应 | 30年 | | | | |
| | | 03 自动解列装置 | 1. 装箱单、合格证、说明书；<br>2. 出厂调试报告等 | | 厂家 | 建设物资供应 | 30年 | | | | |
| 9422 | 电气仪表 | 01 电度表柜、所用变调压柜、公用设备继电器柜及母联操作箱柜 | 1. 装箱单、合格证、多功能电能表使用说明书；<br>2. 出厂试验报告、接线图；<br>3. 电气技术；<br>4. 其他 | | 厂家 | 建设物资供应 | 30年 | | | | |
| | | 02 低压配电柜 | 说明书、出厂试验报告、电气原理图及接线图等 | | 厂家 | 建设物资供应 | 30年 | | | | |
| | | 03 小电流接地检测及切换装置 | 1. 装箱单、合格证、说明书、原理图；<br>2. 试验报告等 | | 厂家 | 建设物资供应 | 30年 | | | | |
| | | 04 平台测量箱 | 1. 装箱单、合格证、说明书；<br>2. 试验报告、图纸等 | | 厂家 | 建设物资供应 | 30年 | | | | 串补站 |
| | | 05 户外数据采集箱 | 1. 装箱单、合格证、说明书；<br>2. 试验报告、图纸等 | | 厂家 | 建设物资供应 | 30年 | | | | 串补站 |
| | | 06 激光供能柜（激光电源屏） | 1. 装箱单、合格证、说明书；<br>2. 试验报告、图纸等 | | 厂家 | 建设物资供应 | 30年 | | | | 串补站 |

续表

| 分类号 | 类目名称 | 归档范围 | | 执行标准 | 责任单位 | | 保存单位及保管期限 | | | | 备注 |
|---|---|---|---|---|---|---|---|---|---|---|---|
| | | 归档细目 | 主要项目文件 | | 来源 | 立卷 | 建设 | 设计 | 监理 | 施工 | |
| 9423 | 直流设备、备用电源、绝缘监测 | 01 直流屏、直流分屏、逆变器屏 | 1．装箱单、合格证、说明书、材料明细表及出厂图；<br>2．出厂试验报告等 | | 厂家 | 建设<br>物资<br>供应 | 30 年 | | | | |
| | | 02 硅整流柜 | 1．装箱单、合格证、安装使用说明书、材料明细表及出厂图；<br>2．出厂试验报告等 | | 厂家 | 建设<br>物资<br>供应 | 30 年 | | | | |
| | | 03 蓄电池 | 1．装箱单、合格证、使用维护说明书；<br>2．出厂试验报告、放电记录等 | | 厂家 | 建设<br>物资<br>供应 | 30 年 | | | | |
| | | 04 UPS（不间断电源） | 装箱单、合格证、说明书等 | | 厂家 | 建设<br>物资<br>供应 | 30 年 | | | | |
| | | 05 绝缘监测装置 | 装箱单、合格证、说明书等 | | 厂家 | 建设<br>物资<br>供应 | 30 年 | | | | |
| 9429 | 其他 | | | | | | | | | | |
| 943 | 弱电设备 | | | | | | | | | | |
| 9430 | 通信 | 01 载波机 | 1．装箱单、合格证；<br>2．系统设计、操作、安装、调试、维护及诊断说明书；<br>3．系统保护信号装置说明书；<br>4．载波机出厂试验报告；<br>5．载波系统特性计算书、载波系统认可图、最终图；<br>6．其他 | | 厂家 | 建设<br>物资<br>供应 | 30 年 | | | | |
| | | 02 数字微波 | 1．说明书；<br>2．设备安装指南、工厂检验备忘录等 | | 厂家 | 建设<br>物资<br>供应 | 30 年 | | | | |
| | | 03 程控调度用户交换机 | 硬件手册、原理图册等 | | 厂家 | 建设<br>物资<br>供应 | 30 年 | | | | |
| | | 04 光端机 | 装箱单、合格证、说明书、出厂调试报告等 | | 厂家 | 建设<br>物资<br>供应 | 30 年 | | | | |

续表

| 分类号 | 类目名称 | 归档范围 | | 执行标准 | 责任单位 | | 保存单位及保管期限 | | | | 备注 |
|---|---|---|---|---|---|---|---|---|---|---|---|
| | | 归档细目 | 主要项目文件 | | 来源 | 立卷 | 建设 | 设计 | 监理 | 施工 | |
| 9430 | 通信 | 05 通信电源柜、防雷柜 | 装箱单、合格证、说明书、其他 | | 厂家 | 建设物资供应 | 30 年 | | | | |
| | | 06 滤波器 | 1．装箱单、合格证、说明书、图纸；<br>2．出厂调试报告等 | | 厂家 | 建设物资供应 | 30 年 | | | | |
| | | 07 阻波器 | 1．装箱单、合格证、说明书、最终图及技术参数表；<br>2．出厂试验报告等 | | 厂家 | 建设物资供应 | 30 年 | | | | |
| 9431 | 远动、自动化 | 01 变送器 | 1．技术说明书、使用说明书；<br>2．接线图、调试图；<br>3．检测报告；<br>4．其他 | | 厂家 | 建设物资供应 | 30 年 | | | | |
| | | 02 RTU（远端测控单元） | 1．技术手册；<br>2．质量合格证书；<br>3．系统布置图；<br>4．硬件安装及配置说明书；<br>5．配套标准软件手册、用户指南及监控软件说明；<br>6．模块技术说明书；<br>7．调制解调器使用说明书；<br>8．正弦波逆变电源简介说明及电路图；<br>9．数字式实时示波器用户手册；<br>10．被动式探针说明手册；<br>11．其他 | | 厂家 | 建设物资供应 | 30 年 | | | | |
| | | 03 遥信转接柜 | 1．装箱单、合格证、说明书、接线图；<br>2．其他 | | 厂家 | 建设物资供应 | 30 年 | | | | |
| | | 04 站内自动化 | 1．计算机安装说明、计算机硬件设置说明；<br>2．计算机用户使用软件授权证书；<br>3．工控机主板用户手册、工控机箱装配图；<br>4．不间断电源屏说明书、检测报告、原理接线图；<br>5．不间断电源、显示器等使用说明书；<br>6．其他 | | 厂家 | 建设物资供应 | 30 年 | | | | |

续表

| 分类号 | 类目名称 | 归档范围 | | 执行标准 | 责任单位 | | 保存单位及保管期限 | | | | 备注 |
|---|---|---|---|---|---|---|---|---|---|---|---|
| | | 归档细目 | 主要项目文件 | | 来源 | 立卷 | 建设 | 设计 | 监理 | 施工 | |
| 9431 | 远动、自动化 | 05 同步时钟屏 | 1. 检验报告、用户手册；<br>2. 其他 | | 厂家 | 建设物资供应 | 30年 | | | | |
| | | 06 同步相量测量屏 | 装箱单、合格证、说明书、图纸、调试方法、调试记录、检测记录等 | | 厂家 | 建设物资供应 | 30年 | | | | |
| | | 07 电量采集 | 装箱单、合格证、说明书、图纸等 | | 厂家 | 建设物资供应 | 30年 | | | | |
| | | 08 光纤复用接口柜 | 装箱单、合格证、说明书、图纸、调试方法、大纲、调试记录、检测记录等 | | 厂家 | 建设物资供应 | 30年 | | | | |
| | | 09 通信接口装置 | 装箱单、合格证、说明书、图纸、调试方法、大纲、调试记录、检测记录等 | | 厂家 | 建设物资供应 | 30年 | | | | |
| 9432 | 监控 | 01 远程图像监控设备 | 装箱单、产品合格证、说明书、用户手册等 | | 厂家 | 建设物资供应 | 30年 | | | | |
| | | 02 计算机监控设备 | 装箱单、产品合格证、说明书、用户手册等 | | 厂家 | 建设物资供应 | 30年 | | | | |
| 9439 | 其他 | | | | | | | | | | |
| 944 | 建构筑物及辅助系统 | | 串补平台、给排水、消防、通风空调、电梯、行车等 | | 厂家 | 建设物资供应 | 30年 | | | | |
| 9440 | 串补平台 | | 装箱单、产品合格证、说明书、图纸等 | | 厂家 | 建设物资供应 | 30年 | | | | |
| 9441 | 给排水、消防 | | 装箱单、产品合格证、说明书、图纸等 | | 厂家 | 建设物资供应 | 30年 | | | | 阀冷却系统可入此 |

续表

| 分类号 | 类目名称 | 归档范围 | | 执行标准 | 责任单位 | | 保存单位及保管期限 | | | | 备注 |
|---|---|---|---|---|---|---|---|---|---|---|---|
| | | 归档细目 | 主要项目文件 | | 来源 | 立卷 | 建设 | 设计 | 监理 | 施工 | |
| 9442 | 通风空调 | | 装箱单、产品合格证、说明书、图纸等 | | 厂家 | 建设物资供应 | 30 年 | | | | |
| 9443 | 电梯 | | 装箱单、产品合格证、说明书、图纸等 | | 厂家 | 建设物资供应 | 30 年 | | | | |
| 9449 | 其他 | | | | | | | | | | |
| 949 | 其他 | | | | | | | | | | |
| 95 | 直流输电线路（含接地极线路） | | | | | | | | | | |
| 950 | 综合 | | 综合或无法归入其他分类号的设备厂家资料 | | | | | | | | |
| 9501 | 铁（杆）塔 | | 1. 产品质量合格证（含交货清单）；<br>2. 产品质量检验报告；<br>3. 出厂见证单 | | 厂家 | 建设物资供应 | 30 年 | | | | |
| 9502 | 导、地线 | | 1. 产品合格证（含技术参数、交货清单）；<br>2. 产品原材料出厂检验报告；<br>3. 产品原材料原始质量证明、质量复检；<br>4. 原材料使用汇总表；<br>5. 绞线型式试验报告；<br>6. 产品特殊试验报告（按照技术协议要求提供）；<br>7. 出厂见证单 | | 厂家 | 建设物资供应 | 30 年 | | | | |
| 9503 | 绝缘子、金具 | 01 绝缘子 | 1. 产品质量合格证（含技术参数、交货清单）；<br>2. 产品出厂检验报告、型式试验报告（含逐个及抽样试验项目）；<br>3. 原材料及零部件原始质量证明、质量复检；<br>4. 合同要求的工程验收第三方抽样检验报告；<br>5. 出厂见证单 | | 厂家 | 建设物资供应 | 30 年 | | | | |

续表

| 分类号 | 类目名称 | 归档范围 | | 执行标准 | 责任单位 | | 保存单位及保管期限 | | | | 备注 |
|---|---|---|---|---|---|---|---|---|---|---|---|
| | | 归档细目 | 主要项目文件 | | 来源 | 立卷 | 建设 | 设计 | 监理 | 施工 | |
| 9503 | 绝缘子、金具 | 02 金具 | 1. 产品质量合格证、装箱单（产品交货清单）；<br>2. 产品检验报告、型式试验报告；<br>3. 产品原材料使用跟踪表；<br>4. 钢材、锌锭、铝锭、紧固件、电焊条原始质量证明、质量复检；<br>5. 出厂见证单 | | 厂家 | 建设<br>物资<br>供应 | 30 年 | | | | |
| 9504 | 光缆（含金具） | | 1. 光纤原始质量证明及进厂复检报告；<br>2. 铝包钢单丝、铝合金单丝质量证明及复测报告；<br>3. 光缆及光缆金具产品质量合格证（含技术参数、交货清单）；<br>4. 光缆产品的抽样检测方案及出厂检验报告；<br>5. 光缆第三方抽样检验报告；<br>6. 光缆的型式试验报告；<br>7. 光缆金具的抽样检测方案及出厂检验报告、型式试验报告；<br>8. 安装手册；<br>9. 光缆木盘的检验检疫证明；<br>10. 出厂见证单 | | 厂家 | 建设<br>物资<br>供应 | 30 年 | | | | |
| 9505 | 防雷接地 | | 装箱单、合格证、说明书、出厂试验报告等 | | 厂家 | 建设<br>物资<br>供应 | 30 年 | | | | |
| 9506 | 线路监测、检测 | | 1. 产品合格证；<br>2. 出厂证明、试验报告；<br>3. 现场检验移交单 | | 厂家 | 建设<br>物资<br>供应 | 30 年 | | | | |
| 9507 | 防坠落、攀爬机、航空障碍灯融冰装置质量证明文件 | 01 防坠落 | 1. 产品合格证、验收报告；<br>2. 出厂检验报告、产品型式试验报告；<br>3. 原材料质检报告及复检报告；<br>4. 外购件质量合格证 | | 厂家 | 建设<br>物资<br>供应 | 30 年 | | | | |
| | | 02 攀爬梯 | 出厂资料、安装方案、安装检查记录、验收报告等 | | 厂家 | 建设<br>物资<br>供应 | 30 年 | | | | |
| | | 03 航空障碍灯 | 合格证、质量保证书、检验报告等 | | 厂家 | 建设<br>物资<br>供应 | 30 年 | | | | |

续表

| 分类号 | 类目名称 | 归档范围 | | 执行标准 | 责任单位 | | 保存单位及保管期限 | | | | 备注 |
|---|---|---|---|---|---|---|---|---|---|---|---|
| | | 归档细目 | 主要项目文件 | | 来源 | 立卷 | 建设 | 设计 | 监理 | 施工 | |
| 9507 | 防坠落、攀爬机、航空障碍灯融冰装置质量证明文件 | 04 融冰装置 | 1．产品合格证、验收报告；<br>2．出厂检验报告、产品型式试验报告；<br>3．原材料质检报告及复检报告 | | 厂家 | 建设物资供应 | 30 年 | | | | |
| 9509 | 其他 | | | | | | | | | | |
| 959 | 其他 | | 接地极线路设备入 959 | | | | | | | | |
| 96 | 换流站（含接地极极址） | | | | | | | | | | |
| 960 | 阀厅设备 | | | | | | | | | | |
| 9600 | 换流阀 | 01 换流阀 | 1．装箱单、总的质保书、使用说明书、手册；<br>2．出厂试验报告；<br>3．调试方法、调试记录；<br>4．原理接线图、运输参考图；<br>5．备品备件清单、专用工具出厂资料；<br>6．其他 | | 厂家 | 建设物资供应 | 30 年 | | | | |
| | | 02 晶闸管阀触发控制装置 | 1．装箱单、合格证、说明书、图纸；<br>2．试验报告；<br>3．调试、安装记录；<br>4．其他 | | 厂家 | 建设物资供应 | 30 年 | | | | |
| 9601 | 互感器 | 电流互感器、电压互感器、电子互感器 | 1．装箱单、产品合格证、说明书；<br>2．出厂试验报告；<br>3．认可图、最终图；<br>4．其他 | | 厂家 | 建设物资供应 | 30 年 | | | | |
| 9602 | 阀冷却系统 | | 1．装箱单、产品合格证、说明书；<br>2．出厂试验报告、型式试验报告；<br>3．最终图纸；<br>4．其他 | | 厂家 | 建设物资供应 | 30 年 | | | | |
| 9603 | 接地开关 | | 1．装箱单、产品合格证、使用说明书、安装及维护说明书；<br>2．出厂试验报告、质量证明；<br>3．认可图、最终图；<br>4．操作机构安装及维护说明书、试验报告；<br>5．其他 | | 厂家 | 建设物资供应 | 30 年 | | | | 阀侧绕组接地开关、阀侧套管接地开关等 |

续表

| 分类号 | 类目名称 | 归档范围 | | 执行标准 | 责任单位 | | 保存单位及保管期限 | | | | 备注 |
|---|---|---|---|---|---|---|---|---|---|---|---|
| | | 归档细目 | 主要项目文件 | | 来源 | 立卷 | 建设 | 设计 | 监理 | 施工 | |
| 9604 | 避雷器 | | 1．装箱单、产品合格证、说明书；<br>2．出厂试验报告；<br>3．在线监测仪安装使用说明书；<br>4．其他 | | 厂家 | 建设物资供应 | 30年 | | | | |
| 9605 | 电容器、电抗器 | 01 电容器 | 1．装箱单、产品合格证、说明书；<br>2．出厂试验报告、装配图；<br>3．其他 | | 厂家 | 建设物资供应 | 30年 | | | | |
| | | 02 电抗器 | 1．装箱单、总的质保书、使用说明书、手册；<br>2．出厂试验报告、质量证明书；<br>3．出厂图；<br>4．其他 | | 厂家 | 建设物资供应 | 30年 | | | | 阀电抗器等 |
| 9606 | 直流测量装置 | 01 直流电压分压器 | 1．装箱单、产品合格证、说明书；<br>2．出厂试验报告、图纸等 | | 厂家 | 建设物资供应 | 30年 | | | | |
| | | 02 直流电流测量装置 | 1．装箱单、合格证、说明书；<br>2．出厂试验报告、图纸等 | | 厂家 | 建设物资供应 | 30年 | | | | 极母线电流测量装置、中性母线电流测量装置 |
| 9609 | 其他 | | | | | | | | | | |
| 961 | 换流变压器 | | | | | | | | | | |
| 9610 | 换流变本体、互感器 | 01 换流变本体 | 1．装箱单、总的质保书、使用说明书、手册；<br>2．出厂试验报告、原理接线图、运输参考图；<br>3．调试方法、调试记录；<br>4．备品备件清单、专用工具出厂资料；<br>5．其他 | | 厂家 | 建设物资供应 | 30年 | | | | |
| | | 02 电流互感器、电压互感器、电子互感器 | 1．装箱单、产品合格证、说明书；<br>2．出厂试验报告、认可图、最终图；<br>3．其他 | | 厂家 | 建设物资供应 | 30年 | | | | |

续表

| 分类号 | 类目名称 | 归档范围 | | 执行标准 | 责任单位 | | 保存单位及保管期限 | | | | 备注 |
|---|---|---|---|---|---|---|---|---|---|---|---|
| | | 归档细目 | 主要项目文件 | | 来源 | 立卷 | 建设 | 设计 | 监理 | 施工 | |
| 9611 | 继电器、压力释放阀、储油柜 | | 1. 装箱单、产品合格证、说明书；<br>2. 出厂试验报告、型式试验报告；<br>3. 最终图纸；<br>4. 其他 | | 厂家 | 建设物资供应 | 30年 | | | | 气体继电器、油流继电器、速动油压继电器入此 |
| 9612 | 套管、升高座 | 01 套管 | 套管等出厂合格证、检验报告等 | | 厂家 | 建设物资供应 | 30年 | | | | 网侧套管、阀侧套管 |
| | | 02 升高座 | 装箱单、产品合格证、说明书等 | | 厂家 | 建设物资供应 | 30年 | | | | |
| 9613 | 有（无）载开关设备 | | 1. 装箱单、产品合格证、使用说明书、安装及维护说明书；<br>2. 出厂试验报告、质量证明、认可图、最终图等 | | 厂家 | 建设物资供应 | 30年 | | | | |
| 9614 | 避雷器 | | 1. 装箱单、产品合格证、说明书、出厂试验报告；<br>2. 在线监测仪安装使用说明书；<br>3. 其他 | | 厂家 | 建设物资供应 | 30年 | | | | |
| 9615 | 电容器、电抗器、阻波器 | 01 滤波电容器 | 1. 装箱单、产品合格证、说明书；<br>2. 出厂试验报告、装配图等 | | 厂家 | 建设物资供应 | 30年 | | | | |
| | | 02 电抗器 | 1. 装箱单、使用说明书、手册；<br>2. 总的质保书、质量证明书、出厂试验报告、出厂图；<br>3. 其他 | | 厂家 | 建设物资供应 | 30年 | | | | |
| | | 03 阻波器 | 1. 装箱单、产品合格证、说明书；<br>2. 出厂试验报告、最终图及技术参数表；<br>3. 其他 | | 厂家 | 建设物资供应 | 30年 | | | | |

续表

| 分类号 | 类目名称 | 归档范围 | | 执行标准 | 责任单位 | | 保存单位及保管期限 | | | | 备注 |
|---|---|---|---|---|---|---|---|---|---|---|---|
| | | 归档细目 | 主要项目文件 | | 来源 | 立卷 | 建设 | 设计 | 监理 | 施工 | |
| 9616 | 温控、冷却装置 | 01 温度控制器 | 1．装箱单、产品合格证、说明书；<br>2．出厂试验报告、图纸；<br>3．其他 | | 厂家 | 建设物资供应 | 30年 | | | | 油面温度控制器、绕组温度控制器、电子温度控制器 |
| | | 02 冷却器/散热器 | 1．装箱单、产品合格证、说明书；<br>2．出厂试验报告、图纸等 | | 厂家 | 建设物资供应 | 30年 | | | | |
| 9617 | 充氮灭火、在线监测 | | 1．装箱单、产品合格证、说明书；<br>2．出厂试验报告、图纸等 | | 厂家 | 建设物资供应 | 30年 | | | | |
| 9619 | 其他 | | | | | | | | | | |
| 962 | 交流开关场、交流滤波器场 | | | | | | | | | | |
| 9620 | 综合 | | | | | | | | | | |
| 9621 | 互感器 | 01 高压并联电抗器 | 1．装箱单、总的质保书、使用说明书、安装指导手册；<br>2．出厂试验报告、质量证明书、出厂图；<br>3．压力释放阀、气体继电器、高压套管说明书、合格证；<br>4．油温计说明书、试验报告；<br>5．备品备件清单、专用工具出厂资料；<br>6．其他 | | 厂家 | 建设物资供应 | 30年 | | | | |
| | | 02 电流互感器、电容式电压互感器、电子互感器 | 1．装箱单、产品合格证、说明书；<br>2．出厂试验报告、认可图、最终图；<br>3．其他 | | 厂家 | 建设物资供应 | 30年 | | | | |
| 9622 | 组合电器、开关柜 | 01 组合电器 | 1．装箱单、产品合格证、说明书；<br>2．出厂试验报告、图纸等 | | 厂家 | 建设物资供应 | 30年 | | | | |

续表

| 分类号 | 类目名称 | 归档范围 | | 执行标准 | 责任单位 | | 保存单位及保管期限 | | | | 备注 |
|---|---|---|---|---|---|---|---|---|---|---|---|
| | | 归档细目 | 主要项目文件 | | 来源 | 立卷 | 建设 | 设计 | 监理 | 施工 | |
| 9622 | 组合电器、开关柜 | 02 开关柜 | 1. 装箱单、产品合格证、说明书；<br>2. 出厂试验报告；<br>3. 认可图、最终图（操作原理、二次接线、铭牌、外形尺寸图）；<br>4. 备品备件清单、专用工具出厂资料；<br>5. 其他 | | 厂家 | 建设<br>物资<br>供应 | 30 年 | | | | |
| 9623 | 断路器、隔离开关、接地开关 | 01 空气断路器、油断路器、真空断路器 | 1. 装箱单、产品合格证、说明书、操作手册；<br>2. 出厂试验报告；<br>3. 认可图、最终图（操作原理、二次接线、铭牌、外形尺寸图）；<br>4. 备品备件清单、专用工具出厂资料；<br>5. 其他 | | 厂家 | 建设<br>物资<br>供应 | 30 年 | | | | |
| | | 02 $SF_6$（六氟化硫）断路器 | 1. 装箱单、产品合格证、说明书；<br>2. 出厂试验报告、质量证明书；<br>3. 认可图、最终图（操作原理、二次接线、铭牌、外形尺寸图）；<br>4. 断路器测试系统说明书、断路器微水测试仪使用说明书；<br>5. 六氟化硫气体回收装置说明书、质量证明及例行试验报告；<br>6. 其他 | | 厂家 | 建设<br>物资<br>供应 | 30 年 | | | | |
| | | 03 隔离开关、接地开关 | 1. 装箱单、合格证、使用说明书、安装及维护说明书；<br>2. 出厂试验报告、质量证明、认可图、最终图；<br>3. 操作机构安装及维护说明书、试验报告；<br>4. 支柱绝缘子说明书、合格证、试验报告；<br>5. 其他 | | 厂家 | 建设<br>物资<br>供应 | 30 年 | | | | |
| 9624 | 避雷器、放电在线监测仪、计数器 | | 1. 装箱单、产品合格证、说明书；<br>2. 出厂试验报告；<br>3. 在线监测仪安装使用说明书；<br>4. 其他 | | 厂家 | 建设<br>物资<br>供应 | 30 年 | | | | |

续表

| 分类号 | 类目名称 | 归档范围 | | 执行标准 | 责任单位 | | 保存单位及保管期限 | | | | 备注 |
|---|---|---|---|---|---|---|---|---|---|---|---|
| | | 归档细目 | 主要项目文件 | | 来源 | 立卷 | 建设 | 设计 | 监理 | 施工 | |
| 9625 | 交流滤波器组、并联电容器组、电抗器、阻波器 | 01 并联电容器组 | 1. 装箱单、产品合格证、说明书；<br>2. 出厂试验报告、装配图等 | | 厂家 | 建设<br>物资<br>供应 | 30年 | | | | |
| | | 02 电抗器 | 1. 装箱单、总的质保书、使用说明书、手册；<br>2. 出厂试验报告、质量证明书、出厂图；<br>3. 其他 | | 厂家 | 建设<br>物资<br>供应 | 30年 | | | | |
| | | 03 交流滤波器组、阻波器 | 装箱单、产品合格证、说明书、跳线图等 | | 厂家 | 建设<br>物资<br>供应 | 30年 | | | | |
| | | 04 阻波器 | 1. 装箱单、产品合格证、说明书；<br>2. 出厂试验报告、最终图及技术参数表等 | | 厂家 | 建设<br>物资<br>供应 | 30年 | | | | |
| 9629 | 其他 | | | | | | | | | | |
| 963 | 直流开关场 | | | | | | | | | | |
| 9630 | 综合 | | | | | | | | | | |
| 9631 | 互感器 | 电流互感器、电容式电压互感器、电子互感器 | 1. 装箱单、产品合格证、说明书；<br>2. 出厂试验报告、认可图、最终图；<br>3. 其他 | | 厂家 | 建设<br>物资<br>供应 | 30年 | | | | |
| 9632 | 组合电器、开关柜 | 01 组合电器 | 1. 装箱单、产品合格证、说明书；<br>2. 出厂试验报告、图纸等 | | 厂家 | 建设<br>物资<br>供应 | 30年 | | | | |
| | | 02 高压带电显示闭锁装置 | 1. 装箱单、产品合格证、说明书；<br>2. 出厂试验报告、图纸等 | | 厂家 | 建设<br>物资<br>供应 | 30年 | | | | |
| | | 03 开关柜 | 1. 装箱单、产品合格证、说明书；<br>2. 出厂试验报告；<br>3. 认可图、最终图（操作原理、二次接线、铭牌、外形尺寸图）；<br>4. 备品备件清单、专用工具出厂资料；<br>5. 其他 | | 厂家 | 建设<br>物资<br>供应 | 30年 | | | | |

续表

| 分类号 | 类目名称 | 归档范围 | | 执行标准 | 责任单位 | | 保存单位及保管期限 | | | | 备注 |
|---|---|---|---|---|---|---|---|---|---|---|---|
| | | 归档细目 | 主要项目文件 | | 来源 | 立卷 | 建设 | 设计 | 监理 | 施工 | |
| 9633 | 断路器、隔离开关、接地开关 | 01 $SF_6$（六氟化硫）断路器 | 1．装箱单、产品合格证、说明书；<br>2．出厂试验报告、质量证明书；<br>3．认可图、最终图（操作原理、二次接线、铭牌、外形尺寸图）；<br>4．断路器测试系统说明书、断路器微水测试仪使用说明书；<br>5．六氟化硫气体回收装置说明书、质量证明及例行试验报告；<br>6．其他 | | 厂家 | 建设物资供应 | 30年 | | | | |
| | | 02 旁路断路器 | 1．装箱单、产品合格证、说明书；<br>2．出厂试验报告；<br>3．认可图、最终图（操作原理、二次接线、铭牌、外形尺寸图）；<br>4．备品备件清单、专用工具出厂资料；<br>5．其他 | | 厂家 | 建设物资供应 | 30年 | | | | |
| | | 03 隔离开关、接地开关 | 1．装箱单、产品合格证、使用说明书、安装及维护说明书；<br>2．出厂试验报告、质量证明；<br>3．认可图、最终图；<br>4．操作机构安装及维护说明书、试验报告；<br>5．支柱绝缘子说明书、合格证、试验报告；<br>6．其他 | | 厂家 | 建设物资供应 | 30年 | | | | |
| 9634 | 避雷器 | | 1．装箱单、产品合格证、说明书；<br>2．出厂试验报告；<br>3．在线监测仪安装使用说明书；<br>4．其他 | | 厂家 | 建设物资供应 | 30年 | | | | |
| 9635 | 直流滤波器、平波电抗器、电容器、阻波器 | 01 电容器 | 1．装箱单、产品合格证、说明书；<br>2．出厂试验报告、装配图；<br>3．其他 | | 厂家 | 建设物资供应 | 30年 | | | | |
| | | 02 滤波电容器 | 1．装箱单、产品合格证、说明书；<br>2．出厂试验报告、装配图；<br>3．其他 | | 厂家 | 建设物资供应 | 30年 | | | | |

续表

| 分类号 | 类目名称 | 归档范围 | | 执行标准 | 责任单位 | | 保存单位及保管期限 | | | | 备注 |
|---|---|---|---|---|---|---|---|---|---|---|---|
| | | 归档细目 | 主要项目文件 | | 来源 | 立卷 | 建设 | 设计 | 监理 | 施工 | |
| 9635 | 直流滤波器、平波电抗器、电容器、阻波器 | 03 平波电抗器 | 1. 装箱单、总的质保书、使用说明书、安装指导手册；<br>2. 出厂试验报告、出厂图、质量证明书；<br>3. 压力释放阀说明书、合格证；<br>4. 气体继电器说明书、合格证；<br>5. 油温计说明书、试验报告；<br>6. 高压套管说明书、合格证；<br>7. 备品备件清单、专用工具出厂资料；<br>8. 其他 | | 厂家 | 建设<br>物资<br>供应 | 30 年 | | | | |
| | | 04 直流滤波器 | 装箱单、产品合格证、说明书、跳线图等 | | 厂家 | 建设<br>物资<br>供应 | 30 年 | | | | |
| | | 05 阻波器 | 1. 装箱单、产品合格证、说明书；<br>2. 出厂试验报告、最终图及技术参数表；<br>3. 其他 | | 厂家 | 建设<br>物资<br>供应 | 30 年 | | | | |
| | | 06 放电线圈 | 1. 装箱单、产品合格证、说明书；<br>2. 出厂试验报告、认可图、最终图；<br>3. 其他 | | 厂家 | 建设<br>物资<br>供应 | 30 年 | | | | |
| 9636 | 直流测量装置 | 01 直流电压分压器 | 1. 装箱单、产品合格证、说明书；<br>2. 出厂试验报告、图纸等 | | 厂家 | 建设<br>物资<br>供应 | 30 年 | | | | |
| | | 02 直流电流测量装置 | 1. 装箱单、产品合格证、说明书；<br>2. 出厂试验报告、图纸等 | | 厂家 | 建设<br>物资<br>供应 | 30 年 | | | | |
| 9639 | 其他 | | | | | | | | | | |
| 964 | 控制及保护 | | | | | | | | | | |
| 9640 | 综合 | | | | | | | | | | |
| 9641 | 交流控制及保护装置 | 01 换流变压器保护、站用变压器保护 | 1. 装箱单、产品合格证、说明书；<br>2. 出厂试验报告、型式试验报告、认可图、最终图；<br>3. 其他 | | 厂家 | 建设<br>物资<br>供应 | 30 年 | | | | |
| | | 02 线路保护 | 1. 说明书；<br>2. 出厂报告；<br>3. 调试大纲及记录、单独装置原理图 | | 厂家 | 建设<br>物资<br>供应 | 30 年 | | | | |

续表

| 分类号 | 类目名称 | 归档范围 | | 执行标准 | 责任单位 | | 保存单位及保管期限 | | | | 备注 |
|---|---|---|---|---|---|---|---|---|---|---|---|
| | | 归档细目 | 主要项目文件 | | 来源 | 立卷 | 建设 | 设计 | 监理 | 施工 | |
| 9641 | 交流控制及保护装置 | 03 电容器保护 | 1. 装箱单、产品合格证、说明书；<br>2. 调试大纲及记录；<br>3. 通信管理装置使用说明书（含调试大纲）；<br>4. 保护柜电气设计、原理图、布置图及接线图；<br>5. 保护柜整机调试大纲及记录；<br>6. 其他 | | 厂家 | 建设<br>物资<br>供应 | 30 年 | | | | |
| | | 04 断路器保护 | 1. 装箱单、产品合格证、说明书；<br>2. 出厂试验报告、型式试验报告、认可图、最终图；<br>3. 其他 | | 厂家 | 建设<br>物资<br>供应 | 30 年 | | | | |
| | | 05 母线保护 | 1. 装箱单、产品合格证、说明书；<br>2. 出厂试验报告、型式试验报告、认可图、最终图；<br>3. 调试大纲、装置原理图；<br>4. 其他 | | 厂家 | 建设<br>物资<br>供应 | 30 年 | | | | |
| | | 06 差动保护 | 1. 装箱单、产品合格证、使用说明书、用户手册；<br>2. 调试大纲及记录；<br>3. 保护柜电气设计、电气原理图、布置图及接线图；<br>4. 其他 | | 厂家 | 建设<br>物资<br>供应 | 30 年 | | | | |
| | | 07 交流滤波器保护 | 1. 装箱单、产品合格证、说明书；<br>2. 出厂调试报告；<br>3. 其他 | | 厂家 | 建设<br>物资<br>供应 | 30 年 | | | | |
| | | 08 交流故障录波器保护 | 装箱单、产品合格证、说明书、图纸等 | | 厂家 | 建设<br>物资<br>供应 | 30 年 | | | | |
| | | 09 故障测距屏、行波测距屏、试验电源屏 | 装箱单、产品合格证、说明书、图纸等 | | 厂家 | 建设<br>物资<br>供应 | 30 年 | | | | |
| | | 10 继电保护及故障信息管理子站 | 装箱单、产品合格证、说明书、图纸等 | | 厂家 | 建设<br>物资<br>供应 | 30 年 | | | | |

续表

| 分类号 | 类目名称 | 归档范围 | | 执行标准 | 责任单位 | | 保存单位及保管期限 | | | | 备注 |
|---|---|---|---|---|---|---|---|---|---|---|---|
| | | 归档细目 | 主要项目文件 | | 来源 | 立卷 | 建设 | 设计 | 监理 | 施工 | |
| 9641 | 交流控制及保护装置 | 11 通信接口柜 | 装箱单、产品合格证、说明书、图纸等 | | 厂家 | 建设<br>物资<br>供应 | 30 年 | | | | |
| | | 12 端子箱 | 1．装箱单、产品合格证、说明书；<br>2．出厂试验报告、认可图、最终图；<br>3．其他 | | 厂家 | 建设<br>物资<br>供应 | 30 年 | | | | |
| | | 13 操作继电器柜 | 1．装箱单、合格证；<br>2．出厂调试报告、接线图；<br>3．电气技术；<br>4．备品备件清单；<br>5．其他 | | 厂家 | 建设<br>物资<br>供应 | 30 年 | | | | |
| | | 14 就地控制保护及其接口屏 | 装箱单、产品合格证、说明书、图纸等 | | 厂家 | 建设<br>物资<br>供应 | 30 年 | | | | |
| 9642 | 直流控制及保护装置 | 01 阀控制保护 | 1．合格证、说明书；<br>2．出厂试验报告、装置原理图、调试大纲；<br>3．光纤传输装置；<br>4．其他 | | 厂家 | 建设<br>物资<br>供应 | 30 年 | | | | |
| | | 02 极控制保护 | 1．装箱单、产品合格证、说明书；<br>2．出厂试验报告、型式试验报告、认可图、最终图；<br>3．其他 | | 厂家 | 建设<br>物资<br>供应 | 30 年 | | | | |
| | | 03 线路保护 | 1．说明书；<br>2．出厂报告、单独装置原理图调试大纲及记录 | | 厂家 | 建设<br>物资<br>供应 | 30 年 | | | | |
| | | 04 电容器保护 | 1．装箱单、产品合格证、说明书；<br>2．调试大纲及记录；<br>3．通信管理装置使用说明书（含调试大纲）；<br>4．保护柜电气设计、原理图、布置图及接线图；<br>5．保护柜整机调试大纲及记录；<br>6．其他 | | 厂家 | 建设<br>物资<br>供应 | 30 年 | | | | |

续表

| 分类号 | 类目名称 | 归档范围 | | 执行标准 | 责任单位 | | 保存单位及保管期限 | | | | 备注 |
|---|---|---|---|---|---|---|---|---|---|---|---|
| | | 归档细目 | 主要项目文件 | | 来源 | 立卷 | 建设 | 设计 | 监理 | 施工 | |
| 9642 | 直流控制及保护装置 | 05 断路器保护 | 1. 装箱单、产品合格证、说明书；<br>2. 出厂试验报告、型式试验报告、认可图、最终图；<br>3. 其他 | | 厂家 | 建设物资供应 | 30 年 | | | | |
| | | 06 极母线保护 | 1. 装箱单、产品合格证、说明书；<br>2. 出厂试验报告、型式试验报告、认可图、最终图；<br>3. 调试大纲、装置原理图；<br>4. 其他 | | 厂家 | 建设物资供应 | 30 年 | | | | |
| | | 07 平波电抗器保护 | 1. 装箱单、产品合格证、说明书；<br>2. 调试大纲及记录；<br>3. 保护柜电气设计、原理图及接线图；<br>4. 其他 | | 厂家 | 建设物资供应 | 30 年 | | | | |
| | | 08 差动保护 | 1. 装箱单、产品合格证、使用说明书；<br>2. 用户手册；<br>3. 调试大纲及记录；<br>4. 保护柜电气设计、电气原理图、布置图及接线图；<br>5. 其他 | | 厂家 | 建设物资供应 | 30 年 | | | | |
| | | 09 直流滤波器保护 | 1. 装箱单、产品合格证、说明书；<br>2. 出厂调试报告；<br>3. 其他 | | 厂家 | 建设物资供应 | 30 年 | | | | |
| | | 10 直流故障录波分析仪、直流故障定位装置 | 装箱单、产品合格证、说明书、图纸等 | | 厂家 | 建设物资供应 | 30 年 | | | | |
| | | 11 端子箱、电源箱、配电箱 | 1. 装箱单、产品合格证、说明书；<br>2. 出厂试验报告、认可图、最终图；<br>3. 其他 | | 厂家 | 建设物资供应 | 30 年 | | | | |
| | | 12 操作继电器柜 | 1. 装箱单、合格证；<br>2. 出厂调试报告、接线图；<br>3. 电气技术；<br>4. 备品备件清单；<br>5. 其他 | | 厂家 | 建设物资供应 | 30 年 | | | | |

续表

| 分类号 | 类目名称 | 归档范围 | | 执行标准 | 责任单位 | | 保存单位及保管期限 | | | | 备注 |
|---|---|---|---|---|---|---|---|---|---|---|---|
| | | 归档细目 | 主要项目文件 | | 来源 | 立卷 | 建设 | 设计 | 监理 | 施工 | |
| 9643 | 通信装置 | 01 程控调度用户交换机 | 1．硬件手册、原理图册；<br>2．其他 | | 厂家 | 建设物资供应 | 30年 | | | | |
| | | 02 光端机 | 装箱单、产品合格证、说明书、出厂调试报告等 | | 厂家 | 建设物资供应 | 30年 | | | | |
| | | 03 电力线载波机 | 1．装箱单、产品合格证、技术说明书；<br>2．整机说明、整机调试说明；<br>3．电路原理图；<br>4．自动盘说明书、电路图、专用直流开关稳压电源使用说明；<br>5．电源系统使用说明书、二次原理图、测试表说明书；<br>6．其他 | | 厂家 | 建设物资供应 | 30年 | | | | |
| | | 04 数字微波 | 1．说明书；<br>2．设备安装指南、设备安装及测试资料；<br>3．工厂检验备忘录；<br>4．其他 | | 厂家 | 建设物资供应 | 30年 | | | | |
| | | 05 通信电源柜、防雷柜 | 装箱单、产品合格证、说明书等 | | 厂家 | 建设物资供应 | 30年 | | | | |
| | | 06 滤波器 | 装箱单、产品合格证、说明书、出厂调试报告等 | | 厂家 | 建设物资供应 | 30年 | | | | |
| | | 07 电视会议系统 | 装箱单、产品合格证、说明书、出厂调试报告等 | | 厂家 | 建设物资供应 | 30年 | | | | |
| | | 08 综合数据网接入设备 | 装箱单、产品合格证、说明书、出厂调试报告等 | | 厂家 | 建设物资供应 | 30年 | | | | 路由器、防火墙等 |
| | | 09 站内综合布线系统 | 装箱单、产品合格证、说明书、出厂调试报告等 | | 厂家 | 建设物资供应 | 30年 | | | | |

续表

| 分类号 | 类目名称 | 归档范围 | | 执行标准 | 责任单位 | | 保存单位及保管期限 | | | | 备注 |
|---|---|---|---|---|---|---|---|---|---|---|---|
| | | 归档细目 | 主要项目文件 | | 来源 | 立卷 | 建设 | 设计 | 监理 | 施工 | |
| 9643 | 通信装置 | 10 通信机房动力环境监测系统 | 装箱单、产品合格证、说明书、出厂调试报告等 | | 厂家 | 建设物资供应 | 30年 | | | | |
| | | 11 智能调度台 | 装箱单、产品合格证、说明书、出厂调试报告等 | | 厂家 | 建设物资供应 | 30年 | | | | |
| 9644 | 调度自动化、远动、监控装置 | 01 计算机监控系统 | 包括运行人员控制和站监视系统（SCADA[8]、运行培训、文档管理、工作站等）：装箱单、产品合格证、说明书、用户手册等 | | 厂家 | 建设物资供应 | 30年 | | | | |
| | | 02 RTU（Remote Terminal Unit，远端测控终端） | 1．技术手册、质量合格证书、硬件安装及配置说明书、配套标准软件手册、用户指南及监控软件说明；<br>2．系统布置图；<br>3．其他 | | 厂家 | 建设物资供应 | 30年 | | | | |
| | | 03 变送器 | 1．技术说明书、使用说明书、接线图、调试图；<br>2．检测报告；<br>3．其他 | | 厂家 | 建设物资供应 | 30年 | | | | |
| | | 04 遥信转接柜 | 1．装箱单、产品合格证、说明书、接线图；<br>2．其他 | | 厂家 | 建设物资供应 | 30年 | | | | |
| | | 05 主时钟同步系统 | 1．装箱单、产品合格证、说明书（软硬件说明书、手册）；<br>2．出厂试验报告；<br>3．其他 | | 厂家 | 建设物资供应 | 30年 | | | | |
| | | 06 相量测量系统 | 1．装箱单、产品合格证、说明书、图纸；<br>2．调试方法、调试记录、检测记录；<br>3．其他 | | 厂家 | 建设物资供应 | 30年 | | | | 包括同步相量测量装置、数据集中器等 |

[8] SCADA（Supervisory Control And Data Acquisition）系统，即数据采集与监视控制系统。

续表

| 分类号 | 类目名称 | 归档范围 | | 执行标准 | 责任单位 | | 保存单位及保管期限 | | | | 备注 |
|---|---|---|---|---|---|---|---|---|---|---|---|
| | | 归档细目 | 主要项目文件 | | 来源 | 立卷 | 建设 | 设计 | 监理 | 施工 | |
| 9644 | 调度自动化、远动、监控装置 | 07 能量计费装置屏 | 装箱单、产品合格证、说明书、图纸等 | | 厂家 | 建设<br>物资<br>供应 | 30 年 | | | | |
| | | 08 电量计量系统 | 电能表、电表屏、计量关口表、计量考核表、电能量采集终端装置等装箱单、产品合格证、说明书、图纸等 | | 厂家 | 建设<br>物资<br>供应 | 30 年 | | | | |
| | | 09 站内自动化 | 1. 计算机安装说明；<br>2. 计算机硬件设置说明；<br>3. 计算机用户使用软件授权证书；<br>4. 可擦写 PROM 芯片编程指南；<br>5. 工控机主板用户手册、工控机箱装配图；<br>6. 不间断电源屏使用说明书、检测报告、原理接线图；<br>7. 不间断电源说明书、显示器使用说明书；<br>8. 其他 | | 厂家 | 建设<br>物资<br>供应 | 30 年 | | | | |
| | | 10 电力调度数据网接入设备 | 装箱单、产品合格证、说明书、图纸等 | | 厂家 | 建设<br>物资<br>供应 | 30 年 | | | | |
| | | 11 二次系统安全防护设备 | 装箱单、产品合格证、说明书、图纸等 | | 厂家 | 建设<br>物资<br>供应 | 30 年 | | | | |
| | | 12 光纤复用接口柜 | 1. 装箱单、产品合格证、说明书、图纸；<br>2. 调试方法、大纲、记录、检测记录等 | | 厂家 | 建设<br>物资<br>供应 | 30 年 | | | | |
| | | 13 通信接口装置 | 1. 装箱单、产品合格证、说明书、图纸；<br>2. 调试方法、大纲、调试记录、检测记录等 | | 厂家 | 建设<br>物资<br>供应 | 30 年 | | | | |
| 9645 | 安全自动装置 | 01 安全自动稳定控制装置 | 装箱单、合格证、说明书、手册等 | | 厂家 | 建设<br>物资<br>供应 | 30 年 | | | | |
| | | 02 自动解列装置 | 装箱单、合格证、说明书、手册等 | | 厂家 | 建设<br>物资<br>供应 | 30 年 | | | | |

续表

| 分类号 | 类目名称 | 归档范围 | | 执行标准 | 责任单位 | | 保存单位及保管期限 | | | | 备注 |
|---|---|---|---|---|---|---|---|---|---|---|---|
| | | 归档细目 | 主要项目文件 | | 来源 | 立卷 | 建设 | 设计 | 监理 | 施工 | |
| 9646 | 在线监测装置 | 01 变压器绝缘油在线监测及分析系统 | 1. 装箱单、产品合格证、说明书；<br>2. 其他 | | 厂家 | 建设物资供应 | 30年 | | | | |
| | | 02 GIS 设备六氟化硫密度在线监测系统 | 1. 装箱单、产品合格证、说明书；<br>2. 其他 | | 厂家 | 建设物资供应 | 30年 | | | | 传感器、监测单元IED、后台主机等 |
| 9649 | 其他 | | | | | | | | | | |
| 965 | 建构筑物及辅助系统 | | 站用电、直流电源、给排水、照明、消防、通风空调、全站防雷接地、全站电缆、火灾报警、安防监视、电梯、行车等 | | 厂家 | 建设物资供应 | 30年 | | | | |
| 9650 | 站用电源 | 01 交流站用变压器、低压盘、低压配电盘等 | 1. 装箱单、总的质保书、使用说明书、出厂试验报告；<br>2. 一次部分认可图、主变压器一次部分最终图、二次部分认可图、最终图、运输参考图；<br>3. 压力释放阀、气体继电器、高压套管说明书、合格证；<br>4. 有（无）载调压开关安装使用说明书、合格证明书；<br>5. 油温计说明书、试验报告；<br>6. 备品备件清单、专用工具出厂资料；<br>7. 其他 | | 厂家 | 建设物资供应 | 30年 | | | | |
| | | 02 直流电源 | 蓄电池、充放电盘、绝缘监测盘等出厂资料 | | 厂家 | 建设物资供应 | 30年 | | | | |
| 9651 | 给排水、消防 | | 装箱单、合格证、说明书、图纸等 | | 厂家 | 建设物资供应 | 30年 | | | | |
| 9652 | 通风空调 | | 装箱单、合格证、说明书、图纸等 | | 厂家 | 建设物资供应 | 30年 | | | | |
| 9653 | 电梯、行车 | | 装箱单、合格证、说明书、图纸、特种设备年检报告等 | | 厂家 | 建设物资供应 | 30年 | | | | |

续表

| 分类号 | 类目名称 | 归档范围 | | 执行标准 | 责任单位 | | 保存单位及保管期限 | | | | 备注 |
|---|---|---|---|---|---|---|---|---|---|---|---|
| | | 归档细目 | 主要项目文件 | | 来源 | 立卷 | 建设 | 设计 | 监理 | 施工 | |
| 9654 | 全站电缆 | | 装箱单、合格证、说明书、图纸等 | | 厂家 | 建设<br>物资<br>供应 | 30 年 | | | | |
| 9655 | 全站防雷接地 | | 装箱单、合格证、说明书、图纸等 | | 厂家 | 建设<br>物资<br>供应 | 30 年 | | | | |
| 9656 | 火灾报警、安防监视 | 火灾报警系统、远程图像监控及安全监视 | 装箱单、合格证、说明书、用户手册等 | | 厂家 | 建设<br>物资<br>供应 | 30 年 | | | | |
| 9659 | 其他 | | | | | | | | | | |
| 969 | 其他 | | 接地极极址设备可入此。主要设备资料：<br>1. 接地极本体电极材料（馈电元件、填充材料、电缆跳线）；<br>2. 导流系统（杆塔、导地线、电缆、绝缘子、金具、线夹等）；<br>3. 电容器、电抗器、辅助设施（检测监测、注水装置、防雷接地）等；<br>4. 装箱单、合格证、说明书、试验报告、质量证明等 | | 厂家 | 建设<br>物资<br>供应 | 30 年 | | | | |
| 99 | 其他工程 | | | | | | | | | | |
| 990 | 配电网工程 | | 箱式变、配电变、柱上开关、环网开关等：<br>说明书、合格证等 | | 厂家 | 建设 | 30 年 | | | | |
| 991 | 微电网工程 | | 含集控中心、分布式电源、用户负荷、储能设备的配电网络：<br>说明书、合格证等 | | 厂家 | 建设 | 30 年 | | | | |
| 992 | 低压、路灯工程 | | 说明书、合格证、图纸等 | | 厂家 | 建设 | 30 年 | | | | |
| 993 | 电动汽车充电站（桩）工程 | | 说明书、合格证、操作手册、图纸等 | | 厂家 | 建设 | 30 年 | | | | |
| 999 | 其他 | | | | | | | | | | |

## D6 信息化项目档案分类、归档范围及保管期限表

信息化项目档案分类、归档范围及保管期限表见表 D6。

**表 D6** 信息化项目档案分类、归档范围及保管期限表

| 分类号 | 类目名称 | 归档范围 | 执行标准 | 责任单位 | | 保存单位及保管期限 | | | | 备注 |
|---|---|---|---|---|---|---|---|---|---|---|
| | | 主要项目文件 | | 来源 | 立卷 | 建设 | 设计 | 监理 | 施工 | |
| 88 | 信息化建设 | 通用布缆系统工程、电子设备机房系统工程、计算机网络系统工程、软件工程、信息化安全工程等 | | | | | | | | |
| 881 | 需求分析项目 | | | | | | | | | |
| 8810 | 项目准备 | 可研报告、可研估算书、可研专家审查意见、可研批复或印发的文件招投标文件、合同、技术协议等前期文件 | | 建设 | 建设 | 永久 | | | | |
| 8811 | 项目管理 | 项目质量管理的报告、监理质量评估报告（如有监理）等项目管理活动中产生的文件材料 | | 建设<br>相关单位 | 建设 | 30 年 | | | | |
| 8812 | 项目实施 | 项目需求工作方案、需求成果、业务模型说明书、需求规格说明书等项目实施活动中产生的文件材料 | | 服务商 | 服务商 | 30 年 | | | | |
| 8813 | 项目验收 | 竣工验收申请、验收报告（意见）书、设备清册、结算文件等项目验收活动中产生的文件材料 | | 建设 | 建设 | 永久 | | | | |
| 882 | 设计项目 | | | | | | | | | |
| 8820 | 项目准备 | 可研报告、可研估算书、可研专家审查意见、可研批复或印发的文件招投标文件、合同、技术协议等前期文件 | | 建设 | 建设 | 永久 | | | | |
| 8821 | 项目管理 | 项目质量评估报告、监理质量评估报告（如有监理等项目管理活动中产生的文件材料 | | 建设<br>相关单位 | 建设 | 30 年 | | | | |
| 8822 | 项目实施 | 项目设计工作方案及审批、设计成果及审批（信息分类和编码遵从度、架构、界面规范、安全需求、SOA[1]及技术标准审核）、概要设计说明书及审批、详细设计说明书及审批、系统原型验证报告及审批、项目概算及审批、测试方案及审批等项目实施活动中产生的文件材料 | | 服务商 | 服务商 | 30 年 | | | | |

[1] SOA（Service-Orientecl Architecture，面向服务的体系结构），是构造分布式计算的应用程序的方法。

续表

| 分类号 | 类目名称 | 归档范围 | 执行标准 | 责任单位 | | 保存单位及保管期限 | | | | 备注 |
|---|---|---|---|---|---|---|---|---|---|---|
| | | 主要项目文件 | | 来源 | 立卷 | 建设 | 设计 | 监理 | 施工 | |
| 8823 | 项目验收 | 竣工验收申请、验收报告（意见）书）、设备清册、结算文件等项目验收活动中产生的文件材料 | | 建设 | 建设 | 永久 | | | | |
| 883 | 开发项目 | | | | | | | | | |
| 8830 | 项目准备 | 可研报告、可研估算书、可研专家审查意见、可研批复或印发的文件招投标文件、合同、技术协议等前期文件 | | 建设 | 建设 | 永久 | | | | |
| 8831 | 项目设计 | 项目设计工作方案及审核、设计成果及审核（信息分类和编码遵从度、架构、界面规范、安全需求、SOA 及技术标准审核）、概要设计说明书及审核、详细设计说明书及审核、项目概算及审核、项目技术规范书、测试方案及审核等项目实施活动中产生的文件材料 | | 设计 | 设计 | 永久 | | | | |
| 8832 | 项目管理 | 项目质量评估报告、第三方功能、性能、安全测试报告、系统因修改重做的功能、性能、安全测试报告等项目管理活动中产生的文件材料 | | 建设<br>相关单位 | 建设 | 30 年 | | | | |
| 8833 | 项目实施 | 项目开发工作方案及审查、需求文档（业务模型说明书、需求规格说明书等）、概要设计、详细设计（含接口说明）、数据字典、用户手册及审核、运维手册及审核、管理员手册、安装配置手册、软件介质（版权/授权书/著作权）、系统源代码、系统运行报告及审核、软硬件配置清单及相互关联关系等项目实施活动中产生的文件材料 | | 服务商 | 服务商 | 30 年 | | | | |
| 8834 | 项目监理 | 监理规划、监理细则、监理通知书 | | 监理 | 监理 | 30 年 | | | | |
| 8835 | 项目验收 | 竣工验收申请、验收报告（意见）书、设备清册、结算文件等项目验收活动中产生的文件材料 | | 建设 | 建设 | 永久 | | | | |
| 884 | 实施（推广）项目 | | | | | | | | | |
| 8840 | 项目准备 | 可研报告、可研估算书、可研专家审查意见、可研批复或印发的文件招投标文件、合同、技术协议等前期文件 | | 建设 | 建设 | 永久 | | | | |
| 8841 | 项目管理 | 项目质量评估报告、第三方功能、性能、安全测试报告、系统因修改重做的功能、性能、安全测试报告系统实用化工作方案、系统实用化评价细则等项目管理活动中产生的文件材料 | | 建设<br>相关单位 | 建设 | 30 年 | | | | |
| 8842 | 项目实施 | 项目开发工作方案及审查、需求文档（业务模型说明书、需求规格说明书等）、概要设计、详细设计（含接口说明）、数据字典、用户手册及审核、运维手册及审核、管理员手册、安装 | | 服务商 | 服务商 | 30 年 | | | | |

续表

| 分类号 | 类目名称 | 归档范围 | 执行标准 | 责任单位 | | 保存单位及保管期限 | | | | 备注 |
|---|---|---|---|---|---|---|---|---|---|---|
| | | 主要项目文件 | | 来源 | 立卷 | 建设 | 设计 | 监理 | 施工 | |
| 8842 | 项目实施 | 配置手册、软件介质（版权/授权书/著作权）、系统源代码、系统运行报告及审核、用户报告、系统启停作业指导书、系统安全保护等级备案材料、项目培训材料、应急预案、软硬件配置清单及相互关联关系等项目实施活动中产生的文件材料 | | 服务商 | 服务商 | 30年 | | | | |
| 8843 | 项目监理 | 监理规划、监理细则、监理通知书 | | 监理 | 监理 | 30年 | | | | |
| 8844 | 项目验收 | 竣工验收申请、验收报告（意见）书、设备清册、结算文件等项目验收活动中产生的文件材料 | | 建设 | 建设 | 永久 | | | | |
| 885 | 运维项目 | | | | | | | | | |
| 8850 | 项目准备 | 项目计划、合同、技术协议等项目前期产生的文件 | | 建设 | 建设 | 永久 | | | | |
| 8851 | 项目实施 | 运维方案及审核、运维报告、系统恢复后的性能与功能检查报告等运维过程中产生的文件 | | 服务商 | 服务商 | 30年 | | | | |
| 8852 | 项目验收 | 验收申请、验收报告（意见）书、设备清册、结算文件等项目验收活动中产生的文件材料 | | 建设 | 建设 | 永久 | | | | |
| 886 | 信息基础设施建设与升级改造、信息安全软硬件设备建设与升级改造 | | | | | | | | | |
| 8860 | 项目准备 | 可研报告、可研估算书、可研专家审查意见、可研批复或印发文件、项目概要设计、项目概算书、概要设计审查意见、项目概要设计批复或印发文件、项目技术规范书、建设方案、建设方案审查意见、建设方案审批表、信息化招标、询价文件、信息化投标、应答文件、定标审批表、中标通知书、合同会签审批表、项目合同 | | 建设 | 建设 | 永久 | | | | |
| 8861 | 项目管理 | 项目实施方案、用户手册、管理员手册、运维手册、安装配置手册；<br>安全等级保护定级备案材料、启停作业指导书（含系统运行正常检验标准）、应急预案、软硬件配置清单 | | | | | | | | |
| 8862 | 项目实施 | 系统安装部署方案、项目施工图、到货设备验货单、设备安装测试报告（可选）、试运行报告、系统投运方案及附件、第三方安全评估报告 | | 建设 | 建设 | 30年 | | | | |
| 8863 | 项目监理 | 监理规划、监理细则、监理通知书 | | 监理 | 监理 | 30年 | | | | |

续表

| 分类号 | 类目名称 | 归档范围 | 执行标准 | 责任单位 | | 保存单位及保管期限 | | | | 备注 |
|---|---|---|---|---|---|---|---|---|---|---|
| | | 主要项目文件 | | 来源 | 立卷 | 建设 | 设计 | 监理 | 施工 | |
| 8864 | 项目验收 | 项目竣工验收申请表、项目验收报告、项目验收证书、设备清册、项目结算书等项目验收活动中产生的文件材料 | | 建设 | 建设 | 永久 | | | | |
| 889 | 其他 | | | | | | | | | |
| 98 | 信息化建设 | 通用布缆系统工程、电子设备机房系统工程、计算机网络系统工程、软件工程、信息化安全工程等 | | | | | | | | |
| 980 | 综合 | 需求分析报告等 | | 厂家 | 建设 | 30年 | | | | |
| 981 | 网络设备 | 说明书、合格证、图纸等 | | 厂家 | 建设 | 30年 | | | | |
| 982 | 服务器 | 说明书、合格证等 | | 厂家 | 建设 | 30年 | | | | |
| 983 | 存储设备 | 说明书、合格证等 | | 厂家 | 建设 | 30年 | | | | |
| 984 | 软件 | 说明书、用户手册等 | | 厂家 | 建设 | 30年 | | | | |
| 989 | 其他 | 通用布缆、供配电、空调、装饰装修、消防、防火防盗安全防范等说明书、图纸等 | | 施工 | 建设 | 30年 | | | | |

# D7 电网建设项目照片归档范围参照表

电网建设项目照片归档范围参照表见表D7。

**表 D7** 电网建设项目照片归档范围参照表

| 分类号 | 类目名称 | 归 档 范 围 | 照 片 要 求 | 照片张数 | 形成单位 | 备注 |
|---|---|---|---|---|---|---|
| 82/85 | 输电线路 | | | | | |
| 820/850 | 项目准备 | 开工等 | 主要会场场景、奠基 | 1～2 | 建设 | |
| 821/851 | 项目设计 | 原貌、选址 | 线址主要地貌及周围环境、线路部分通道原貌 | 1～2 | 设计 | |
| 822/852 | 项目建设管理 | 重大活动 | 重大活动形成的照片 | 1 | 建设 | |
| | | 质量监督活动 | 按监检阶段，反应监检过程及质量情况 | 1～2 | 建设 | |
| | | 杆塔成品不同塔型 | 每基塔或不同塔型的首基、特殊塔型全景 | 1/基 | 建设 | |
| 823/853 | 项目施工 | | | | | |
| | 不同型式基础 | 地基验槽 | 按设计要求，反应基槽地质状况、清槽后全貌 | 1 | 施工 | |
| | | 基础拆模 | 具有代表性拆模后混凝土表面观感质量 | 1 | 施工 | |
| | | 回填土工艺 | 反映整体观感或细部工艺 | 1 | 施工 | |
| | 杆塔、接地 | 铁塔组立 | 反映主要施工过程中成品保护（标明杆塔号） | 若干 | 施工 | |
| | | 接地装置 | 埋深、搭接长度、焊接及防腐等全景和局部各1张 | 2 | 施工 | |
| | | 导线压接及光缆接续 | 压接和接续各1张（反映过程控制等） | 2 | 施工 | |
| | 架线及附件安装 | 跳线工艺 | 细部工艺或整体观感 | 1 | 施工 | |
| | | 导线压接及光缆接续 | 压接和接续各1张（反映过程控制等） | 2 | 施工 | |
| | | 附件安装工艺 | 整体观感或细部工艺 | 1 | 施工 | |
| | 特殊防护 | 护坡等防护工程 | 地基处理或关键施工过程 | 1 | 施工 | |
| | | 基础及护帽工艺 | 整体观感或细部工艺 | 1 | 施工 | |
| | | 接地极施工 | 细部工艺或整体观感 | 1 | 施工 | |

续表

| 分类号 | 类目名称 | 归档范围 | 照片要求 | 照片张数 | 形成单位 | 备注 |
|---|---|---|---|---|---|---|
| 826/856 | 监理 | 重要工程协理会、图纸会检 | 会议主题全景照片 | 1 | 建设、监理 | |
| | | 试品、试件取样 | 操作人员、见证人员及取样过程等 | 1 | 监理 | |
| | | 主要设备到货检验 | 塔材、导线、绝缘子等检查后外观，不少于2次 | 1 | 监理 | |
| | | 地基验槽检查 | 依设计要求进行验槽，表现验收人员的检查过程 | 1 | 监理 | |
| | | 钢筋工程检查 | 普通基础、桩基及大跨越钢筋检查(反映监理人员验收过程) | 1 | 监理 | |
| | | 接地装置检查 | 反映检查过程，不少于2次 | 1 | 监理 | |
| | | 导线压接及光缆接续检查 | 监理人员检查压接、接续过程 | 2 | 监理 | |
| | | 监理初检 | 会议主题全景照片1张；检查及测量过程照片1张 | 2 | 监理 | |
| | | 质量问题及事故调查 | 整体照片1张，问题部位特写若干；问题及事故调查的起因、会议、过程、结果等照片若干 | 若干 | 监理 | |
| 827/857 | 启动及竣工验收 | 投运前验收 | 场景、现场检查 | 2 | 建设 | |
| | | 环保、消防、档案等专项验收 | 会场全景及现场检查 | 2 | 建设 | |
| | | 工程竣工验收 | 会场全景、现场检查、项目竣工全景 | 3 | 建设 | |
| | | 质量问题及事故调查 | 反映设备、质量问题及事故调查照片 | 若干 | 建设 | |
| | | 达标投产、质量评价、优质工程等 | 会场全景、奖牌、证书或批文等 | 3 | 建设 | |
| 84/86 | 变电站/换流站 | | | | | |
| 840/860 | 项目准备 | 开工等 | 主要会场全景、奠基 | 1～2 | 建设 | |
| 841/861 | 项目设计 | 原貌、选址 | 站址主要地貌、周围环境及原貌的照片 | 1～2 | 设计 | |
| 842/862 | 项目建设管理 | 重大活动 | 重大活动形成的照片 | 1 | 建设 | |
| | | 质量监督活动 | 按监检阶段，反映监检过程及质量情况 | 1～2 | 建设 | |
| 843/863 | 项目土建施工 | 地基验槽 | 主控楼、主变压器等验槽，反映基槽地质状况、清槽后全面 | 1 | 施工 | |
| 843/863 | 项目土建施工 | 钢筋绑扎 | 主控楼屋面梁板、构筑物等钢筋工程，反映钢筋、间距、保护层厚度 | 1 | 施工 | |
| | | 混凝土浇筑 | 主控楼屋面梁板等反映混凝土下料浇筑过程 | 1 | 施工 | |
| | | 接地装置 | 反映埋深、搭接长度、焊接质量等，场区大场景1张，局部搭（焊）接1张 | 2 | 施工 | |
| | | 防水工程 | 主控楼屋面等防水卷材层成品 | 1 | 施工 | |

续表

| 分类号 | 类目名称 | 归　档　范　围 | 照　片　要　求 | 照片张数 | 形成单位 | 备注 |
|---|---|---|---|---|---|---|
| 843/863 | 项目土建施工 | 接地极址土建施工 | 土建工程施工及部分钢筋、混凝土等隐蔽工程验收 | 2 | 施工 | |
| | | 主控楼完工后 | 外立面全景 | 1 | 施工 | |
| | | 构筑物完工后 | 主控楼、主变压器等整体观感 | 2 | 施工 | |
| | | 基础及保护帽工艺 | 主控楼、主变压器等整体观感 | 1 | 施工 | |
| 844/864 | 项目安装施工 | 主要设备安装 | 主变压器、换流阀等主要设备安装 | 2 | 施工 | |
| | | 母线安装 | 整体观感或细部工艺 | 1 | 施工 | |
| | | 设备接地引线工艺 | 整体观感 | 1 | 施工 | |
| | | 电缆敷设工艺 | 整体观感或细部工艺 | 1 | 施工 | |
| | | 防火封堵工艺 | 细部工艺 | 1 | 施工 | |
| | | 二次接线工艺 | 整体观感或细部工艺 | 1 | 施工 | |
| | | 屏柜安装工艺 | 整体观感或细部工艺 | 1 | 施工 | |
| | | 电缆穿管工艺 | 整体观感或细部工艺 | 1 | 施工 | |
| | | 其他施工工艺亮点 | 绿色施工、文明施工等亮点的照片 | 2 | 施工 | |
| 846/866 | 监理 | 试品试件取样 | 操作人员、见证人员及取样过程等要素 | 1 | 监理 | |
| | | 主要设备到货检验 | 主变压器、电抗器、GIS 等设备开箱后外观 | 1 | 监理 | |
| | | 地基验槽检查 | 主控楼、主变压器等地基，监理人员验收过程 | 1 | 监理 | |
| | | 钢筋工程检查 | 主控楼屋面梁板、构筑物等钢筋工程，监理人员验收过程 | 1 | 监理 | |
| | | 基础拆模检查 | 主控楼等基础拆模，监理人员检查拆模后外观 | 1 | 监理 | |
| | | 接地装置检查 | 监理人员检查过程 | 1 | 监理 | |
| | | 防水工程检查 | 主控楼屋面等防水层成品检查 | 1 | 监理 | |
| | | 母线压接及焊接检查 | 压接和焊接各 1 张，过程控制等要素 | 2 | 监理 | |
| | | 监理初检 | 全景照 1 张，反映会议主题，主要参加单位或人员等；反映检查及测量过程照片 2 张 | 3 | 监理 | |
| | | 质量纠偏 | 整体照片 1 张，特写若干；问题及事故调查、巡检、纠偏过程、结果等照片若干 | 若干 | 监理 | |
| 847/867 | 启动及竣工验收 | 投运前验收 | 场景、现场检查 | 2 | 建设 | |
| | | 环保、消防、档案等专项验收 | 会场全景、现场检查 | 2 | 建设 | |
| | | 工程竣工验收 | 会场全景、现场检查、项目竣工全景 | 3 | 建设 | |
| | | 质量问题及事故调查 | 反映设备、质量问题及事故调查照片 | 若干 | 建设 | |
| | | 达标投产、质量评价、优质工程等 | 会场全景、奖牌、证书或批文等 | 3 | 建设 | |

# 参 考 文 献

[1] 金科，2013. 加强基础建设，促进企业自律：解析国家档案局 10 号令发布 [J]. 中国档案，(3)：18-19.

[2] 张斌，徐拥军，杨春，等. 德国企业档案馆的发展及其启示 [J]. 档案学研究，(2)：90-93.

[3] 徐拥军，张斌，舒蓉，等. 美国企业档案馆的发展及其启示 [J]. 档案学研究，(6)：71-72.

[4] 石大泱，傅伟军. 档案工作概论 [M]. 北京：中国档案出版社，2010.

[5] 陈琳. 档案管理技能训练 [M]. 2 版. 北京：机械工业出版社，2015.

[6] 吴广平，向阳. 档案工作实务 [M]. 2 版. 北京：北京大学出版社，2013.

[7] 郭团卫，朱兰兰. 企业档案管理实务 [M]. 郑州：郑州大学出版社，2014.

[8] 王黎平. 建设项目档案工作实务 [M]. 北京：中国出版档案社，2009.